大/学/公/共/课/系/列/教/材

教师普通话口语技能训练教程

JIAOSHI
PUTONGHUA KOUYU JINENG
XUNLIAN JIAOCHENG

陈郁芬 徐红梅 尹世英———编著

北京师范大学出版集团
BEIJING NORMAL UNIVERSITY PUBLISHING GROUP
北京师范大学出版社

图书在版编目（CIP）数据

　教师普通话口语技能训练教程/陈郁芬，徐红梅，尹世英编著.
—北京：北京师范大学出版社，2016.3（2022.11重印）
　ISBN 978-7-303-20124-2

　Ⅰ.①教… Ⅱ.①陈… ②徐… ③尹… Ⅲ.①普通话-口语-
教材 Ⅳ.①H193.2

中国版本图书馆 CIP 数据核字（2016）第 037834 号

图 书 意 见 反 馈　gaozhifk@bnupg.com　010-58805079
营 销 中 心 电 话　010-58807651
北师大出版社高等教育分社微信公众号　新外大街拾玖号

出版发行：北京师范大学出版社　www.bnup.com
　　　　　北京市西城区新街口外大街 12-3 号
　　　　　邮政编码：100088
印　　刷：北京天泽润科贸有限公司
经　　销：全国新华书店
开　　本：787 mm×1092 mm　1/16
印　　张：15.5
字　　数：325 千字
版　　次：2016 年 3 月第 1 版
印　　次：2022 年 11 月第 8 次印刷
定　　价：38.00 元

策划编辑：周劲含　　　责任编辑：王　蕊
美术编辑：焦　丽　　　装帧设计：李尘工作室
责任校对：陈　民　　　责任印制：马　洁

序

陈郁芬老师和徐红梅老师多年来负责《普通话与教师口语技能》课程，讲义不断修订、补充、完善，已经基本成熟，而且具有"针对广东方言区读者"的特点。我鼓励她们拿出来出版，作为课程教材或者辅助读物，一定会对学生有所帮助。当前与教师口语有关的教材虽然不少，但是，能够针对广东方言区学生实际情况而编写的教材尚不多见。全国七大方言，广东境内占其三：粤语、客家方言、（广东）闽方言；次方言就更多了。这种方言复杂的状况造成了广东人学习普通话困难很大，带浓重地方口音的"粤味普通话"在全国颇有名声，乃至成了相声小品里"粤人"的标记。外地人有"天不怕地不怕，就怕广东人说普通话"的说法。所以，在广东大力推广普通话是十分必要的。普通话也是教师口语的基础，普通话说得不标准、表达不准确，语言的艺术就无从谈起。因此，普通话在教师口语中占有极为重要的地位；一般口语表达是普通话的继续和深化，是教师职业口语的基础。作为师范生首要的职业技能，教师职业口语是一般口语交际的提高和扩展。

几位作者除了有丰富的教学实践经验之外，在学术研究和普通话测试实践上也有丰富的经验。陈郁芬老师是国家级普通话水平测试员，有丰富的普通话教学经验，又熟悉广东粤、闽、客三种方言。徐红梅老师是汉语方言学的博士，研究方向就是汉语方言。尹世英与刘琼竹老师担任多年普通话课程主力师资，为教材的修改提供了很多宝贵意见，尤其是尹世英老师，将自己多年的心得融于教材中，使教材更为贴近实际需求。因此，这本《普通话与教师口语技能》针对性和实用性很强，它强调说普通话时容易受三大方言影响的语音、词汇、语法等问题，对广东地区学生很实用。本书从这三个方面着手讲解，层层深化训练，逐步提高水平。而在口语方面则安排了一般口语表达训练和教师口语表达训练两部分，从一般的复述、演讲、辩论到教师课堂的导入语、讲授语、应变语等，配以实例，都是非常实用的技能训练，并介绍了课堂上态势语的使用。同时，书中还特地安排一章发声技能训练，系统地介绍了保护嗓子、发音吐字、气息控制、呼吸训练、共鸣训练、吐字归音训练等方法。此外，书中还介绍了试讲、说课的注意事项。理论结合训练，是一本理论与实践交融、实用性和可操作性较强的书，对师范生和教师提高普通话水平和教学技能具有重要的作用。这次修订，编者们又根据国家普通话水平培训与测试的需要，增补了普通话水平测试的相关内容，所以本书也可以作为师范生普通话测试的备考读物来使用。我相信，经过十多年的教学实践和两次的修订，本教材的学术性和应用性肯定是越来越高。

推广普及国家通用语言文字是铸牢中华民族共同体意识、推进中华民族共同体建设的必然要求。党的十八大以来，以习近平同志为核心的党中央高度重视国家通用语言文字推广工作，习近平总书记多次做出重要指示批示，强调要推广国家通用语言文字，努力培养爱党爱国的社会主义事业建设者和接班人。本书的编写遵循这一总的目标和方向，力求为阅读和学习它的读者提供一点指引与帮助，也为当前的普通话推广工作贡献一份力量。

林伦伦教授①

2016 年春节于广州

---

① 作者为中国语言文学学科二级教授、广东省中国语言学会副会长、中国社会科学院青年语言学家奖获得者

作者简介

陈郁芬，广东技术师范学院副教授，暨南大学汉语言文字学硕士，国家级普通话水平测试员。主要从事普通话教学、汉语方言研究。连续多年任澳门地区中小学骨干教师普通话培训工作坊主讲教师，在国内核心及一般刊物发表论文多篇。曾参编《普通话训练与测试教程》（刘玖占主编，人民出版社出版，2008 年 6 月）。

徐红梅，广东技术师范学院副教授，暨南大学汉语言文字学博士，广东普通话测试员。主要从事汉语方言研究，在国内核心及一般刊物发表论文多篇。主要教授课程有"语言学概论""教师口语技能""现代汉语语法研究"等。

尹世英，广东技术师范学院副教授，华南师范大学文学硕士，广东省普通话测试员。主要从事汉语语法研究，尤其是使用语法理论解决语言问题，发表论文多篇。目前主要教授"古代汉语""中国语言学史""语文教育发展史""教师口语技能"等课程。曾较长时间参与广东省秘书资格考试的培训工作，是"职业道德"部分的主讲人和撰稿人。

目　录

第一章　绪　论

第一节　汉语普通话与汉语方言

一、汉语与普通话的形成

汉语是世界上使用人数最多的语言，是汉民族内部共同使用的语言。汉民族共同语的形成，历史悠久。最早使用"汉语"这一称呼是从晋代的《世说新语》开始的。我国地域辽阔，人口众多，汉民族分布于全国各地。由于山川阻隔和社会历史原因，远在远古时代汉语就有了地域的变体——方言。我国学界把现代汉语分成七大方言区：北方方言区、吴方言区、湘方言区、赣方言区、客家方言区、闽方言区、粤方言区。近十年来，有学者主张把汉语方言划分为十区，即把北方方言中山西部分地区及其邻近陕西、河南、内蒙古、河北部分有入声字的地区独立成"晋语"区；而将皖南一代徽州方言列为"徽语"区，将广西北部和南部的"平话"单列为"平话"区等。现代汉民族共同语是在北方话为代表的北方方言的基础上发展起来的。

普通话是现代汉民族的共同语。它是随着社会的发展而逐渐形成和发展起来的。"普通话"一词最早见于书面是 1906 年朱文雄的《江苏新字母》一书中。他提出了"各省通行之话"即为普通话。此后，鲁迅、瞿秋白、陈望道等也先后在他们的著作中提到过"普通话"。但是他们所说的"普通话"只是指与文言和方言土语相对的各省之间的通用语，没有严格的规范和标准。直到 1955 年 10 月召开的全国语言文字改革会议和现代汉语规范问题学术会议，才给普通话下了一个科学的定义，即以北京语音为标准音，以北方话为基础方言，以典范的现代白话文作为语法规范。

这一标准包括了语音、词汇、语法三个方面。世界各民族语言的标准音，一般都是以某一地方的方言的语音系统作为标准，普通话也不例外，近一千多年以来，北京一直是中华民族政治、文化和经济的中心，因此，普通话"以北京语音为标准音"指的是普通话语音以北京语音的音系为标准，但不包括北京话里的一些土语土音。对北京话里有分歧的读音，应以《审音表》和《现代汉语词典》公布的规范读音为准。在词汇方面，"以北方话为基础方言"指的是普通话是在北方方言的基础上逐步形成和发展起来的，北方话的词汇就是普通话词汇的基础和基本来源。北方话区域包括长江以北地区、长江南岸部分沿江地区、湖北大部分地区等，由于使用人口多，通行地域广，因此内部也存在分歧和差异，一些特别具有地方色彩的词语和过于粗俗的词语都没有列入普通话的范畴，普通话从别的方言汲取了许多有生命力的词语，因而普通话的词汇远比北方方言的词汇丰富得多。"以典范的现代白话文作为语法规范"指的是普通话以典范的现代白话文著作为语法规范的标准。"现代白话文著作"指"五四"以来形成的以口语为基础的书面著作，不包括古代和近代的白话文。"典范的"指这种书面语要经过提炼加工合乎现代汉语发展规律，而不是未经加工的原始形态的口头语。

二、普通话的推广工作

我国人口众多，方言情况十分复杂，如果人们各自使用自己的方言，不会说普通话，就会妨碍不同区域人们的交流，也不利于社会的发展和经济的繁荣，因此，《中华人民共和国宪法》总纲第十九条规定："国家推广全国通用的普通话。"自新中国成立以来，我国积极开展了普通话的推广工作，而且取得了一定的成效。但是，由于历史、社会的原因，普通话还没有完全普及，方言的差异还在一定程度上阻碍人们的言语交际。1986 年 10 月国家语言文字委员会调整普通话推广方针为"大力推广，积极普及，逐步提高"，加大了推广普通话的力度。1994 年在全国范围内开展了普通话水平测试。2000 年 10 月 31 日《国家通用语言文字法》颁布，从 2001 年 1月 1 日起实施。这些措施都一步一步地向新世纪推广普通话的工作目标推进。2010年以前，普通话在全国范围内逐步普及，交际中的方言隔阂基本消除，受过中等教育或中等教育以上的公民具备普通话的应用能力，并在必要的场合自觉使用普通话；与口语表达关系密切的行业，其工作人员的普通话水平达到相应的要求。21 世纪中叶以前，普通话在全国范围内普及，交际中没有方言隔阂。

推广普通话是师范教育的重要组成部分。一名合格的教师不仅要掌握国家规定的学科专业知识结构，而且还要具备教师职业技能，而教师职业技能之一就是会说标准或比较标准的普通话。因此，每一个师范院校的学生都必须自觉把普通话学好、说好，才能胜任教师一职。国家的政策法规对学校和教师都提出了具体的要求。《全国语言文字工作十年规划》和"八五"计划对学校提出的目标是：使普通话成为城市幼儿园和乡中心小学以上以汉语授课为主的各级各类学校的教学用语，成为师范学校、初等和中等学校的校园语言。国家语委、国家教委对高等师范院校普及普通话提出的具体要求是：在各系(科)教学和学校一切集体活动中，干部、教师、学生坚持使用普通话；毕业生能用普通话从事教育、教学工作；中文系(科)毕业生能熟练掌握汉语拼音，能说标准的或比较标准的普通话，能教汉语拼音，有从事正音教学的能力。《师范院校教师口语课程标准》提出，普通话是合格教师必须掌握的职业语言，要求高等师范院校的中文专业及中等师范学校的学生，北方方言区应达到一级，南方方言区应达到二级甲等；其他专业的学生，北方方言区最低达到二级甲等，南方方言区学生最低达到二级乙等。

教师肩负着传道授业的重任，他们的言行对学生具有很强的影响力，因此教师语言要规范，要自觉担负起积极使用和推广普通话的责任。普通话训练是教师职业口语训练的前提，是教师职业口语训练的重要组成部分。教师的普通话说好了，就能培养更多的学生说好普通话，将有助于提高整个国民的普通话水平，为建设和谐的社会环境做准备。

三、推普与保护方言的关系

中国是一个多民族的国家，历史上是由多民族组成。由于地域、经济发展等原因形成了复杂的地方方言，不少方言之间不能沟通交流，存在着严重的交流障碍，这种状况对社会的发展造成了一定的影响，所以推广普通话是社会现实需求和历史的选择，它从一定程度上消除了语言的障碍，促进了社会的和谐发展。新中国成立以来，推普工作取得了很大的成就。但是，推普并不意味着消灭方言。方言是一种文化，一种情结，在一定的地域范围内方言能继续发挥增进乡情和亲情的作用，它是地域文化的代表，是历史积淀的结果，方言能够反映当地的自然特点，能够折射出当地人的价值观念，较之普通话而言，方言具有不可替代的独特功用价值，比如我国数百种地方戏曲和说唱艺术形式都是以地方方言为依托的，它包含的独特价值是普通话无法比拟的。

因此，为了社会的繁荣、和谐发展，势必要推广普通话，但同时也要保护方言，允许方言在一定地域范围或特定的空间存在。普通话要不断吸收方言中的精华，比如一些流传开来的词汇，而方言也必然会从普通话中吸收大量词汇，逐步摈除一些只有读音而没有相应文字或已明显不合时宜的词语。总之，在处理二者的关系上，坚持社会生活主体化相结合的原则，一方面，既要推普，使全民普遍具备普通话的应用能力，并在一定场合自觉使用普通话，消除交流隔阂；另一方面，也要客观承认方言在一定场合具有其独特的价值。二者是共同存在的，相辅相成，共有互补的。

第二节 教师口语训练的重要意义

教师口语是教师日常的工作语言，包括教师在教育过程中使用的教育口语、教学用语和交际用语。教师口语是用现代汉语普通话作为语言形式，传递教师的教育理念和专业思想。1991 年国家教委发文，规定各级各类师范院校都要开设普通话课程。次年，在国务院批准的《国家语委关于语言文字工作请示的通知》把这门课程定为教师口语课。1993 年 5 月 22 日，国家教委颁布实施了《师范院校教师口语课程标准（试行）》，关于这个标准，孟吉平先生在《语言文字应用》上发表《关于"师范院校'教师口语'课程标准"的说明》一文，阐明该课程的性质与任务，明确指出："教师口语是研究教师口语运用规律的一门应用语言学科，是在理论指导下培养学生在教育、教学工作中运用口语能力的实践性很强的课程，本课程是培养师范类各专业学生教师职业技能的必修课。"教师口语课是培养教师良好语言素质的需要。口语表达与一个人的人文素养、道德修养等有着密切的关系。作为未来的教师，师范生要想具备良好的语言素质，就应该加强口语训练。本课程以普通话为基础，口语训练遵循由易到难的循序渐进原则，设计了从朗读等一般的口语训练，再到教师口语表达训练的过程，旨在达到逐步提高的目的。

口语表达的训练，普通话是基础，因此首先要把普通话练好。练好普通话必须兼顾语音、词汇、语法三个方面，如果语音比较正确，但用了方言中特殊的语法、特殊的词语，那么别人仍然不能理解。语法和词汇的学习可以通过书面进行，而语音的学习必须通过口、耳训练来提高。

汉语方言的分歧突出表现在语音方面，不但各大方言区的语音系统差别很大，就是同一地区、同一方言内部也常在语音方面有明显差异。这些差异是造成交际困难的主要原因。因此要大力推广以北京语音为标准的标准音。

学习普通话语音包括发音和正音两个部分。

发音是一种口耳技能的训练。要求掌握普通话的语音系统，即掌握普通话的声母、韵母、声调、音节以及轻声、儿化、变调等的正确发音。学好普通话语音应该充分利用汉语拼音这个有效的正音工具。

发音准确是语音学习的最基本要求。如果发音错误，又没有及时发现并纠正，反复练习这些错误的发音对普通话学习是没有裨益的。我们要通过有效的语音训练方法，使语音达到相当标准的程度。首先，要掌握普通话的正确发音方法，懂得听辨别人发音的正误。在发音准确的基础上，反复练习，达到完全熟练的程度，这都是发音训练的重要环节。发音准确是最大要求，较高要求是：通过反复的训练养成普通话的发音习惯，达到熟练的程度，即不假思索，脱口而出，又完全符合普通话的语言标准。

正音是掌握汉字、普通话词语的标准读音，纠正受方言影响产生的偏离普通话的语音习惯。因此，要了解自己方言与普通话语音的对应关系和对应的规律，求同辨异。了解了这些规律就可以一批一批地记忆，而不必一个字音一个字音去记忆。正音训练不仅体现在字和词语上面，还要通过朗读、会话的训练，逐步运用到实际口头语言中。未事先准备的即席发言可以真实地检测普通话语音水平的高低。

学习普通话的过程中，要注意多听多说。普通话是口耳之学，只有加强耳听口说的实践，才能学有所成。要在掌握正确发音的基础上，利用广播影视等传播媒介多听普通话，并且用心地听，然后再模仿，还要争取机会多说普通话，多用普通话交流，使普通话的表达与思维同步。

在学习普通话的过程中，要注意正确处理普通话与方言之间的关系。学习和推广普通话，不是为了消灭方言，而是为了使不同地区的人们更好地进行交际、社会信息的交换以及信息处理等新技术的应用，从而普及教育、发展文化、繁荣经济、促进社会的和谐发展。

在说好普通话的基础上，注意加强一般口语与课堂用语的训练。教师可以适当发挥示范作用，安排学生课堂训练并点评，充分发挥学生课堂主动性，以学生练习为主。但是仅靠课堂的练习是远远不够的，因此也要注意课堂练习与课外练习相结合，才能使口语交际能力逐步提高。

第三节　影响教师口语表达的其他因素

众所周知，说话是教师和学生之间使用最多的沟通方式，教师对学生说的话无法用数量计算，教师口语的特点是：综合性、应用性和实践性。除了普通话以外，影响教师与学生语言交流的因素很多，如教师的职业道德、人文修养等。

一、教师与职业道德规范

为贯彻落实党的十七大精神和胡锦涛总书记"8.31"重要讲话精神，进一步加强教师队伍建设，全面提高中小学教师队伍的师德素质和专业水平，在广泛征求意见的基础上，1997 年国家教委和全国教育工会对《中小学教师职业道德规范》进行了修订，于 2008 年 9 月 1 日由中华人民共和国教育部颁布实施。新颁布的《中小学教师职业道德规范》基本内容继承了我国的优秀师德传统，并充分反映了新形势下经济、社会和教育发展对中小学教师应有的道德品质和职业行为的基本要求。

1. 爱国守法。热爱祖国，热爱人民，拥护中国共产党领导，拥护社会主义。全面贯彻国家教育方针，自觉遵守教育法律法规，依法履行教师职责权利。

2. 爱岗敬业。忠诚于人民教育事业，志存高远，勤恳敬业，甘为人梯，乐于奉献。对工作高度负责，认真备课上课，认真批改作业，认真辅导学生。

3. 关爱学生。关心爱护全体学生，尊重学生人格，平等公正对待学生。对学生严慈相济，做学生良师益友。保护学生安全，关心学生健康，维护学生权益。不讽刺、挖苦、歧视学生，不体罚或变相体罚学生。

4. 教书育人。遵循教育规律，实施素质教育。循循善诱，诲人不倦，因材施教。培养学生良好品行，激发学生创新精神，促进学生全面发展。不以分数作为评价学生的唯一标准。

5. 为人师表。坚守高尚情操，知荣明耻，严于律己，以身作则。衣着得体，语言规范，举止文明。关心集体，团结协作，尊重同事，尊重家长。作风正派，廉洁奉公。自觉抵制有偿家教，不利用职务之便谋取私利。

6. 终身学习。崇尚科学精神，树立终身学习理念，拓宽知识视野，更新知识结构。潜心钻研业务，勇于探索创新，不断提高专业素养和教育教学水平。

师德是高于一般社会公众道德水准的职业道德，在意识水准上，师德较之其他职业道德有着更高的要求，这是由教师职业的特殊性决定的。从根本上说，教师作为一个职业，与其他的职业有相似之处，都是一个工作岗位、一个谋生的手段。但是教师职业与其他工作又不一样，他们的服务对象是人，他们的劳动在于培养、塑造一代新人，他们的一切行为都对学生产生强烈的影响。教师的地位、作用和职业特点，决定了教师必须具备较高的素质，所以社会对教师的职业要求比一般的职业更特殊一些。

纵观人类道德史，师德总是处在当时社会道德的最高水准上。孔子曾用"有教无类""学而不厌，诲人不倦"来描述他理想中教师应该具备的职业道德，并以身作则，以自己的实际行动诠释了教师的道德含义，被后世奉为"万世师表"，他所开创的教师职业道德规范也为历代不断继承和丰富。叶圣陶先生说过："教师的全部工作就是为人师表。"

当前，教师在传播人类文明、启迪人类智慧、塑造人类灵魂、开发人力资源、弘扬民族精神方面发挥着重要的、不可替代的作用，是社会主义事业建设者和接班人的培育者，是青少年成长的引路人。他们不但要用丰富学识教人，更要用高尚品格育人；不但要通过语言传授知识，更要用自己的高尚品格去提升学生的品格，影响学生的心灵，使之成为有理想、有道德、有知识、守秩序的一代新人。

二、教师与教师的修养

教师口语是教师对学生说的话，教师与学生的关系不是服务员与顾客的关系，也不是各类窗口行业与服务对象的关系，除了教师与学生的关系，其他的诸如商贸、医护、公交、铁路、邮政、银行、公务员等，所有这些行业与服务对象的关系都是短期暂时的关系，更重要的是，他们的互动范围相对有限，因此，其语言相对固定，甚至必须固定，形成仪式化语言，以彰显其行业风貌，与工作环境、职业服装配合，相得益彰。教学工作是教师的教与学生的学的双边活动，教师的教育教学是要随时根据学生的状况做出反应的，因此，教师口语除了极少数的问候语和课堂仪式语可以具体传授外，其他的话语是该教师的专业修为和个人修养在教育教学过程中的能动反应，与所教课程有关，与学生有关，甚至与老师性别、年龄有关，有着较强的个体特征，难以用具体的话语模式传授，有定则无定法。教师的修养概括起来有以下五个方面，是每一位教师都要关注的。

1. 教师的人文修养

学生从老师那里学到的不仅仅是专业、课业知识，教师的言行、举止都会在教学过程中影响学生，潜移默化，著名教育家陶行知先生说："先生不应该专教书，他的责任是教人做人；学生不应该专读书，他的责任是学习人生之道。"教师的教育教学不只有言传，还有身教。

2. 教师的专业修为

一个教师的语言修养不是仅仅包括无可挑剔的语言形式，还有其必须具有的思想内容，没有思想的语言是不存在的。老师如果对所教课程一知半解，他（她）的语言表达也不会精彩纷呈，妙语连珠。课堂枯燥无趣常常是因为教师知识匮乏，思路不清晰，语言逻辑混乱。

3. 教师的教学理念

教师的教育教学理念对教师的言行有着深刻的影响，因为它决定着教师说话的立场。目前我们的中小学老师最普遍的教学理念是"教学为考试服务"，基于此，教师的一切教学行为都服务于考试，与教育的根本目标相背离，与还未成熟的学生的心理有距离，给教育教学工作带来不小的挑战。

4. 教学方法的选择

教学方法是教学过程中不可忽视的要素，教师用什么形式把自己的思想传递给学生，这是效率问题，是劳而无功呢，还是事半功倍，有些时候是"此时无声胜有声"，有些时候可能磨破嘴皮，也没有效果。教师的教育教学方法要用心，选择合适的教育教学方法是一个教师在工作中始终恪守的信念。

5. 教师对教学对象的了解

教师的工作有一个不可忽视的环节，那就是"备学生"，全面、深入了解工作对象，而且要随时了解学生，用发展的眼光看学生。唯其如此，才能和学生有合适的互动和交流，才能进行合适的语言交流。

从教学的根本目标来说，教学手段"术"的训练很重要。教育教学观念"道"的传播，也不能忽视，一个有情怀的老师比一个装满了"心机"的老师更适合青少年的身心健康的发展需求。教师尤其是中小学教师，"育人"和"做事"是共存的。据统计，最受学生喜欢的教师评语有以下若干条。

对自己要有信心哦！

这几天你进步了！

大胆去做吧，做错了可以改。

加油，赶上某某某。

你很聪明的。

做得太好了，你真能干！

这事交给你，我很放心。

能帮老师这个忙吗？

我们班是最棒的！

老师喜欢你。

我很能体谅你现在的心情。

不舒服的话随时和我说。

有什么困难找我！

这些话语都是教师在教育教学过程中的交际用语，诸如"你很聪明的""做得太好了，你真能干""这事交给你，我很放心"这种话，适合对小学生说，而像"老师喜欢你"这句话要受性别和年龄制约，教师在使用时需要注意。

这些话语的共同特点是：以鼓励为主。成长的过程中出现的不顺利，只是暂时的。经过学校、家庭和学生的共同努力，学生可以达到成功的彼岸的。

第二章 普通话语音

第一节 普通话语音常识

一、认识发音器官

人体发音器官的活动是语言发声的生理基础。发音器官是人体中参与发音活动的器官。了解发音器官各部分的构造以及它们在发音过程中的作用，可以帮助我们更好地了解和运用发音器官，发出高质量的声音。

声音的产生需要三个条件：动力、振动体和共鸣器。人的发音器官就像一架结构精巧的乐器。发音器官从下往上主要有肺、支气管、气管、喉头、声带、咽腔、口腔、鼻腔等。这些发音器官，按照功能也可以分为三部分。

1. 动力器官

动力器官构成一个为发音提供空气动力的系统。这一系统以肺为中心，包括与呼吸有关的器官和组织，主要有肺、横膈、胸廓、气管等。发音离不开空气动力，肺在这里的作用就像是一只产生空气动力的风箱，在周围肌肉组织的带动下，作扩张或收缩运动，形成气流的进出。通常，当呼气时，气流经过气管到达喉部，可促使声带振动，发出声音。人们通常每五秒钟呼吸一次，说话是在呼气的过程中进行的，所以我们往往需要调节呼吸的节奏和速度，适应说话的需要。从肺部呼出的气流主要是用来激励声带振动。这些在呼吸动作中发挥作用的器官，共同为发声提供动力源。

2. 发音器官

发音器官主要由喉组成，还包括喉头的几块主要软骨，如甲状软骨、环状软骨、杓状软骨等，以及连接这些软骨的肌肉组织。喉具有双重作用，它既可以通过开闭控制通过的气流流量，也可以在气流的作用下使声带产生振动，发出声音。这些声音经过口腔内各器官组织的加工，变成能够表达特定意义的声音。

3. 吐字器官

吐字器官主要是唇、齿、舌、腭。口腔中最积极、最灵活的是舌头，它的尖端、边沿、中央和根部都能够分别自由活动，整个舌体也可以前后伸缩、上下活动。其次是唇和软腭，双唇可以作不同程度的圆展变化，改变声腔的长度和形状，影响语音的音色；软腭能升能降，可以阻塞或打开鼻腔通道，造成口音和鼻音两种不同色彩的声音。咽腔是连接喉和口腔、鼻腔的通道，上宽下窄，它的形状可以随舌头的动作、咽壁的收缩或喉结的升降而发生变化。鼻腔是整个共鸣腔，形状不能改变，依靠软腭升降造成的通阻发挥作用。口腔、咽腔、鼻腔都是语音的共鸣器，对声带振动或声腔内空气振动发出的声音起调节放大作用，形成各种不同的语音音色。

吐字器官处在语音最好完成阶段的位置，它们在声道上端是最活跃的器官，尤其是舌头，是吐字器官的中心部分。在各种发音器官中，像舌头、嘴唇等能够活动的且比较重要的叫作主动发音器官。其他像上齿、齿龈、硬腭等不能活动，叫作被动发音器官。发音的时候一般通过主动器官去接近被动器官。发音部位的名称主要用主动发音器官命名。

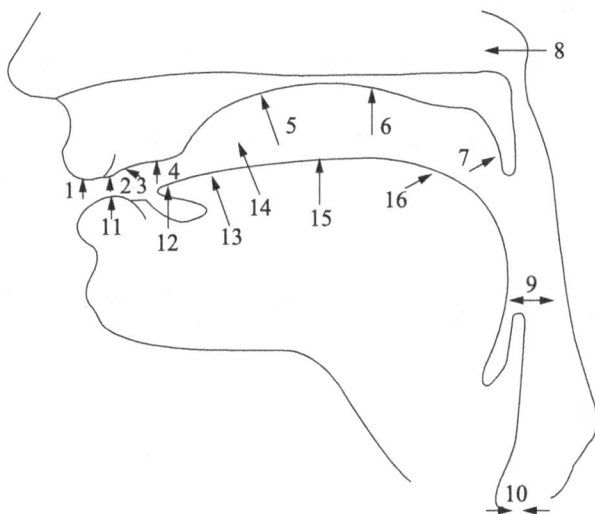

发音器官示意图

1 上唇　2 上齿　3 上齿背　4 上齿龈　5 硬腭　6 软腭　7 悬雍垂　8 鼻腔
9 咽部　10 声带　11 下唇　12 舌尖　13 舌叶　14 口腔　15 舌面　16 舌根

二、语音的基本概念

为了便于学习，我们需要了解音节与音素、元音与辅音、声母、韵母、声调等几个常用的语音基本概念和语音的四要素。

1. 音节与音素

音节是语音的基本单位，是听觉上自然分辨的语音片断。一般说来，一个汉字表示一个音节。

音素，是从音节中分析出来的最小的语音单位，一个或几个音素组成一个音节。音素可以分为元音音素和辅音音素，如 a、o、e 是元音音素，b、p、m 是辅音音素。

2. 元音与辅音

元音，是气流振动声带，在口腔中不受阻碍而形成的响亮的音素。普通话的单元音共有 10 个，分别是：a、o、e、ê、i、u、ü、-i(前)、-i(后)、er(卷舌韵母)。

辅音，是气流在口腔中受到阻碍而发出的音素，大多不响亮。普通话的辅音有 22 个，分别是 b、p、m、f、d、t、n、l、g、k、h、j、q、x、z、c、s、zh、ch、sh、r、ng。

3. 语音的四要素

音高，即声音的高低。它决定于声音的频率。物体振动得越快，声音越高；反之，声音越低。音高在普通话中有构成声调和语调的作用。

音强，即声音的强弱。它决定于声音的振幅。声波的振幅越大，声音越强，反之，声音越弱。音强在普通话中有构成轻重音和语调的作用。

音长，即声音的长短。它决定于发音体振动时间的长短。振动时间越长，声音越长；反之，声音越短。在普通话中，音长在声调方面起着重要作用。

音色，即声音的特色。它决定于发音时声波振动的形式。音色的差异是由发音体、发音方法和共鸣器形状的不同造成的。音色是语音中最重要的变异音素。

4. 声母、韵母和声调

声母，是汉语音节开头的辅音。音节以元音开头，其声母就是零，通常称为零声母。普通话中有 21 个辅音声母。

韵母，是汉语音节中声母后面的部分。普通话中有 39 个韵母。

声调，是整个音节特别是音节中主要元音的音高变化。普通话中共有 4 个声调。

第二节 普通话声母训练与方音辨正

一、声母概述

普通话共有 22 个声母，其中 21 个由辅音充当，还有 1 个是零声母，充当声母的辅音依据发音部位和发音方法的不同进行分类。

（一）按发音部位分类

发音部位指发辅音时，气流都要受到阻碍，气流受阻的地方叫作发音部位。可分为七类。

1. 双唇音：双唇闭合，不太紧，下唇为主动器官向上动，上唇微动互相接触。如：b、p、m。

2. 唇齿音：上齿和下唇靠拢形成阻碍。如：f。

3. 舌尖前音（也称平舌音）：舌尖平伸接触上门齿背形成阻塞。如：z、c、s。

4. 舌尖中音：舌尖抵住上齿龈，形成阻塞。如：d、t、n、l。

5. 舌尖后音（也称翘舌音）：舌尖前部上举，舌尖抵住或接近硬腭前端形成阻碍。如：zh、ch、sh、r。

6. 舌面前音：舌尖抵住下门齿背，舌面拱起，使舌面前部贴紧硬腭前部形成阻碍。如：j、q、x。

7. 舌面后音（也称舌根音）：舌根向硬腭和软腭的交界处接触或接近形成阻碍。如：g、k、h、ng。

（二）按发音方法分类

发音方式指发辅音时，构成阻碍和克服阻碍的方式，可分为五类。

1. 塞音：成阻时发音部位完全形成闭塞；持阻时气流积蓄在阻碍的部位之后；除阻时受阻部位突然解除阻塞，使积蓄的气流透出，爆发破裂成声。也称为"爆破音"。共 6 个：b、p、d、t、g、k。

2. 擦音：成阻时发音部位之间接近，形成适度的间隙，持阻时气流从窄缝中间摩擦成声；除阻时发音结束。共 6 个：s、sh、r、h、f、x。

3. 塞擦音：兼有塞音和擦音的特征，是以"塞音"开始，以"擦音"结束。二者紧密结合。共 6 个：j、q、zh、ch、z、c。

4. 鼻音：成阻时发音部位完全形成闭塞，封闭口腔通路；持阻时，软腭下垂，打开鼻腔通路，声带振动，气流在口腔受到阻碍，由鼻腔透出成声。除阻时口腔阻碍解除。共 3 个：m 和 n 、ng。但 ng 不作声母只作韵尾。

5. 边音：舌尖和上齿龈稍后的部位接触，使口腔中间部分的通道阻塞；持阻时声带振动，气流从舌头两边与上颚两侧、两颊内侧形成的夹缝中通过，透出成声；除阻时发音结束。共 1 个：l。

（三）按声带是否振动可分为清音和浊音

1. 清音：发音时声带不振动。共 17 个：b、p、f、d、t、g、k 、h、j、q、x、zh、ch、sh、z 、c、s。

2. 浊音：发音时声带振动：共 5 个：r 、n、l、m、ng。

（四）按气流强弱可分为送气音和不送气音

1. 送气音：发音时送出的气流较强，也比较快和持久的叫送气音。共 6 个：p、t、k、q、ch、c。

2. 不送气音：发音时送出的气流微弱且短的叫不送气音。共 6 个：b、d、g、j、zh、z。

普通话中还有一些音节直接以元音开头，不以辅音开头，称为"零声母"。如：按、音、爱。

二、声母的发音与训练

第一组　　b、p、m、f

b[p]——**双唇、不送气、清、塞音**

发音要领：双唇闭合，不太紧，同时软腭上升，关闭鼻腔通路；气流到达双唇后蓄气；凭借积蓄在口腔中的气流突然打开双唇成声。

读双音节词语练习：

北边 běibiān	辨别 biànbié	包办 bāobàn	颁布 bānbù
本部 běnbù	奔波 bēnbō	遍布 biànbù	摆布 bǎibù
碧波 bìbō	报表 bàobiǎo	宝贝 bǎobèi	标本 biāoběn

p[p']——**双唇、送气、清、塞音**

发音要领：成阻与持阻阶段与 b 相同。除阻时，声门（声带开合处）大开，从肺部呼出一股较强气流成声。

读双音节词语练习：

偏僻 piānpì	匹配 pǐpèi	琵琶 pípa	频谱 pínpǔ
批判 pīpàn	澎湃 péngpài	品牌 pǐnpái	皮袍 pípáo
泼皮 pōpí	铺排 pūpái	拼盘 pīnpán	乒乓 pīngpāng

m[m]——**双唇、浊、鼻音**

发音要领：双唇闭合，软腭下降，气流振动声带从鼻腔通过发声。

读双音节词语练习：

盲目 mángmù	美梦 měimèng	秘密 mìmì	弥漫 mímàn
命名 mìngmíng	面貌 miànmào	麻木 mámù	埋没 máimò
牧民 mùmín	磨灭 mómèi	满目 mǎnmù	密谋 mìmóu

f[f]—唇齿、清、擦音

发音要领：下唇向上门齿靠拢，形成间隙；软腭上升关闭鼻腔通道，使气流从齿唇形成的间隙摩擦通过而成声，不振动声带。

读双音节词语练习：

反复 fǎnfù	方法 fāngfǎ	夫妇 fūfù	芬芳 fēnfāng
发奋 fāfèn	丰富 fēngfù	非凡 fēifán	仿佛 fǎngfú
防范 fángfàn	肺腑 fèifǔ	伏法 fúfǎ	复发 fùfā

第二组　　d、t、n、l

d[t]—舌尖中、不送气、清、塞音

发音要领：舌尖抵住上齿龈，形成阻塞；软腭上升，关闭鼻腔通路；气流到达口腔后蓄气，突然解除阻塞成声，不振动声带。

读双音节词语练习：

大胆 dàdǎn	等待 děngdài	顶端 dǐngduān	单调 dāndiào
独断 dúduàn	订单 dìngdān	地点 dìdiǎn	道德 dàodé
得当 dédàng	导弹 dǎodàn	电灯 diàndēng	但丁 dàndīng

t[t']—舌尖中、送气、清、塞音

发音要领：成阻、持阻阶段与 d 相同，除阻阶段声门大开，从肺部呼出一股较强的气流成声。

读双音节词语练习：

贪图 tāntú	梯田 tītián	拖沓 tuōtà	天堂 tiāntáng
淘汰 táotài	团体 tuántǐ	图腾 túténg	探讨 tàntǎo
谈吐 tántǔ	弹跳 tántiào	忐忑 tǎntè	铁蹄 tiětí

n[n]—舌尖中、浊、鼻音

发音要领：舌尖抵住上齿龈，形成阻塞，软腭下垂，打开鼻腔通路，声带振动，气流同时到达口腔和鼻腔，在口腔受到阻碍，气流从鼻腔透出成声。

读双音节词语练习：

那年 nànián	泥泞 nínìng	牛奶 niúnǎi	男女 nánnǚ
恼怒 nǎonù	难耐 nánnài	奶牛 nǎiniú	奶娘 nǎiniáng
忸怩 niǔní	农奴 nóngnú	捏弄 niēnòng	南宁 nánníng

l[l]—舌尖中、浊、边音

发音要领：舌尖抵住上齿龈的后部，阻塞气流从口腔中路通过的通道；软腭上

升，关闭鼻腔通路，声带振动，气流到达口腔后从舌头与两颊内侧形成的空隙通过而成声。

读双音节词语练习：

留恋 liúliàn	玲珑 línglóng	劳碌 láolù	利率 lìlǜ
轮流 lúnliú	流利 liúlì	料理 liàolǐ	履历 lǚlì
拉链 lāliàn	褴褛 lánlǚ	联络 liánluò	领略 lǐnglüè

第三组　　j、q、x

j[tɕ]—舌尖前、不送气、清、塞擦音

发音要领：舌尖抵住下门齿背，舌面拱起，使舌面前部贴紧硬腭前部；软腭上升，关闭鼻腔通路。在阻塞的部位后面积蓄气流，突然解除阻塞时，在阻塞部位之间保持适度间隙，使气流从间隙透出而成声。

读双音节词语练习：

接近 jiējìn	解决 jiějué	积极 jījí	家具 jiājù
纪检 jìjiǎn	激进 jījìn	救济 jiùjì	讲解 jiǎngjiě
精简 jīngjiǎn	检举 jiǎnjǔ	夹击 jiājī	建交 jiànjiāo

q[tɕʻ]—舌面前、送气、清、塞擦音

发音要领：成阻阶段与 j 相同。不同的是当舌面前部与硬腭前部分分离并形成适度空隙时声门开启，同时伴有一股较强的气流而成声。

读双音节词语练习：

欠缺 qiànquē	齐全 qíquán	确切 quèqiè	全球 quánqiú
气球 qìqiú	恰巧 qiàqiǎo	轻巧 qīngqiǎo	秋千 qiūqiān
窃取 qièqǔ	凄切 qīqiè	崎岖 qíqū	亲切 qīnqiè

x[ɕ]—舌面前、清、擦音

发音要领：舌尖抵住下门齿背，使舌面接近硬腭前部，形成适度间隙，气流从空隙摩擦通过而成声。

读双音节词语练习：

学校 xuéxiào	心胸 xīnxiōng	相信 xiāngxìn	喧嚣 xuānxiāo
详细 xiángxì	信箱 xìnxiāng	信心 xìnxīn	新鲜 xīnxiān
小心 xiǎoxīn	雄心 xióngxīn	细小 xìxiǎo	嬉笑 xīxiào

第四组　　g、k、h

g[k]—舌面后、不送气、清、塞音

发音要领：发音时，舌根抵住软腭，软腭后部上升，堵塞鼻腔通路，声带不颤动，较弱的气流冲破舌根的阻碍，爆破成声。

读双音节词语练习：

改革 gǎigé	公共 gōnggòng	广告 guǎnggào	国歌 guógē
尴尬 gāngà	古怪 gǔguài	挂钩 guàgōu	高贵 gāoguì
梗概 gěnggài	规格 guīgé	骨骼 gǔgé	灌溉 guàngài

k[k']—舌面后、送气、清、塞音

发音要领：与 g 发音状况相近，只是气流较强。

读双音节词语练习：

宽阔 kuānkuò	开口 kāikǒu	慷慨 kāngkǎi	可口 kěkǒu
苛刻 kēkè	困苦 kùnkǔ	坎坷 kǎnkě	开垦 kāikěn
科考 kēkǎo	刻苦 kèkǔ	克扣 kèkòu	空旷 kōngkuàng

h[x]—舌面后、不送气、清、塞音

发音要领：舌面后部隆起接近硬腭和软腭的交界处，形成间隙；软腭上升，关闭鼻腔通路，使气流从形成的间隙摩擦通过而成声。

读双音节词语练习：

后悔 hòuhuǐ	合伙 héhuǒ	挥毫 huīháo	憨厚 hānhòu
呼唤 hūhuàn	浩瀚 hàohàn	绘画 huìhuà	黄河 huánghé
豪华 háohuá	挥霍 huīhuò	花卉 huāhuì	欢呼 huānhū

第五组　　z、c、s

z[ts]—舌尖前、不送气、清、塞擦音

发音要领：成阻阶段与 c 相同，不同的是在突然解除阻塞时，在原形成阻塞的部位之间保持适度的间隙，使气流从间隙透出而成声。

读双音节词语练习：

藏族 zàngzú	自尊 zìzūn	总则 zǒngzé	栽赃 zāizāng
呲嘴 zāzuǐ	祖宗 zǔzōng	罪责 zuìzé	遭罪 zāozuì
再造 zàizào	贼赃 zéizāng	自足 zìzú	自在 zìzài

c[ts']—舌尖前、送气、清、塞擦音

发音要领：舌尖抵住上门齿背形成阻塞，在阻塞的部位后积蓄气流；同时软腭上升，关闭鼻腔通道；突然解除阻塞时声门开启，同时伴有一股较强的气流成声。

读双音节词语练习：

层次 céngcì	匆匆 cōngcōng	曹操 cáocāo	摧残 cuīcán
措辞 cuòcí	草丛 cǎocóng	苍翠 cāngcuì	催促 cuīcù
璀璨 cuǐcàn	仓促 cāngcù	猜测 cāicè	参差 cēncī

s[s]—舌尖前、清、擦音

发音要领：舌尖接近上门齿背，形成间隙；同时软腭上升，关闭鼻腔通路，使气流从间隙摩擦通过成声。

读双音节词语练习：

松散 sōngsǎn	搜索 sōusuǒ	思索 sīsuǒ	诉讼 sùsòng
缫丝 sāosī	洒扫 sǎsǎo	速算 sùsuàn	四散 sìsàn
三思 sānsī	色素 sèsù	僧俗 sēngsú	琐碎 suǒsuì

第六组　　　zh、ch、sh、r

zh[tʂ]—舌尖后、不送气、清、塞擦音

发音要领：舌尖前部上举，舌尖抵住硬腭前端，同时软腭上升，关闭鼻腔通路。在形成阻塞的部位后积蓄气流，突然解除阻塞时，在原形成阻塞的部位之间保持适度的间隙，使气流从间隙透出而成声。

读双音节词语练习：

战争 zhànzhēng	珍珠 zhēnzhū	郑州 zhèngzhōu	种植 zhòngzhí
中专 zhōngzhuān	专著 zhuānzhù	斟酌 zhēnzhuó	专制 zhuānzhì
执照 zhízhào	招展 zhāozhǎn	抓住 zhuāzhù	执着 zhízhuó

ch[tʂ']—舌尖后、送气、清、塞擦音

发音要领：成阻阶段与 zh 相同，不同的是在突然解除阻塞时，声带开启，同时伴有一股较强的气流成声。

读双音节词语练习：

超出 chāochū	传承 chuánchéng	唇齿 chúnchǐ	长春 chángchūn
橱窗 chúchuāng	充斥 chōngchì	驰骋 chíchěng	戳穿 chuōchuān
传唱 chuánchàng	超常 chāocháng	茶场 cháchǎng	车床 chēchuáng

sh[ʂ]—舌尖后、清、擦音

发音要领：舌尖前部上举，接近硬腭前端，形成适度的间隙，同时软腭上升，关闭鼻腔通路，使气流从间隙摩擦通过而成声。

读双音节词语练习：

事实 shìshí	师生 shīshēng	硕士 shuòshì	少数 shǎoshù
书商 shūshāng	杀手 shāshǒu	实施 shíshī	适时 shìshí
受伤 shòushāng	伸手 shēnshǒu	设施 shèshī	审视 shěnshì

r[ʐ]—舌尖后、浊、擦音

发音要领：舌尖上举，接近硬腭前端，形成适度间隙，同时软腭上升，关闭鼻腔通路，振动声带，起来；使气流从间隙中摩擦通过而成声。

读双音节词语练习：

仍然 réngrán	柔软 róuruǎn	容忍 róngrěn	如若 rúruò
软弱 ruǎnruò	荣辱 róngrǔ	闰日 rùnrì	融入 róngrù
忍让 rěnràng	濡染 rúrǎn	荏苒 rěnrǎn	扰攘 rǎorǎng

第七组　零声母

没有辅音字母的音节称为零声母音节，零声母音节也是一种声母。普通话零声母可以分为两类，一类是开口呼零声母，一类是非开口呼零声母。

普通话39个韵母中有33个可以自成音节，这些韵母是：

a	o	e	ê	ai	ao
ou	an	en	ang	yi	ya
ye	yao	you	yan	yin	ying
yang	yong	wu	wa	wo	wai
wei	wan	wen	wang	weng	yu
yue	yuan	yun			

普通话声母总表

发音部位	塞音		塞擦音		擦音		鼻音	边音
	清音		清音		清音	浊音	浊音	浊音
	不送气	送气	不送气	送气				
双唇音	b	p						m	
唇齿音					f			
舌尖前音			z	c	s			
舌尖中音	d	t					n	l
舌尖后音			zh	ch	sh	r		
舌面音			j	q	x			
舌根音	g	k			h		ng	

三、声母与方音辨正

（一）送气音与不送气音互换

送气、不送气是相对而言的，气流微弱且短的就是不送气音；气流强的就是送气音。练习时可以拿一张很薄的小纸片儿放在嘴边，发送气音的时候小纸片儿会随口气喷出的气流抖动。

送气音与不送气音不分主要出现在客家地区和部分粤方言区。客家方言中很多送气音在普通话中是不送气的，如客家话送气的"病""白""跪"等字在普通话中均为不送气音，而粤语中不送气的音大部分在普通话里也是不送气音，但也有小部分读成送气音，如"畔""埔""品""啤""瀑"等字，粤语中的声母是"b"，而在普通话中应为送气的"p"读音。因此在发音时要注意区别。

练习读准以下词语

b—p：编排　爆破　背叛　奔跑

p—b：　陪伴　旁边　排版　跑步

d—t：　代替　灯塔　地毯　动态

t—d：　态度　坦荡　停顿　推动

g—k：　功课　顾客　概括　广阔

k—g：　客观　开关　考古　宽广

j—q：　坚强　健全　急切　技巧

q—j：　请假　勤俭　抢救　前进

zh—ch：支撑　征程　职称　争吵

ch—zh：成长　纯正　沉重　城镇

z—c：　早餐　字词　座次　宗祠

c—z：　存在　操纵　词组　辞藻

绕口令练习

吃葡萄不吐葡萄皮儿，不吃葡萄倒吐葡萄皮儿（《葡萄皮儿》）（分清 p 与 b）

谭家谭老汉，挑担到蛋摊，买了半担蛋，挑担到炭摊，买了半担炭，满担是蛋炭。（分清 d 与 t）

哥挎瓜筐过宽沟，赶快过沟看怪狗，光看怪狗瓜筐扣，瓜滚筐空哥怪狗。（分清 g 与 k）

稀奇稀奇真稀奇，蟋蟀踩死老母鸡，气球碰坏大机器，蚯蚓身长一丈七。（分清 j 与 q）

（二）唇齿音 f 与舌面后音 h 的混读

广东潮汕方言里没有唇齿音 f。普通话读 f 声母的字，在潮汕方言口语（白读）中，一般读作双唇塞音[p]、[p']，如"房，飞"。而在书面语（文读）中一般读作擦音[x]或[h]，如"夫，妃"；客家方言则刚好与潮汕方言相反，没有舌面后音 h，普通话读 h 声母的字，在客家方言中一般读作唇齿音 f，如"红，辉"。这两个音的发音方法相同，都是清擦音。发准这两个音，关键在于正确控制发音部位，h 是舌根擦音，受阻部位是舌根与软腭，发音时舌根抬起接近软腭，中间留一条很窄的缝，让气流从窄缝里挤出来。f 的受阻部位是下唇和上门齿，发音时把上齿轻轻放在下唇上，同时软腭上升，堵住逼抢通路，气流从唇齿之间摩擦而出。

读准下面的词组

浮水 fúshuǐ——湖水 húshuǐ　　　　航空 hángkōng——防空 fángkōng

花费 huāfèi——花卉 huāhuì　　　　幅度 fúdù——弧度 húdù

华丽 huálì——乏力 fálì　　　　　　犯病 fànbìng——患病 huànbìng

公费 gōngfèi——工会 gōnghuì　　　发展 fāzhǎn——花展 huāzhǎn

船夫 chuánfū——传呼 chuánhū　　　富丽 fùlì——互利 hùlì

另外，粤方言中没有舌面后音"h"的发音，普通话中的"h"在粤方言中分化为两个音：h 与 w。如"发火"的"火"，粤语中声母为"f"，"繁华"的"华"，粤语发"w"，因而实际发音中 h 易与 k 混淆，如"坏 huài"读成"快 kuài"，在练习时也应该注意区分。

绕口令练习

粉红墙上画凤凰，凤凰画在粉红墙；红凤凰，绿凤凰，粉红凤凰花凤凰。（分清 h 与 f）

红饭碗，黄饭碗，红饭碗盛满碗饭，黄饭碗盛半碗饭，黄饭碗添半碗饭，像红饭碗一样满碗饭。（分清 h 与 f）

劳苦不是老虎，幸福不是辛苦，打老虎就得劳苦，有辛苦才有幸福。（分清 h 与 k）

（三）鼻音 n 与边音 l 的混读

鼻音 n 与边音 l 的发音部位基本相同，不同的只是发音方法。n 发音时，舌尖要顶住上牙背，气流从鼻腔流出。l 发音时，气流从舌的两边流出。由于粤语中"l"的音有些跟普通话相同，有些不相同，所以粤语方言区学生往往在学习这组音的时候容易混淆，如"罗列（luóliè）""玲珑（línglóng）"中的"l"与普通话的发音基本相同。发"l"时舌尖的位置要比发"n"时稍微靠后。在纠正时应该注意二者的区别。

读双音节词语练习

难住 nánzhù——拦住 lánzhù	连夜 liányè——年夜 niányè
浓重 nóngzhòng——隆重 lóngzhòng	水牛 shuǐniú——水流 shuǐliú
无赖 wúlài——无奈 wúnài	旅客 lǚkè——女客 nǚkè
南部 nánbù——蓝布 lánbù	烂泥 lànní——烂梨 lànlí
牛黄 niúhuáng——硫黄 liúhuáng	大娘 dàniáng——大梁 dàliáng

绕口令练习

男旅客穿着蓝上装，女旅客穿着呢大衣，男旅客扶着拎篮子的老大娘，女旅客牵着拿笼子的小男孩。

念一念，练一练，n、l 的发音要分辨。l 是边音软腭升，n 是鼻音舌靠前。你来练，我来念，不怕累，不怕难，齐努力，攻难关。

路东住着刘小柳，路南住着牛小妞。刘小柳拿着九个红皮球，牛小妞抱着六个大石榴。刘小柳把九个红皮球送给牛小妞，牛小妞把六个大石榴送给刘小柳。

鼻音声母常用代表字口诀

男 女 农 奴 你 恼 怒，哪 能 泥 囊 拿 牛 奶，
拈 捏 挠，奈 内 宁，南 妞 难 念 虐 挪 懦。

（四）分清平舌音 z、c、s 与翘舌音 zh、ch、sh

平舌音与翘舌音的区别在于：平舌音舌尖接触点是上齿龈，而翘舌音舌尖接触点是硬腭最前端。

在广东地区，平翘舌音的学习是大部分学生的难点，粤、闽、客三个方言区的学生在学习时都比较困难，这主要是因为三种方言都没有翘舌音而养成了发音不翘舌的习惯。一般来说，在正音学习时往往会出现两种极端，一是由于习惯，舌尖不敢翘或只翘一点儿造成翘舌不到位；另外一种情况就是矫枉过正，翘得太后以至于听起来像大舌头。在发音时一定要注意找准舌尖与硬腭的位置。

练习

1. 反复朗读下列词语，注意分清平翘舌音

zh－z

知足 zhīzú	制造 zhìzào	主宰 zhǔzǎi	赈灾 zhènzāi
职责 zhízé	著作 zhùzuò	振作 zhènzuò	追踪 zhuīzōng

z－zh

阻止 zǔzhǐ	杂志 zázhì	赞助 zànzhù	滋长 zīzhǎng
尊重 zūnzhòng	组织 zǔzhī	自治 zìzhì	在职 zàizhí

ch－c

冲刺 chōngcì	出错 chūcuò	纯粹 chúncuì	春蚕 chūncán
唱词 chàngcí	筹措 chóucuò	揣测 chuǎicè	成材 chéngcái

c－ch

财产 cáichǎn	彩车 cǎichē	操场 cāochǎng	辞呈 cíchéng
促成 cùchéng	操持 cāochí	磁场 cíchǎng	擦车 cāchē

sh－s

哨所 shàosuǒ	伸缩 shēnsuō	生死 shēngsǐ	深思 shēnsī
世俗 shìsú	输送 shūsòng	十四 shísì	食宿 shísù

s－sh

桑树 sāngshù	私塾 sīshú	损失 sǔnshī	琐事 suǒshì
素食 sùshí	松树 sōngshù	算术 suànshù	碎石 suìshí

2. 对比声母，区别意义

主力 zhǔlì——阻力 zǔlì	砖洞 zhuāndòng——钻洞 zuāndòng
征兵 zhēngbīng——增兵 zēngbīng	照旧 zhàojiù——造就 zàojiù
收集 shōují——搜集 sōují	支援 zhīyuán——资源 zīyuán
木柴 mùchái——木材 mùcái	诗人 shīrén——私人 sīrén
最初 zuìchū——最粗 zuìcū	推迟 tuīchí——推辞 tuīcí
插手 chāshǒu——擦手 cāshǒu	初步 chūbù——粗布 cūbù
商业 shāngyè——桑叶 sāngyè	师长 shīzhǎng——司长 sīzhǎng
山脚 shānjiǎo——三角 sānjiǎo	事实 shíshì——四十 sìshí

绕口令练习

杂志社出杂志，看杂志长知识，里面有政治常说、地理常识、书法知识、历史知识，还有诗词注释、古文注释、园林种植、手工艺编织、介绍电影电视，真是物有所值。

平、翘舌音辨记方法举例

1. 利用普通话声韵调拼合规律类推记忆

如：zh、ch、sh→ua、uai、uang

　　z、c、s → ua、uai、uang ×

2. 利用形声字的声旁类推记忆

如：召（zh）－招昭沼照　超　绍邵

少（sh）－沙纱砂莎　抄钞吵炒

3. 记少不记多。普通话的常用字词中，翘舌音占大多数，约70%以上，不翘舌则只有不到30%。

如：z→en　少：只有"怎"一个字

zh→en　多：真珍诊阵……

（五）分清舌面音 j、q、x 和平舌音 z、c、s，翘舌音 zh、ch、sh

平、翘舌音与舌面音易混淆，由于广州粤语无 j、q、x 声母，普通话的 j、q、x 声母包含在粤语的 g、k、h 声母中。如"机""倾"等。也有一部分包含在 z、c、s 声母中，如"青""精"等。因此，粤方言区分辨这两组音比较困难。一般说来，j 易与 z、zh 混淆；q 易与 c、ch 混淆；x 易与 s、sh 混淆。因此发音时一定要注意掌握好舌面音 j、q、x 的发音部位。发舌面音时，舌面前部抵住或接近硬腭前部；发平舌音时，舌尖抵住上齿龈；发舌面后音时，舌尖翘起后顶住或靠近硬腭最前端。

读准下列词语

1. j 和 z、zh

焦急 jiāojí——召集 zhàojí　　　　　投机 tóujī——投资 tóuzī

捐款 juānkuǎn——专款 zhuānkuǎn　　纯洁 chúnjié——存折 cúnzhé

交代 jiāodài——招待 zhāodài　　　　计较 jìjiào——制造 zhìzào

济南 jǐnán——指南 zhǐnán　　　　　计划 jìhuà——字画 zìhuà

2. q 和 c、ch

桥上 qiáoshàng——朝上 cháoshàng　　墙壁 qiángbì——长臂 chángbì

枪口 qiāngkǒu——窗口 chuāngkǒu　　全身 qúnshēn——船身 chuánshēn

身躯 shēnqū——伸出 shēnchū　　　　沟渠 gōuqú——勾除 gōuchú

比起 bǐqǐ——彼此 bǐcǐ　　　　　　　气死 qìsǐ——刺死 cìsǐ

3. x 和 s、sh

鞋头 xiétóu——舌头 shétou　　　　　稀饭 xīfàn——师范 shīfàn

希望 xīwàng——失望 shīwàng　　　　虚浮 xūfú——舒服 shū·fu

通讯 tōngxùn——通顺 tōngshùn　　　序幕 xùmù——树木 shùmù

发泄 fāxiè——发射 fāshè　　　　　　记叙 jìxù——记述 jìshù

绕口令练习

唧唧复唧唧，木兰当户织（分清 j 和 zh）

凄凄惨惨戚戚（分清 q 和 c）

西山是西山，山西是山西（分清 x 和 sh）

西红柿炒鸡子儿，自己炒自己吃（分清 x、sh、ch、j、z）

（六）分清 r 和 y

由于南方方言区没有翘舌音，因此在发 r 音时，往往容易与 y 或 l 相混，要注意两组发音的区别。r 是翘舌音，舌头翘起后舌尖接近硬腭最前端。

1. r 与 y

叫嚷 jiàorǎng——教养 jiàoyǎng　　绕道 ràodào——要道 yàodào

仍旧 réngjiù ——营救 yíngjiù　　出入 chūrù——出狱 chūyù

热火 rèhuǒ——野火 yěhuǒ　　柔软 róuruǎn——游远 yóuyuǎn

染病 rǎnbìng——眼病 yǎnbìng　　哺乳 bǔrǔ——捕鱼 bǔyú

2. r 与 l

乳汁 rǔzhī——卤汁 lǔzhī　　余热 yúrè——娱乐 yúlè

衰弱 shuāiruò——衰落 shuāiluò　　必然 bìrán——碧蓝 bìlán

绕口令练习

容易不是用意，夜里也不是热力。（分清 r 和 y）

r 记字方法

1. 利用形声字声旁类推。

"嚷"的声母是 r，由此类推，"瓤壤攘禳"等声母都是 r。

"壬"的声母是 r，由此类推，"任妊饪衽"等字声母均为 r。

2. r 声母的字不多，在 3500 个字中只有 58 个，运用形声字声旁类推的方法记忆一部分字后，剩下的可以用个别记忆的方法来记音。这 58 个声母字是：然燃染冉，嚷瓤壤让攘，饶娆绕扰，热惹，人任仁认韧纫任，仍扔，日，容溶熔蓉榕绒，融荣戎冗茸，肉柔揉蹂，如入儒乳汝蠕辱褥，软，瑞蕊锐睿，润闰，若弱偌。

第三节　普通话韵母训练与方音辨正

一、韵母的构成

（一）一个音节中的韵母，通常可以分为韵头、韵腹和韵尾三部分

1. 韵腹：是一个韵母发音的关键，韵母中的主要元音。一般由开口度最大、声音最响亮的主要元音充当。由 a、o、e、i、u、ü、-i(前)、-i(后)、er 等 10 个单元音充当。

2. 韵头：是韵腹前面、起前导作用的部分，发音比较模糊，往往迅速带过，由 i，u，ü 充当，发音总是轻而短，只表示韵母的起点。

3. 韵尾：是韵腹后面、起收尾作用的部分，发音也比较模糊，但务求发到位。由 i，o(u) 和鼻辅音 n、ng 充当。

（二）韵母的分类

1. 按结构划分

普通话里一共有 39 个韵母，其中单韵母有 10 个，复韵母有 13 个，鼻韵母有 16 个。

单韵母：由一个元音构成的韵母，又叫单元音韵母。普通话中共有 10 个单韵母：a、o、e、ê、i、u、ü、-i(前)、-i(后)、er(卷舌韵母)。

复韵母：由两个或三个元音构成的韵母，又叫复元音韵母。普通话中共有 13 个复韵母：ai、ei、ao、ou、ia、ie、ua、uo、üe、iao、iou、uai、uei。

鼻韵母：元音后面带上鼻辅音构成的韵母，又叫鼻音尾韵母。普通话中共有 16

个鼻韵母。

an	en
ian	in
uan	uen(un)
üan	ün

} 8 个前鼻音韵母

ang	eng	
iang	ing	
uang	ueng	ong
	iong	

} 8 个后鼻音韵母

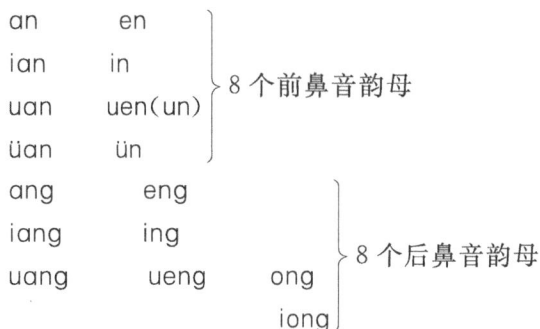

所有韵母中,除鼻韵母的韵尾是辅音外,其他的音都是非鼻化元音。非鼻化元音的发音要点是软腭始终上升,堵住气流的鼻腔通道。如果软腭的位置不好,气流同时从鼻腔和口腔中泄出,发出的元音就成了鼻化元音。在普通话中,鼻化元音只有在儿化音节中才会出现。

2. 按韵母开头元音的发音口形划分

普通话里有 15 个:a、o、e、ai、ei、ao、ou、an、en、ang、eng、ê、-i(前)、-i(后)、er。

开口呼——没有韵头,韵母不是 i、u、ü 或不含 i、u、ü 的韵母。

齐齿呼——普通话里有 9 个:i、ia、ie、iao、iou、ian、in、iang、ing。

合口呼——韵头或韵腹是 u 的韵母,普通话里有 10 个:u、ua、uo、uai、uei、uan、uen、uang、ueng、ong。

撮口呼——韵头或韵腹是 ü 的韵母,普通话里有 5 个:ü、üe、üan、ün、iong。

韵母分类表

	开口呼	齐口呼	合口呼	撮口呼
单韵母	-i〔ɿ、ʅ〕	i	u	ü
	a	ia	ua	
	o		uo	
	e			
	ê	ie		üe
	er			
复韵母	ai		uai	
	ei		uei	
	ao	iao		
	ou	iou		
鼻韵母	an	ian	uan	üan
	en	in	uen	ün
	ang	iang	uang	
	eng	ing	ueng	
	ong	iong		

二、韵母的发音与训练

元音的发音主要靠舌位及唇形的调节变化，其发音条件有三个：舌位的前唇；舌位的高低和口的开合；唇形的圆唇。

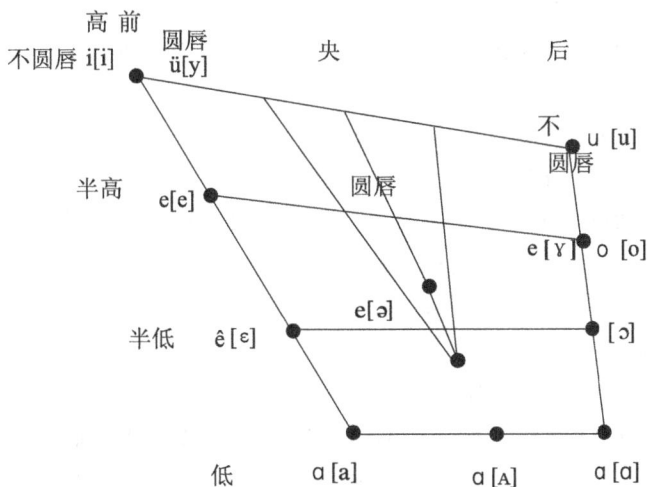

舌面元音舌位唇形图

（一）单韵母的发音

单元音韵母的发音特点是口形自始至终不变，舌位也不移动。下面具体分析单元音韵母的发音。

1. 舌面元音

（1）a[A]央、低、不圆唇元音。

在发 a 时，口大开，舌尖微离下齿背，在口腔中处于一个不前不后适中的位置，舌面中部微微隆起，处于一个较低的位置，和硬腭后部相对。双唇不圆。发音时，声音振动，软腭上升。

发音练习：拉萨　发达　喇叭　发芽

（2）i [i]前、高、不圆唇元音。

在发 i 时，口微开，两唇呈扁平形，上下齿相对，舌尖接触下齿背，使舌面前部高高隆起和硬腭前部相对，发音时，声带振动，软腭上升。

发音练习：激励　力气　积极　洗涤

（3）o [o]后、半高、圆唇元音。

在发 o 时，上下唇自然拢圆，舌身后缩，舌面后部隆起，舌位半高半低，介于 a 和 i 之间。发音时声带振动，软腭上升。

发音练习：磨破　默默　薄膜　婆婆

（4）e[ɣ]后、半高、不圆唇元音。

在发 e 时，口半闭，展唇，舌身后缩，舌面后部稍隆起和软腭相对，舌尖离下齿背较远，比 o 略高而偏前。发音时，声带振动，软腭上升。

发音练习：隔热　特赦　苛刻　合格

（5）ê[ɛ]前、半低、不圆唇元音。

在发 ê 时，口自然打开，展唇，舌尖抵住下齿背，使舌面前部隆起和硬腭相对，舌位与 o 相同。发音时，声带振动，软腭上升。ê 单独表音时只有一个语气词"欸"，只出现在复韵母 ie，üe 中。

（6）u[u]后、高、圆唇元音。

在发 u 时，两唇收缩成圆形，略向前突出，舌后缩，舌面后部高高隆起和软腭相对。发音时，声带振动，软腭上升。

发音练习：突兀　酷暑　孤独　速度

（7）ü[y]前、高、圆唇元音。

在发 ü 时，两唇略圆，略向前突出，舌尖接触下齿背，使舌面前部高高隆起和硬腭前部相对，发音时，声带振动，软腭上升。

发音练习：聚居　局域　屈居　徐徐

2. 卷舌元音

er[ɚ]央、中、不圆唇元音。

在发 er 时，口自然打开，舌位不前不后不高不低，处于最自然状态，然后舌前、中部上抬，舌尖向后卷，和硬腭前端相对。发音时，声带振动，软腭上升。实际读音有[er][ar]之分，当读序数"二"时为[ar]，其他字音则是[er]。er 不和任何辅音相拼，只能自成音节。

发音练习：儿童　而且　儿戏　二十

3. 舌尖元音

（1）-i(前)[ɿ]前、高、不圆唇元音。

在发-i(前)时，口略开，展唇，舌尖和上齿背相对，保持适当距离。发音时，声带振动，软腭上升。-i(前)这个韵母在普通话里只出现在 z、c、s 这三个声母的后面，不能自成音节。

发音练习：自私、字词、恣肆、四次

（2）-i(后)[ʅ]舌尖、后、高、不圆唇元音。

在发-i(后)时，口略开，展唇，舌前端抬起和前硬腭相对。发音时，声带振动，软腭上升。-i(后)这个韵母在普通话里只出现在 zh、ch、sh、r 这四个声母的后面，不能自成音节。

发音练习：知识、指使、实质、支持

（二）复韵母的发音

根据主要元音所处的位置，复韵母可以分为前响复韵母、后响复韵母和中响复韵母。

1. 前响复韵母 ai，ei，ao 和 ou

普通话的前响复韵母共有 4 个，都属于复元音。发音的共同点是元音舌位都是由低向高滑动，开头的元音音素响亮清晰，收尾的元音音素轻短模糊且音值不太稳定，只表示舌位滑动的方向。

（1）ai[ai]，发音时，开口度略小，舌尖抵住下齿背，使舌面前部隆起与硬腭相对，从前 a 开始，舌位向 i 的方向滑动升高。a 音较为清晰响亮，i 音发得轻短较弱，只表示舌头移动的方向，实际到不了 i 的位置。

发音练习：海带　拍卖　灾害　白菜

(2)ei[ei]，发音时，舌尖抵住下齿背，使舌面前部(略后)隆起对着硬腭中部。舌位从 e 开始舌位升高，向 i 的方向往前往高滑动。ei 是普通话中动程较短的复元音。

发音练习：配备　非得　肥美　北美

(3)ao[au]，在发音时，舌头后缩，使舌面后部隆起，从后 a 开始，舌位向 u (拼写作-o)，实际发音接近于 u 的方向滑动升高。

发音练习：操劳　牢靠　高傲　祷告

(4)ou[əu]，发音时，从略带圆唇的央元音[ə]开始，舌位向 u 的方向滑动。收尾-u音比单元音 u 的舌位略低，它是普通话复韵母中动程最短的复合元音。

发音练习：抖擞　收购　佝偻　欧洲

2. 中响复韵母 iao,iou,uai 和 uei

普通话的中响复韵母共有 4 个，都属于复元音。这些韵母发音的共同点是舌位由高向低滑动，再从低向高滑动。开头的元音音素不响亮，比较轻短，中间的元音音素响亮清晰，收尾的元音音素轻短模糊。

(1)iao[iau]，发音时，由前高元音 i 开始，舌位降至低元音 a，然后再向后圆唇元音 u 的方向滑升。发音过程中，舌位先降后升，由前到后，曲折幅度大。唇形从中间的元音 a 开始由不圆唇变为圆唇。

发音练习：逍遥　调教　飘渺　疗效

(2)iou[iou]，发音时，由前高元音 i 开始，舌位降至央(略后)元音[ə]，然后再向后高圆唇元音 u 的方向滑升。发音过程中，舌位先降后升，由前到后，曲折幅度较大。发央(略后)元音[ə]时，逐渐圆唇。发音时，注意与 iao 的区分。

发音练习：优秀　悠久　绣球　求救

(3)uai[uai]，发音时，由后高圆唇元音 u 开始，舌位向前滑降到前低不圆唇元音 a，然后再向前高不圆唇元音 i 的方向滑升。舌位动程先降后升，由后到前，曲折幅度大。唇形从最圆开始，逐渐减弱圆唇度，发前元音 a 以后渐变为不圆唇。最后终止元音是比前高元音 i 偏低的[ɪ]。

发音练习：外快　乖乖　快拽　摔坏

(4)uei[ueɪ]，发音时，由后高圆唇元音 u 开始，舌位向前向下滑到前半高不圆唇元音[e]偏后靠下的位置(相当于央元音[ə]偏前的位置)，然后再向前高不圆唇元音 i 的方向滑升，终点是比前高元音 i 偏低的[ɪ]。发音过程中，舌位先降后升，由后到前，曲折幅度大。唇形从最圆开始，随着舌位的前移圆唇度减弱，发 e 以后变为不圆唇。

发音练习：回归　摧毁　魁伟　尾随

3. 后响复韵母 ia,ie,ua,uo 和 üe

普通话的后响复韵母共有 5 个，都属于复元音。它们发音的共同点是舌位由高向低滑动，收尾的元音音素响亮清晰，而开头的元音处于韵母的韵头位置，发音不太响亮，比较短促。

(1)ia[iA]，起点元音是前高元音 i，由它开始，舌位滑向央低元音 a[A]止，i

的发音紧而短，a的发音响而长。

发音练习：假牙　加价　下牙　恰恰　压价

（2）ie[iɛ]，起点元音也是前高元音 i，由它开始，舌位滑向前中元音 ê 止，i 的发音紧而短，e 的发音响而长，发音过程中舌尖始终不离开下齿背，ie 的发音舌位动程较窄。

发音练习：姐姐　贴切　结业　趔趄

（3）ua[ūA]，起点元音是后高圆唇元音 u，由它开始，舌位滑向央低元音 a[A] 止，唇形由最圆逐步展开到不圆。u 紧而短，a 响而长，由于受 u 的影响，实际终止位置往往要比 a 稍稍偏后。

发音练习：花袜　画画　耍滑　刮花

（4）uo[uo]，起点元音也是后高圆唇元音 u，由它开始，舌位向下滑到后中元音 o 止。u 紧而短，o 响而长，uo 的动程很窄，发音时一定要注意舌位动程，口腔开度由闭到半闭。

发音练习：坐落　硕果　懦弱　过错

（5）üe[yɛ]，起点元音是前高圆唇元音 ü，由它开始，舌位下滑到前中元音 ê 止。发音时要注意 ü 的撮口，口腔打开。

发音练习：雀跃　约略　决绝

（三）鼻韵母的发音

普通话的前后鼻韵母各有 8 个。它们分别以 -n 和 -ng 作为韵尾。

1. 前鼻韵母 an，en，in，ün，ian，üan，uan，uen

（1）an[an]，发音时，an 中的 a 舌位由于受前鼻韵尾 n 的影响，a 处于比较前的位置，a 为前低不圆唇元音。n 的归音部位要比它充当声母时的除阻部位稍后。口腔开度由开到闭，舌位动程较大。

发音练习：汗衫　难堪　勘探　感染　赞叹

（2）en[ən]，发音时，e 的舌位比单发时靠前，舌头处于静止的位置，接着舌位升高，舌尖抵住上齿龈，软腭下垂，气流从鼻腔流出，归音到鼻辅音 n 上。口腔开度由开到闭，舌位动程较小。

发音练习：认真　愤恨　振奋　门诊　深沉

（3）in[in]，发音时，舌尖抵住下齿背发出 i 音，然后舌尖上举顶住上齿龈，同时软腭下降，气流从鼻腔流出。口腔开度闭，几乎没有变化，舌位动程很小。

发音练习：贫民　引进　音频　信心　殷勤

（4）ün[yn]，发音时，先发圆唇撮口的 ü，但唇形没有单发时那么圆，舌面接近硬腭。紧接着，舌尖前伸抵住上齿龈，软腭下垂，气流从鼻腔出来。与 in 的发音过程有点相似，只是唇形变化不同，注意舌面不要升得太高，以免产生摩擦噪声。

发音练习：均匀　军训　云云

（5）ian[iɛn]，an 韵前加了一个轻短的 i 韵头结合而成，实际发音时，等于在 an 前面加上一段由前高元音 i 开始的动程。

发音练习：电线　前线　简便　年限　鲜艳

(6)üan[yan]，an 韵前加了一个轻短的 ü 韵头结合而成，发音时，a 的舌位比单发时偏高，略在中部，a 的舌位较高且靠前，唇形较圆。实际发音时，等于在 an 前面加上一段由前高元音 ü 开始的动程。

发音练习：源泉 渊源 圆圈 全员 轩辕

(7)uan[uan]，an 韵前加了一个轻短的 u 韵头结合而成，发音时，a 的舌位比单发时靠前，a 为前低不圆唇元音，u 的口形比单发时稍圆。实际发音时，等于在 an 前面加上一段由后高元音 u 开始的动程。

发音练习：贯穿 传唤 转弯 婉转 专断

(8)uen[uən]，先发 u，舌头抬高接近软腭，圆唇，u 发得轻短，紧接着，舌尖前伸抵住上齿龈，软腭下降，气流从鼻腔流出。发音时注意 u 的圆唇与口腔开度的保持，中间的原因 e 只是过渡性的，在非零声母音节中，中间的 e 被省略掉，记成-un。

发音练习：困顿 昆仑 温存 伦敦 温顺

2. 后鼻韵母 ang, iang, uang, eng, ueng, ing, ong, iong

(1)ang[aŋ]，起点元音是后低不圆唇元音 a[ɑ]，口大开，舌尖离开下齿背，舌头后缩，从后 ɑ 开始，舌面后部抬起；当贴近软腭时，软腭下降，打开鼻腔通路，紧接着舌根与软腭接触，封闭了口腔通路，气流从鼻腔里透出。

发音练习：帮忙 厂房 党章 商场 账房

(2)iang[iaŋ]，起点元音为前高元音 i，舌位向后向下滑向后 a[ɑ]，紧接着舌位升高，接续鼻尾音 ng，实际发音时，等于在 ang 前面加上一段由前高元音 i 开始的动程，发音动程较宽。由于受到 i 的影响，发音时，a 的唇形稍扁。

发音练习：想象 亮相 湘江 响亮 奖项 洋相

(3)uang [uaŋ]，起点元音为后高圆唇元音 u，舌位下降到后 a[ɑ]，紧接着舌位升高，接续鼻尾音 ng。实际发音时，等于在 ang 前面加上一段由后高元音 u 开始的动程，发音时受 u 的影响，a 的唇形较圆，动程较宽。

发音练习：狂妄 装潢 矿床 往往 状况

(4)eng[əŋ]，起点是后半高不圆唇元音 e[ɤ]，口半闭，展唇，舌身后缩，舌尖离开下齿背，舌面后部隆起，软腭下垂，气流从鼻腔流出。实际发音时，为增加声音响度，应增大口腔开度。

发音练习：征程 增生 逞能 丰盛 省城

(5)ueng[uəŋ]，发音时，u 要发得轻短，然后发 eng 音。注意发音时不要发成唇齿音。在普通话中 ueng 只出现在零声母音节中，也就是说，它不能与任何复辅音声母相拼。

发音练习：嗡 瓮 翁

(6)ing[iŋ]，起点元音是前高不圆唇元音 i 与舌根浊鼻音-ng 连发而成的音。发音时，舌面接近硬腭先发出 i，然后舌头后缩，舌根与软腭接触，口腔关闭，气流从鼻腔流出。

发音练习：聆听 清醒 影评 经营 英明

(7) ong［uŋ］，起点元音是比后高圆唇元音 u 舌位略低的后次高圆唇元音［u］，发音时，开口度比 u 稍大，时程较短，舌根后翘，触硬腭，口腔通路封闭，发出鼻音。

发音练习：隆冬　共同　中统　恐龙

(8) iong［yŋ］，发音时 i 韵头由于受到圆唇 o 的影响，唇形由扁趋圆，接近于 ü。实际发音时，等于在 ong 前面加上一段由前高元音 ü 开始的动程。与 j、q、x 组成音节时，在发音开始时就要撮口才不会影响清晰度。

发音练习：汹涌　炯炯

三、韵母与方音辨正

（一）前鼻音韵母和后鼻音韵母

前鼻音韵尾与后鼻音韵尾的区别主要在于韵尾。

读前鼻韵母时，最后舌尖要用力抵住上齿龈，发音未完不得离开；读后鼻韵母时，舌唇部隆起，舌根尽量后缩，最后用力抵住软腭，发音终了之前不得离开。发前鼻音时口形较闭，发后鼻音时，口形较开。

前鼻音和后鼻音的区分是广东地区学生学习的难点。特别是潮汕方言区的学生受母语的影响，将前鼻音发成后鼻音的居多，如"船"（chuán）读成"床"（chuáng）；"关"（guān）读成"光"（guāng）；"赚钱"（zhuàn qián）变成"撞墙"（zhuàng qiáng）。在全国大多数方言中，没有 ing 和 eng 韵，说普通话时就将这两个韵母分别混入 in 和 en 中。就拿粤方言和客家方言区的同学来说，则容易把"生"（shēng）读成"深"（shēn），"情"（qíng）读成"琴"（qín）。在学习时要注意加以区分。

比较练习

an—ang：	班长	站场	宽敞	安康	站岗	繁忙	盼望
ang—an：	当然	方案	上山	上班	畅谈	藏蓝	浪漫
en—eng：	奔腾	本能	神圣	真诚	人称	深坑	真正
eng—en：	成分	生根	城镇	诚恳	胜任	承认	风尘
in—ing：	印行	尽情	心灵	新颖	金星	心情	民兵
ing—in：	平民	定亲	轻信	精心	挺进	清新	影印
uan—uang：	船上	观光	宽广	端庄	观望	软床	管状
uang—uan：	狂欢	光环	慌乱	壮观	撞断	装船	网管
ian—iang：	现象	坚强	演讲	变相	边疆	偏向	勉强
iang—ian：	抢险	强健	想念	香烟	镶嵌	相见	两边

混合练习

今日新闻	安全运行	平易近人	正大光明	精明强干
互相尊重	天真烂漫	英勇冲锋	加强锻炼	语重心长
兵荒马乱	冰清玉洁	百孔千疮	幸福安康	枪林弹雨

绕口令练习

你说船比床长，他说床比船长。我说，船不比床长，床也不比船长，船床一样长。

东洞庭，西洞庭，洞庭湖上一根藤，藤上挂个大铜铃。风起藤动铜铃响，风停藤定铜铃静。

天上七颗星，树上七只鹰，梁上七粒钉，台上七盏灯。拿扇扇了灯，用手拔了钉，举枪打了鹰，乌云盖了星。

（二）i 和 ü

i 和 ü 两个音的舌位相同，区别在于唇形的不同，发 i 时，嘴角向左右咧开，唇形是扁平的，可见到牙齿；发 ü 时，双唇接近圆唇，看不见牙齿。

i 和 ü 混淆也是广东方言区尤其是客家方言区和潮汕方言区学生容易出现的问题，由此也造成 ie 与 üe 的混读。如把"学生"的"xué"读成"xié"，把"关系"的"xì"读成"xù"。特别是由于客家话没有撮口呼韵母，普通话撮口呼韵母在梅州客家话中大部分归入齐齿呼韵母，如"吕"读成"里"，"全"读成"前"等。若不懂发音，可以在发准"i"的基础上逐渐把嘴唇合拢，从"i→ü"慢慢过渡，找准发音部位后再慢慢体会二者的区别。

比较练习

i—ü：　　意见——遇见　　容易——荣誉　　季节——拒绝

ie—üe：　写实——学习　　节食——绝食　　茄子——瘸子

ian—üan：盐分——缘分　　前面——全面　　潜力——权利

in—ün：　电信——电讯　　印书——运输　　信息——讯息

绕口令练习

山前有个阎圆眼，山后有个阎眼圆，二人山前来比眼，不知是阎圆眼比阎眼圆的眼圆，还是阎眼圆比阎圆眼的眼圆。

清早起来雨渐渐，王七上街去买席，骑着毛驴跑得急，捎带卖蛋又贩梨。一跑跑到小桥西，毛驴一下失了蹄，打了蛋，撒了梨，跑了驴，急得王七眼泪滴，又哭鸡蛋又骂驴。

打南来了个瘸子，手里托着个碟子，碟子里装着茄子，地下钉着个橛子。撒了碟里的茄子，气得瘸子摔了碟子，拔了橛子，踩了茄子。

（三）"er"与"e"的分辨

er 与 e 最主要的区别在于 er 是卷舌元音，而 e 是后、半高、不圆唇元音，由于南方方言区没有翘舌音，因此容易将卷舌音 er 发成了不卷舌的 e 元音。

比较练习

饿——二　蛾子——儿子

绕口令练习

儿字不能念成俄，若是念俄它就错。俄音舌尖抵下牙，儿音舌卷抵上腭。俄音共鸣往下压，儿音共鸣向上挪。俄音气流流舌面，儿音气碰舌卷窝。

要说尔，专说尔，马尔代夫，喀布尔，阿尔巴尼亚，扎伊尔，卡塔尔，尼泊尔，贝尔格莱德，厄瓜多尔，尼泊尔。

（四）üan 和 uan 的分辨

üan 和 uan 都是前鼻音韵母，üan 的起点元音为前高圆唇元音 ü，uan 起点元音为后高元音 u，由于 üan 跟 j，q，x 相拼时，"ü"省略了两点变成了"u"，因此容易将 üan 读成 uan。

发音练习

卷	鹃	倦	眷	隽	权
全	泉	拳	犬	圈	劝
选	悬	癣	眩	绚	漩

üan： 源泉　　轩辕　　渊源　　涓涓

uan： 贯穿　　婉转　　专款　　转换

第四节　声　调

一、普通话声调介绍

声调是音节的高低升降形式，它主要由音高决定。普通话语音把音高分成"低，中低，中，半高，高"五度。音乐中的音阶也是由音高决定的，因此，声调可以用音阶来模拟，这样就会更好地掌握声调和利用声调去练习自己的声音，纠正自己的发音。声调的音高是相对而不是绝对的，它的升降变化是滑动的，不像从一个音阶到另一个音阶那样跳跃式地移动。

普通话语音里，声调有四个，阴平是第一声，阳平是第二声，上声是第三声，去声是第四声，统称四声，也就是普通话里的四个调类。调类是指声调的种类，是按照声调的实际读音归纳出来的类别，是指一种语言或方言对声调（字调）的分类。它只代表某种汉语方言声调的种类，而不代表实际的调值。汉语方言中，调类最少的有三类，如河北的滦县方言，最多的有十一类，如广西博白方言。

调值指声调高低、升降、曲直、长短的实际发音，描写声调的调值通常用五度标记法，如下图所示。作为标调符号来指导音节的声调。它们的调值分别是：55（阴平），35（阳平），214（上节），51（去声），这也是声调实际的读法。

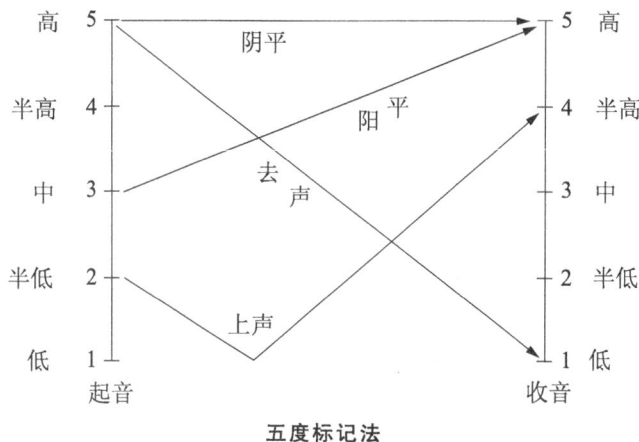

五度标记法

普通话声调表

调类	调值	调号	调形	例字
阴平	55	—	高平 [55]	春、天、花、开
阳平	35	／	高升 [33]	人、民、和、平
上声	214	√	降升 [214]	永、远、友、好
去声	51	＼	全降 [51]	创、造、世、界

1. 阴平——高平调。发音时，声带绷到最紧，始终无明显变化，保持音高，用五度标记法就是表示从 5 到 5，写作 55。练习注意平稳。

练习：巴　方　科　哇　参　批　居　倾　称　她

参加　波音　发生　咖啡　班车　丰收　香蕉　江山

2. 阳平——高升调（或中升调）

起音比阴平稍低，然后升到高。上升时气要拉住，口腔要立起，立度要加强，避免高音窄挤。声带从不松不紧开始，逐步绷紧，直到最紧，声音从不低不高到最高。用五度标记法就是表示从 3 到 5，写作 35。

练习：拔　房　值　袍　肥　娃　学　云　聊　环

诚实　儿童　灵活　学徒　滑翔　临时　驰名　模型

3. 上（shǎng）声——降升调

起音半低，先降后升。发音时声带从略微有些紧张开始，立刻松弛下来，稍稍延长，然后迅速绷紧，但没有绷到最紧。用五度标记法就是表示从 2 降到 1 再升到 4，写作 214，是个曲折调。

练习：北　影　矮　碾　寝　想　股　喊　写　抵

古典　展览　领导　感想　鼓掌　手掌　友好　审理

4. 去声（或称全降）

起音高，接着往下滑，发音时声带从紧开始到完全松弛为止，声音从高到低，音长是最短的。下降时，气要托住，口腔要有控制，避免衰弱。用五度标记法就是表示从 5 降到 1，写作 51。

例如：破　料　汉　泡　漏　痛　课　电　蕴　纵

日月　大厦　建造　地震　魄力　跨度　电视　报告

二、普通话声调练习

（一）按普通话四声的调值念下面的音节

一姨乙艺　yī　yí　yǐ　yì

辉回毁惠　huī　huí　huǐ　huì

风冯讽奉　fēng　féng　fěng　fèng

飞肥匪费　fēi　féi　fěi　fèi

通同桶痛　tōng　tóng　tǒng　tòng

迂于雨遇　yū　yú　yǔ　yù

(二)按阴阳上去的顺序念语句

中华有志　zhōng　huá　yǒu　zhì

身强体壮　shēn　qiáng　tǐ　zhuàng

中华伟大　zhōng　huá　wěi　dà

千锤百炼　qiān　chuí　bǎi　liàn

光明磊落　guāng　míng　lěi　luò

花红柳绿　huā　hóng　liǔ　lǜ

心明眼亮　xīn　míng　yǎn　liàng

(三)按去上阳阴的顺序念语句(上声按变调念半上)

破釜沉舟　pò　fǔ　chén　zhōu

调虎离山　diào　hǔ　lí　shān

弄巧成拙　nòng　qiǎo　chéng　zhuō

信以为真　xìn　yǐ　wéi　zhēn

妙手回春　miào　shǒu　huí　chūn

异口同声　yì　kǒu　tóng　shēng

(四)四声变位练习:

远走高飞　yuǎn　zǒu　gāo　fēi

包罗万象　bāo　luó　wàng　xiàng

刀山火海　dāo　shān　huǒ　hǎi

丰衣足食　fēng　yī　zú　shí

气贯长虹　qì　guàn　cháng　hóng

心花怒放　xīn　huā　nù　fàng

(五)古诗练习

床前明月光，疑是地上霜。举头望明月，低头思故乡。

chuáng qián míng yuè guāng，yí shì dì shàng shuāng。jǔ tóu wàng míng
yuè，dī tóu sī gù xiāng。

日照香炉生紫烟，遥看瀑布挂前川。飞流直下三千尺，疑是银河落九天。

rì zhào xiāng lú shēng zǐ yān，yáo kàn pù bù guà qián chuān。fēi liú zhí xià
sān qiān chǐ，yí shì yín hé luò jiǔ tiān。

白日依山尽，黄河入海流。欲穷千里目，更上一层楼。

bái rì yī shān jìn，huáng hé rù hǎi liú。yù qióng qiān lǐ mù，gèng shàng yī
céng lóu。

(六)短文练习

我常想读书人是世间幸福人，因为他除了拥有现实的世界之外，还拥有另一个
更为浩瀚也更为丰富的世界。现实的世界是人人都有的，而后一个世界却为读书人
所独有。由此我又想，那些失去或不能阅读的人是多么的不幸，他们的丧失是不可
补偿的。世间有诸多的不平等，财富的不平等，权力的不平等，而阅读能力的拥有

或丧失却体现为精神的不平等。

Wǒ cháng xiǎng dúshūrén shì shìjiān xìngfú rén, yīnwéi tā chú le yōngyǒu xiànshí de shìjiè zhīwài, hái yōngyǒu lìng yīgègèng wéi hàohàn yěgèng wéi fēngfù de shìjiè. Xiànshí de shìjiè shì rénrén dōu yǒu de, ér hòu yīgè shìjiè què wéi dúshūrén suǒ dúyǒu. Yóu cǐ wǒ yòu xiǎng, nàxiē shīqù huò bù néng yuèdú de rén shì duōme de bùxìng, tāmen de sàngshī shì bùkě bǔcháng de. Shìjiān yǒu zhūduō de bù píngděng, cáifù de bù píngděng, quánlì de bù píngděng, ér yuèdú nénglì de yōngyǒu huò sàngshī què tǐxiàn wéi jīngshén de bù píngděng.

如今在海上，每晚和繁星相对，我把它们认得很熟了。我躺在舱面上，仰望天空。深蓝色的天空里悬着无数半明半昧的星。船在动，星也在动，它们是这样低，真是摇摇欲坠呢！渐渐地我的眼睛模糊了，我好像看见无数萤火虫在我的周围飞舞。

Rújīn zài hǎi·shàng, měi wǎn hé fánxīng xiāngduì, wǒ bǎ tāmen rènde hěn shú le. Wǒ tǎng zài cāngmiàn · shàng, yǎngwàng tiānkōng. Shēnlánsè de tiānkōng·lǐ xuánzhe wúshù bànmíng-bànmèi de xīng. Chuán zài dòng, xīng yě zài dòng, tāmen shì zhèyàng dī, zhēn shì yáoyáo-yù zhuì ne! Jiànjiàn de wǒ de yǎnjīng móhu le, wǒ hǎoxiàng kàn · jiàn wúshù yínghuǒchóng zài wǒ de zhōuwéi fēiwǔ.

声调综合运用要做到：咬住字头，出字有力，拉开字腹，收住字尾。字神（指声调）准确。学习普通话过程中，有些广东人即使声母和韵母发音标准，但说起普通话来还是让人觉得"怪腔怪调"，出现这种情况的原因在于没有掌握好普通话的四个声调。广东的方言声调比普通话要多，以广州话为代表的粤方言有 9 个声调；以梅县话为代表的客家话有 6 个声调；以潮州话为代表的潮汕话有 8 个声调。因此，要读准声调，一定要了解普通话的四个声调与方言区别。

第五节　语流音变

在语流中，由于相邻音节的相互影响或表情达意的需要，有些音节的读音会发生一定的变化，称为语流音变。

普通话的语流音变，包括：轻声、儿化、"一""不"、上声变调以及语气词"啊"的音变等。语流音变是普通话中的自然现象。掌握了语流音变，才能给人以语音自然和谐之感，不觉得生硬、别扭。如普通话中的"小孩儿"带上儿化韵色彩，能够表示说话人一种亲切喜爱的感情色彩，而方言区的人如果没有掌握这种音变规律，直接说成"小孩"就没有这种味道了。因此掌握和运用普通话的语流音变相当重要。

一、轻声

"轻声"不是四声之外的第五种声调，而是四声的一种特殊音变，是指在普通话的词和句子中，有些音节因受前后音节的影响而失去了原有的声调，从而变成了一种轻而短的调子。

（一）轻声的读法

大量的语音实验证明，轻声的变化主要由音长和音强决定。在不同音节中，轻声的音高反映不一样，一般要根据前面的一个音节的声调来定。

1. 阴平、阳平后面的轻声读中调 3 度

胳膊	姑娘	八哥	风筝	星星
笛子	裁缝	残疾	葫芦	含糊

2. 上声后面，轻声读半高调 4 度

打扮	买卖	喇叭	枕头	点心
哑巴	姐姐	指甲	耳朵	爪子

3. 去声后面，轻声读低 1 度

大夫	弟弟	谢谢	壮实	漂亮
相声	疟疾	豆腐	故事	罐头

（二）轻声的辨别

1. 助词：的、地、得、着、了、过

仔细地看　困得不行　美丽的姑娘　看过　吃了　想着　穿的

2. 语气词：啊、吧、呢、吗

走吗　好啊　你呢　去吧　吃完啦

3. 方位语素：上、下、里、头、边、面

路上	桌下	屋里	前头	外头	后头
里头	前面	后面	里面	外面	侧面
外边	左边	右边	东边	西边	南边
北边	前边	后边			

4. 名词、代词后缀：子、头、们

儿子	老子	桌子	凳子	椅子	盆子
胡子	桃子	李子	曲子	屋子	鞋子
想头	芋头	念头	木头	风头	来头
你们	我们	她们	他们	咱们	人们

来宾们	女士们	先生们	朋友们
孩子们	官员们	工人们	

5. 量词：个

三个　六个

6. 动词、形容词后的趋向动词

起来　拿去　说出来　跑出去

7. 叠音动词末尾的一个音节

走走	看看	说说	笑笑	谢谢	遛遛

8. 叠字名词的第二个音节

妈妈　　爸爸　　婶婶　　叔叔　　姑姑　　爷爷

姐姐　　哥哥　　弟弟　　娃娃　　星星

舅舅　　猩猩　　姥姥　　婆婆　　奶奶

9. 作宾语的人称代词

请你　　叫他

10. 夹在动词中间的"一"；夹在动词中间、形容词中间或动词补语中间的"不"

走一走　　看一看　　遛一遛　　说不说　　吃不吃　　笑不笑

11. 表示约束的"来""把"

十来个　　十来人　　个把月

12. 口语色彩强的四音节词语，第二音节往往是词缀性质的，读轻声

慌里慌张　　古里古怪　　糊里糊涂　　黑咕隆咚

另外，还有些双音节词语的第二个音节，虽然不符合以上规律，但按习惯要读成轻声。这些词汇都是规律性不强的必读轻声词(见附录六：普通话必读轻声词语表)。

胡同　　意思　　商量　　故事　　琢磨　　庄稼　　精神　　玻璃

相声　　窗户　　巴掌　　扁担　　疙瘩　　痢疾　　转悠　　漂亮

(三) 轻声的作用

部分词语中读轻声的音节具有分辨词义、词性的作用。该音节若读原调，则词义有所改变。有区别词性或词义作用的，约50个，占轻声词的10%。

兄弟 xiōng·di/xiōngdì　　　　　买卖 mǎi·mai/mǎimài

地道 dì·dao/dìdào　　　　　　冷战 lěng·zhan/lěngzhàn

老子 lǎo·zi/lǎozǐ　　　　　　利害 lì·hai/lìhài

龙头 lóng·tou/lóngtóu　　　　大意 dàyi/dàyì

裁缝 cái·feng/cáiféng　　　　实在 shí·zai/shízài

大爷 dà·ye/dàyé　　　　　　本事 běn·shi/běnshì

对头 duì·tou/duìtóu　　　　　东家 dōog·jia/dōngjiā

门道 mén·dao/méndào　　　　报告 bào·gao/bàogào

轻声是一种口语现象，因此轻声词往往是一些与人们日常生活密切相关的词语。判断轻声调往往要靠语感，但由于南方方言区的人没有这种轻声习惯，因此不容易判断。因此可以记住一些约定俗成的轻声词，其余的凭借以下的规律记忆。

1. 外来词语一般不读轻声

摩托　吉普　浪漫　夹克　的士　沙发　扑克　苏打

2. 与口语相对应比较文雅的书面词语不读轻声

脸面　胸脯　光临　头颅

3. 表示人体部位的词语读轻声

头发　眉毛　眼睛　嘴巴　舌头　胳膊　屁股　脊梁　指甲

4. 表示人与人之间关系的词语读轻声

丈夫　太太　朋友　亲家　爱人　丈人　少爷　老爷　女婿　兄弟

5. 表示人的行为动作及心理活动的词语读轻声

巴结　打扮　打算　对付　教训　叫嚣　转悠　做作　挑剔　应酬

6. 表示人的职业身份的词语读轻声

木匠　护士　大夫　裁缝　特务　闺女　学生　道士　丫头　祖宗

7. 表示人的某种状态或感觉的词语读轻声

别扭　疙瘩　规矩　麻烦　困难　明白　恶心　漂亮

8. 表示人们劳动工具或器皿的词语读轻声

斧子　锄头　扫帚　棒槌　扳手　灯笼

9. 表示与人的饮食起居相关的词语

点心　豆腐　高粱　甘蔗　核桃　黄瓜　芝麻　馄饨

(四)轻声综合练习

天上日头，地上石头，嘴里舌头，桌上纸头儿，手掌指头，树上枝头。

二、儿化

儿化，主要是由词尾"儿"变化而来。"儿"本是一个独立的音节，由于口语中处于轻读的地位，长期与前面的音节流利地连续而产生音变。"儿"失去了独立性，"化"到前一个音节，只保持一个卷舌动作，使两个音节融合成为一个音节，前面一个音节或多或少地发生变化。这种语音现象就是"儿化"。儿化了的韵母就叫"儿化韵"，书写时在韵母后面直接加上 r。

(一)儿化的作用

1. 儿化具有区别词义、区分词性的功能

我们头儿的头给碰了。（头儿指首领、领导；头指脑袋）

把杯子的盖儿盖上吧。（盖儿是名词，盖是动词）

笔尖儿很尖。（笔尖儿是名词，尖是形容词）

2. 有些儿化是表示喜爱、亲切的感情色彩

看看，这小孩儿那脸蛋儿，多水灵啊！

这是我的心肝宝贝儿！

3. 表示细小、轻微等状态和性质

别为这点儿小事儿就生气。

对待新手，大家可别从门缝儿里瞧人——把人看扁了。

(二)儿化的读音

儿化后的字音仍是一个音节，但带儿化韵的音一般由两个汉字来书写，如芋儿(yùr)、老头儿(lǎotóur)等。在实际发音时，不能把儿化韵拆开来读，只要略放松口腔肌肉，在发出韵腹的同时，舌头顺势向上一卷，就可自然发出儿化音节。即从主要元音迅速过渡到-r 或-er，舌头不能过卷，尽量保持原韵母的音色。

普通话中除 er 韵、ê 韵外，其他韵母均可儿化。有些不同的韵母经过儿化之后，发音变得相同了，故归纳起来普通话 39 个韵母中只有 36 个儿化韵。

1. 韵母最后是 a、o、ê、e、u 的，儿化后只在原韵母后加卷舌动作

a→ar：哪儿　　手把儿　　打杂儿　　号码儿

ia→iar：叶芽儿　　　钱夹儿　　　掉价儿　　　一下儿

ua→uar：画儿　　　　浪花儿　　　脑瓜儿　　　大褂儿

o→or：粉末儿　　　　竹膜儿　　　土坡儿　　　耳膜儿

uo→uor：眼窝儿　　　大伙儿　　　邮戳儿　　　做活儿

e→er：小盒儿　　　　硬壳儿　　　唱歌儿　　　逗乐儿

üe→uer：主角儿　　　木橛儿　　　旦角儿

ie→ier：石阶儿　　　字帖儿　　　半截儿　　　小鞋儿

u→ur：泪珠儿　　　　离谱儿　　　梨核儿　　　碎步儿

ao→aor：小道儿　　　荷包儿　　　跳高儿　　　手套儿

ou→our：老头儿　　　路口儿　　　衣兜儿　　　线轴儿

iao→iaor：小调儿　　嘴角儿　　　面条儿　　　火苗儿

iou→iour：小球儿　　顶牛儿　　　一溜儿　　　抓阄儿

2. 韵尾是 i、n(除 in、ün 外)的，儿化时去掉韵尾，加卷舌动作

ai→ar：冒牌儿　　　　小孩儿　　　加塞儿　　　鞋带儿

uai→uar：一块儿　　　糖块儿

en→er：走神儿　　　　嗓门儿　　　后跟儿　　　刀刃儿

ei→er：刀背儿　　　　口味儿　　　摸黑儿　　　宝贝儿

an→ar：快板儿　　　　脸盘儿　　　收摊儿　　　蒜瓣儿

uei→uer：围嘴儿　　　跑腿儿　　　墨水儿　　　那会儿

uen→uer：打盹儿　　　冰棍儿　　　没准儿　　　砂轮儿

üan→üar：烟卷儿　　　手绢儿　　　人缘儿　　　杂院儿

ian→iar：扇面儿　　　聊天儿　　　牙签儿　　　露馅儿

uan→uar：茶馆儿　　　拐弯儿　　　撒欢儿　　　饭馆儿

3. 韵尾是 i、ü 的，儿化时先增加一个舌面、央、中、圆唇元音 e[ə]，再在此基础上卷舌

i→ier：锅底儿　　　玩意儿　　　垫底儿　　　小鸡儿

ü→üer：小曲儿　　　毛驴儿　　　有趣儿　　　金鱼儿

4. 除后鼻音 ing 外，韵尾为 ng 的韵母，儿化时丢掉 ng，主要元音鼻化，同时加卷舌动作

ang→ãr：茶缸儿　　　瓜瓢儿　　　香肠儿　　　药方儿

iang→ãr：小羊儿　　　菜秧儿　　　鼻梁儿　　　透亮儿

uang→uãr：竹筐儿　　门窗儿　　　蛋黄儿　　　打晃儿

eng→ẽr：跳绳儿　　　竹凳儿　　　钢镚儿　　　脖颈儿

ong→ũr：小洞儿　　　抽空儿　　　酒盅儿　　　胡同儿

iong→ũr：小熊儿

5. 主要元音是-i(前、后)，儿化时，与韵尾是 i 一样，先去掉主要元音，再增加一个舌面、央、中、圆唇元音 e [ə]再在这基础上加卷舌动作

-i(前)→er：找刺儿　　柳丝儿　　　瓜子儿　　　唱词儿

-i(后)→er：树枝儿　　找事儿　　　锯齿儿　　　墨汁儿

6. 韵母 in、ün 儿化时，先丢掉韵尾，再加上一个舌面、央、中、圆唇元音 e〔ə〕，再在此基础上加卷舌动作；韵母 ing 儿化时，先去掉韵尾 ng，主要元音鼻化，再加上卷舌动作

in→ier：有劲儿　　送信儿　　脚印儿

ün→üer：合群儿　　花裙儿

ing→ier：打鸣儿　　门铃儿　　人影儿　　花瓶儿

绕口令练习

小哥俩儿，红脸蛋儿，手拉手儿，一块儿玩儿。小哥俩儿，一个班儿，一路上学唱着歌儿。学造句，一串串儿，唱新歌儿，一段段儿，学画画儿，不贪玩儿。画小猫儿，钻圆圈儿，画小狗儿，蹲庙台儿，画只小鸡儿吃小米儿，画条小鱼儿吐水泡儿。小哥俩，对脾气儿，上学念书不费劲儿，真是父母的好宝贝儿。

进了门儿，倒杯水儿，

喝了两口运运气儿，

顺手拿起小唱本儿，

唱了一曲儿又一曲儿，

练完嗓子我练嘴皮儿，

绕口令儿，练字音儿，

还有单弦儿牌子曲儿，

小快板儿大鼓词儿，

越说越唱我越带劲儿。

三、变调

变调指相邻音节相互影响而产生的调值的变化。普通话的变调主要分为上声变调，"一""不"变调。

（一）上声的变调

上声音节在单念或处于句尾以及处于句子中语音停顿位置时，没有后续音节的影响，即可读原调。在其他情况下一般要变调处理，具体分为以下几种。

1. 上声（214）在非上声（包括阴平，阳平，去声，轻声）前变为半上（211），也就是只降不升

（1）在阴平前

| 首都 | 请安 | 火车 | 礼花 | 雨衣 | 省心 |
| 老师 | 主编 | 把关 | 贬低 | 饼干 | 补充 |

（2）阳平前

| 古人 | 祖国 | 补偿 | 乞求 | 可能 | 厂房 |
| 旅行 | 举行 | 火柴 | 海洋 | 典型 | 导游 |

（3）去声前

| 本质 | 法律 | 北部 | 百货 | 小麦 | 讲话 |
| 稿件 | 保证 | 保护 | 宝贝 | 女士 | 尽量 |

(4)轻声前

口气	奶奶	姥姥	嫂嫂	马虎	打扮
底下	里面	扁担	主子	影子	本事
点心	脸面	暖和	骨头	伙计	买卖
喜欢	老婆	老爷	老实	枕头	晚上

2. 两个上声相连，前一个上声的调值变为 35，相当于阴平调

保险	懒散	党委	尽管	解渴	本领
敏感	鼓舞	产品	永远	语法	口语
远景	北海	首长	母语	小姐	旅馆
领导	古典	简短	饱满	感慨	辅导
粉笔	反感	引导	古老	厂长	保姆

3. 三个上声相连的变调

根据词语的意义自然分节后再按照上述的变调类型变调。

(1)词语结构为"双单格"，即"2＋1"结构时前面两个上声变为 35

(上声＋上声)＋上声→阳平＋阳平＋上声

演讲稿	跑马场	展览馆	管理组
水彩笔	蒙古语	洗脸水	往北走
选取法	古典舞	虎骨酒	

(2)词语结果为"单双格"，即"1＋2"结构时，前面第一个上声变为半上，第二个上声为 35 调

上声＋(上声＋上声)→半上＋阳平＋上声

史小姐	党小组	好小伙	冷处理
纸老虎	李厂长	老保姆	小两口

(二)"一、不"的变调

"一""不"都是古清声母的入声字。普通话没有入声字，入声字分别归入其他声调。普通话"一"的单字调是阴平声 55，"不"的单字调是去声 51，这两个字的变调取决于后一个连续音节的声调。它们在单念或处于词尾、句尾时读原调。如"不，我要去""他这次考试排名第一"。

1. 在去声前，变成阳平

一致	一再	一定	一律	一瞬	一共
一带	一向	一色	一类	一阵	一贯
一道	一并	一路	一趟	一样	一面
一度	一概	一味	一共	一切	一半
一旦	一意	一月	一笑		
不是	不错	不赖	不测	不干	不妙
不看	不累	不怕	不便	不必	不定
不跳	不要	不叫	不骂	不被	不去
不论	不屑	不愧	不料	不用	不对

不断　　不过　　不论　　不但　　不利　　不顾

2. 在非去声(阴平、阳去、上声)前，"一"变读去声，"不"不变调，仍念去声

一朝　一生　一心　一经　一般　一天
一时　一连　一瓶　一群　一行　一回
一早　一晚　一举　一体　一起　一口
不喝　不花　不吃　不穿　不轻　不摔
不行　不同　不含　不活　不停　不回
不好　不想　不悔　不小　不仅　不远

3. "一"夹在动词中间；"不"夹在动词中间、形容词中间或动词补语中间时，先按上述变调规律变，在读作次轻声

走一走　读一读　看一看　想一想
买不买　来不来　让不让　要不要
难不难　美不美　丑不丑　好不好
搞不懂　摸不清　看不见　上不来
辨不明　起不来　拿不起　输不起

绕口令练习

一帆一桨一叶舟，

一个渔翁一钓钩。

一俯一仰一顿笑，

一江明月一江秋。

一个老僧一本经，一句一行念得清。

不是老僧爱念经，不会念经当不了僧。

四、语气词"啊"的音变

语气词"啊"是表达感情的基本声音，如果单独使用可以放在句子开头，末尾或者句中的停顿处，由于不和其他元音连续因此一般读作a。当受到前面音节末尾音素的影响，就会发生音变现象，可以用相应的汉字来表示。

(一)"啊"的音变规律

1. ya(在a、o、e、i、ü、ê音素后面时)，"啊"读作"ya"，同"呀"

快打啊!

就等你回家啊!

夸啊!

大家快来吃菠萝啊!

都是记者啊!

好新潮的大衣啊!

日子过得真快啊!

快帮我解围啊!

你怎么不吃鱼啊?

这孩子多活跃啊！

2. wɑ(在 u 音素后面时，包括 ɑo、iɑo)，"啊"读作"wɑ"同"哇"

您在哪儿住啊？

他普通话说得真好啊！

还这么小啊！

屋顶还漏不漏啊？

看你一身油啊！

生活多么美好啊！

3. nɑ：(在-n 音素后面时)，"啊"读作"nɑ"同"哪"

这件事儿可不简单啊！

笑得真欢啊！

买这么些冷饮啊！

你要小心啊！

4. ngɑ(在-ng 音素的后面时)，"啊"读作"ngɑ"

小心水烫啊！

小点儿声啊！

行不行啊？

不管用啊！

这个人是英雄啊！

一起唱啊！

5. zɑ(在舌尖前元音-i 后面时)，一般读作[zɑ](z 是国际音标)

烧茄子啊！

这是第几次啊？

他就是老四啊！

快写字啊！

6. rɑ(在舌尖后元音-i、卷舌元音 er 儿化韵后面时)，"啊"读作"rɑ"

没法治啊！

赶紧吃啊！

什么了不起的事啊！

他是王小二啊！

这儿多好玩儿啊！

　　掌握"啊"的音变规律，并不需要死记硬背，除了上述第一个规律外，其他五个音变规律都可以采用连拼法，即读完前一个音节后连读"ɑ"，中间不要停顿，与英语的连拼法一样。

(二)"啊"的音变练习

千万注意啊！　　　　(yi——yɑ)

真可爱啊！　　　　　(ai——yɑ)

真多啊！　　　　　　(duo——wɑ)

大家一起学啊！　　　（xue——ya）

在哪里住啊！　　　　（zhu——wa）

大家跳啊！　　　　　（tiao——wa）

快开门啊！　　　　　（men——na）

去过几次啊！　　　　（ci——za）

怎么办啊！　　　　　（ban——na）

大家唱啊！　　　　　（chang——nga）

天啊！　　　　　　　（tian——na）

去啊！　　　　　　　（qu——ya）

大家来看啊。　　　　（kan——na）

孩子们在画画啊。　　（hua——ya）

五、叠音形容词的变调

（一）AA 式的变调

叠字形容词 AA 式第二个音节原字调是阴平，上声，去声时，声调可以变为高平调 55，跟阴平的调值一样。

满满 mǎnmǎn——mǎnmān

饱饱 bǎnbǎo——bǎobāo

红红 hónghóng——hónghōng

口语中 AA 式读儿化韵时，第二个音节要变调。

（二）AA 儿式的变调

单音节形容词重叠，如果第二个音节儿化，则该儿化音节不论原调是什么，均变为阴平调。

慢慢儿 mànmānr　　　　　　　好好儿 hǎohāor

快快儿 kuàikuāir　　　　　　　稳稳儿 wěnwēnr

（三）ABB 式，AABB 式（或 AABB）的变调

ABB 式当后面两个叠字音节的声调是阳平，上声，去声前，即非阴平调时，调值变为高平调 55，跟阴平调值一样。

绿茸茸 lùrongrong　　　　　　红彤彤 hóngtōngtōng

慢腾腾 màntēngtēng　　　　　热辣辣 rèlālā

AABB 式（AABB 儿式）产生变调首先是第二个音节变读为轻声，三四音节（即BB）变为阴平调。

慢慢腾腾　　清清楚楚　　舒舒服服

但也有一部分不能变调，如有些文字在正式的，认真的，特别强调的语言中，则可以不变。

白皑皑　金闪闪　轰轰烈烈　沸沸扬扬　闪闪烁烁

红艳艳　懒洋洋　空落落　勤勤恳恳　鬼鬼祟祟　莽莽撞撞　详详细细

附录一　《普通话水平测试实施纲要》词语表
——翘舌音字词

扎 zhā	炸 zhá	眨 zhǎ	炸弹 zhàdàn
摘 zhāi	窄 zhǎi	债 zhài	寨 zhài
占 zhān	沾 zhān	粘 zhān	盏 zhǎn
展览 zhǎnlǎn	崭新 zhǎnxīn	占领 zhànlǐng	战争 zhànzhēng
站 zhàn	张 zhāng	章程 zhāngchéng	长官 zhǎngguān
涨 zhǎng	掌握 zhǎngwò	丈夫 zhàng·fu	仗 zhàng
帐篷 zhàngpeng	账 zhàng	胀 zhàng	涨 zhàng
障碍 zhàng'ài	招呼 zhāohu	着 zhāo	朝 zhāo
着急 zháojí	找 zhǎo	召集 zhàojí	赵 zhào
照射 zhàoshè	遮 zhē	折磨 zhé·mó	哲学 zhéxué
者 zhě	这么 zhème	这儿 zhèr	这些 zhèxiē
针灸 zhēnjiǔ	侦查 zhēnchá	珍贵 zhēnguì	真正 zhēnzhèng
诊断 zhěnduàn	枕头 zhěntóu	阵地 zhèndì	振荡 zhèndàng
震惊 zhènjīng	镇压 zhènyā	争论 zhēnglùn	征收 zhēngshōu
挣 zhēng	睁 zhēng	蒸发 zhēngfā	整理 zhěnglǐ
正在 zhèngzài	证实 zhèngshí	郑 zhèng	政策 zhèngcè
挣 zhèng	症状 zhèngzhuàng	之前 zhīqián	支撑 zhīchēng
支援 zhīyuán	只 zhī	汁 zhī	枝条 zhītiáo
知识 zhīshi	肢 zhī	织 zhī	脂肪 zhīfáng
执行 zhíxíng	直角 zhíjiǎo	值得 zhí·dé	职责 zhízé
植株 zhízhū	殖民 zhímín	止 zhǐ	只得 zhǐdé
旨 zhǐ	指责 zhǐzé	至于 zhìyú	志 zhì
制造 zhìzào	质子 zhìzǐ	治疗 zhìliáo	致使 zhìshǐ
秩序 zhìxù	智力 zhìlì	滞 zhì	置 zhì
中枢 zhōngshū	中子 zhōngzǐ	忠诚 zhōngchéng	终于 zhōngyú
钟头 zhōngtóu	肿瘤 zhǒngliú	种族 zhǒngzú	中毒 zhòngdú
众人 zhòngrén	种植 zhòngzhí	重量 zhòngliàng	州 zhōu
周转 zhōuzhuǎn	轴 zhóu	昼夜 zhòuyè	皱 zhòu
朱 zhū	珠 zhū	株 zhū	诸如 zhūrú
猪 zhū	竹 zhú	逐 zhú	主张 zhǔzhāng
煮 zhǔ	嘱咐 zhǔ·fù	助手 zhùshǒu	住宅 zhùzhái
筑 zhù	贮藏 zhùcáng	贮存 zhùcún	注重 zhùzhòng
驻 zhù	柱 zhù	祝贺 zhùhè	著作 zhùzuò
抓紧 zhuājǐn	专制 zhuānzhì	砖 zhuān	转身 zhuǎnshēn

赚 zhuàn	庄稼 zhuāngjia	桩 zhuāng	装置 zhuāngzhì
状况 zhuàngkuàng	撞 zhuàng	幢 zhuàng	追逐 zhuīzhú
准则 zhǔnzé	捉 zhuō	桌子 zhuōzi	卓越 zhuóyuè
啄木鸟 zhuómùniǎo	着重 zhuózhòng	琢磨 zhuómó	叉 chā
差 chā	插 chā	茶馆儿 cháguǎnr	查 chá
察 chá	叉 chǎ	差不多 chà·bùduō	差点儿 chàdiǎnr
拆 chāi	柴 chái	缠 chán	产值 chǎnzhí
阐明 chǎnmíng	颤抖 chàndǒu	长征 chángzhēng	场 cháng
肠 cháng	尝试 chángshì	常识 chángshí	厂房 chǎngfáng
场所 chǎngsuǒ	唱 chàng	抄 chāo	超越 chāoyuè
巢 cháo	朝廷 cháotíng	潮流 cháoliú	吵 chǎo
炒 chǎo	车站 chēzhàn	车子 chēzi	扯 chě
彻底 chèdǐ	臣 chén	撤销 chèxiāo	尘 chén
沉思 chénsī	沉重 chénzhòng	沉着 chénzhuó	陈述 chénshù
称 chèn	趁 chèn	称呼 chēnghu	称赞 chēngzàn
撑 chēng	成分 chéng·fèn	呈现 chéngxiàn	诚实 chéng·shí
承受 chéngshòu	城镇 chéngzhèn	乘机 chéngjī	盛 chéng
程式 chéngshì	惩罚 chéngfá	秤 chèng	吃惊 chījīng
池塘 chítáng	迟 chí	持续 chíxù	尺度 chǐdù
齿 chǐ	赤道 chìdào	翅膀 chìbǎng	冲动 chōngdòng
充足 chōngzú	叉腰 chāyāo	杈 chā	差错 chācuò
差额 chā'é	插嘴 chāzuǐ	茬 chá	茶水 cháshuǐ
查找 cházhǎo	察觉 chájué	查看 chákàn	杈 chà
刹那 chànà	诧异 chàyì	拆除 chāichú	差事 chāishi
柴火 cháihuo	搀扶 chānfú	掺 chān	馋 chán
禅宗 chánzōng	缠绕 chánrào	蝉 chán	潺潺 chánchán
蟾蜍 chánchú	产妇 chǎnfù	铲除 chǎnchú	阐释 chǎnshì
颤动 chàndòng	忏悔 chànhuǐ	昌 chāng	猖狂 chāngkuáng
长于 chángyú	长足 chángzú	肠子 chángzi	常住 chángzhù
尝新 chángxīn	偿付 chángfù	厂子 chǎngzi	场子 chǎngzi
敞开 chǎngkāi	怅惘 chàngwǎng	倡导 chàngdǎo	唱词 chàngcí
畅所欲言 chàngsuǒyùyán		抄袭 chāoxí	钞票 chāopiào
超然 chāorán	巢穴 cháoxué	朝政 cháozhèng	嘲弄 cháonòng
潮水 cháoshuǐ	吵嘴 chǎozuǐ	车床 chēchuáng	扯皮 chěpí
彻 chè	撤职 chèzhí	澈 chè	抻 chēn
臣民 chénmín	尘埃 chén'āi	沉静 chénjìng	沉醉 chénzuì
辰 chén	陈设 chénshè	晨光 chénguāng	衬衫 chènshān
趁早 chènzǎo	称颂 chēngsòng	撑腰 chēngyāo	成才 chéngcái
成形 chéngxíng	丞 chéng	成因 chéngyīn	逞 chěng
诚挚 chéngzhì	承袭 chéngxí	城堡 chéngbǎo	杀 shā

沙滩 shātān　　　纱 shā　　　　　砂 shā　　　　　傻 shǎ

色 shǎi　　　　　晒 shài　　　　　山林 shānlín　　　扇 shān

闪光 shǎnguāng　单 shàn　　　　　扇 shàn　　　　　善于 shànyú

伤心 shāngxīn　　商量 shāngliang　赏 shǎng　　　　上层 shàngcéng

上诉 shàngsù　　　尚 shàng　　　　烧 shāo　　　　　梢 shāo

稍 shāo　　　　　少爷 shàoye　　　舌头 shétou　　　折 shé

蛇 shé　　　　　舍不得 shě•bù•dé　设置 shèzhì　　　社会 shèhuì

射击 shèjī　　　　涉及 shèjí　　　　摄影 shèyǐng　　　谁 shuí

申请 shēnqǐng　　伸手 shēnshǒu　　身材 shēncái　　　身影 shēnyǐng

身子 shēnzi　　　参 shēn　　　　　深情 shēnqíng　　什么 shénme

神经 shénjīng　　神气 shén•qì　　审判 shěnpàn　　　肾 shèn

甚至 shènzhì　　　渗透 shèntòu　　　慎重 shènzhòng　　升 shēng

生存 shēngcún　　声明 shēngmíng　牲口 shēngkou　　绳子 shéngzi

省 shěng　　　　　圣经 shèngjīng　　胜利 shènglì　　　盛行 shèngxíng

剩余 shèngyú　　　尸体 shītǐ　　　　失调 shītiáo　　　师傅 shīfu

诗人 shīrén　　　施工 shīgōng　　　湿润 shīrùn　　　石头 shítou

时候 shíhou　　　识字 shízì　　　　实在 shízài　　　食堂 shítáng

史学 shǐxué　　　使得 shǐ•dé　　　使劲 shǐjìn　　　始终 shǐzhōng

士兵 shìbīng　　　氏族 shìzú　　　　示范 shìfàn　　　市民 shìmín

似的 shìde　　　　事情 shìqing　　　势力 shìlì　　　　试制 shìzhì

视线 shìxiàn　　　是否 shìfǒu　　　适当 shìdàng　　　逝世 shìshì

释放 shìfàng　　　收拾 shōushi　　　收缩 shōusuō　　　熟 shóu

手掌 shǒuzhǎng　　守恒 shǒuhéng　　首长 shǒuzhǎng　　寿命 shòumìng

受精 shòujīng　　狩猎 shòuliè　　　授 shòu　　　　　兽 shòu

瘦 shòu　　　　　书籍 shūjí　　　　抒情 shūqíng　　　叔叔 shūshu

舒服 shūfu　　　　疏 shū　　　　　输送 shūsòng　　　蔬菜 shūcài

熟练 shúliàn　　　属于 shǔyú　　　　鼠 shǔ　　　　　术语 shùyǔ

束缚 shùfù　　　　述 shù　　　　　树林 shùlín　　　竖 shù

数字 shùzì　　　　刷 shuā　　　　　耍 shuǎ　　　　　衰变 shuāibiàn

摔 shuāi　　　　　甩 shuǎi　　　　　率领 shuàilǐng　　拴 shuān

双方 shuāngfāng　霜 shuāng　　　　谁 shuí　　　　　水银 shuǐyín

税收 shuìshōu　　睡眠 shuìmián　　　顺手 shùnshǒu　　瞬间 shùnjiān

说明 shuōmíng　　然而 rán'ér　　　　燃料 ránliào　　　染色 rǎnsè

嚷 rǎng　　　　　让 ràng　　　　　扰动 rǎodòng　　　绕 rào

惹 rě　　　　　　热闹 rènao　　　　人家 rén•jia　　　人们 rénmen

人身 rénshēn　　　人生 rénshēng　　人造 rénzào　　　仁 rén

任 rén　　　　　　忍受 rěnshòu　　　认识 rènshi　　　任务 rèn•wu

扔 rēng　　　　　仍然 réngrán　　　日子 rìzi　　　　荣誉 róngyù

容易 róngyì　　　溶解 róngjiě　　　熔 róng　　　　　融合 rónghé

柔软 róuruǎn　　　揉 róu　　　　　肉体 ròutǐ　　　　如此 rúcǐ

儒家 rújiā	乳 rǔ	入侵 rùqīn	软 ruǎn
若干 ruògān	弱点 ruòdiǎn		

附录二 《普通话水平测试实施纲要》词语表
——前鼻音字词

安定 āndìng	氨基酸 ānjīsuān	岸 àn	按照 ànzhào
案件 ànjiàn	暗示 ànshì	班 bān	般 bān
颁布 bānbù	搬家 bānjiā	板凳 bǎndèng	版面 bǎnmiàn
办法 bànfǎ	半径 bànjìng	扮演 bànyǎn	伴随 bànsuí
瓣 bàn	奔跑 bēnpǎo	本地 běndì	苯 běn
奔 bèn	笨 bèn	边疆 biānjiāng	编辑 biānjí
鞭子 biānzi	扁 biǎn	变动 biàndòng	便利 biànlì
遍 biàn	辨别 biànbié	辩护 biànhù	宾 bīn
参观 cānguān	残酷 cánkù	蚕 cán	灿烂 cànlàn
缠 chán	产地 chǎndì	阐明 chǎnmíng	颤抖 chàndǒu
臣 chén	尘 chén	沉淀 chéndiàn	晨报 chénbào
陈述 chénshù	趁 chèn	参见 cānjiàn	餐具 cānjù
残暴 cánbào	蚕豆 cándòu	惭愧 cánkuì	惨案 cǎn'àn
典型 diǎnxíng	点燃 diǎnrán	碘 diǎn	电报 diànbào
店 diàn	垫 diàn	淀粉 diànfěn	奠定 diàndìng
端正 duānzhèng	短期 duǎnqī	段 duàn	断定 duàndìng
锻炼 duànliàn	吨 dūn	蹲 dūn	顿时 dùnshí
恩 ēn	番 fān	翻身 fānshēn	凡是 fánshì
烦恼 fánnǎo	繁多 fánduō	反对 fǎnduì	返回 fǎnhuí
犯罪 fànzuì	饭店 fàndiàn	泛 fàn	范畴 fànchóu
分辨 fēnbiàn	粉碎 fěnsuì	分量 fèn·liàng	奋斗 fèndòu
粪 fèn	愤怒 fènnù	干脆 gāncuì	甘心 gānxīn
杆 gān	肝脏 gānzàng	杆 gǎn	赶紧 gǎnjǐn
敢于 gǎnyú	感到 gǎndào	干部 gànbù	根本 gēnběn
跟随 gēnsuí	关键 guānjiàn	观察 guānchá	官僚 guānliáo
冠 guān	馆 guǎn	管道 guǎndào	贯彻 guànchè
冠军 guànjūn	惯性 guànxìng	灌溉 guàngài	滚 gǔn
含量 hánliàng	函数 hánshù	寒冷 hánlěng	罕见 hǎnjiàn
喊 hǎn	汉语 hànyǔ	旱 hàn	痕迹 hénjì
很 hěn	恨 hèn	欢乐 huānlè	还原 huányuán
环境 huánjìng	缓慢 huǎnmàn	幻觉 huànjué	换 huàn
唤起 huànqǐ	患者 huànzhě	婚礼 hūnlǐ	浑身 húnshēn

混 hún	魂 hún	混合 hùnhé	尖锐 jiānruì
歼灭 jiānmiè	坚持 jiānchí	间 jiān	肩膀 jiānbǎng
艰巨 jiānjù	监视 jiānshì	兼 jiān	拣 jiǎn
茧 jiǎn	捡 jiǎn	检 jiǎn	减 jiǎn
剪 jiǎn	简 jiǎn	碱 jiǎn	见 jiàn
件 jiàn	间 jiàn	建国 jiànguó	剑 jiàn
健康 jiànkāng	渐渐 jiànjiàn	鉴别 jiànbié	键 jiàn
箭 jiàn	斤 jīn	今后 jīnhòu	金牌 jīnpái
津 jīn	仅 jǐn	尽管 jǐnguǎn	紧急 jǐnjí
锦标赛 jǐnbiāosài	紧张 jǐnzhāng	谨慎 jǐnshèn	尽量 jìnliàng
进程 jìnchéng	近似 jìnsì	劲 jìn	晋 jìn
浸 jìn	禁止 jìnzhǐ	捐 juān	圈 quān
卷 juǎn	卷 juàn	圈 juàn	军民 jūnmín
均衡 jūnhéng	君主 jūnzhǔ	菌 jūn	刊登 kāndēng
看 kān	勘探 kāntàn	砍 kǎn	看 kàn
看待 kàndài	宽阔 kuānkuò	款 kuǎn	昆虫 kūnchóng
捆 kǔn	困境 kùnjìng	兰 lán	栏 lán
蓝 lán	烂 làn	连忙 liánmáng	联邦 liánbāng
廉价 liánjià	脸色 liǎnsè	练 liàn	炼 liàn
恋爱 liàn'ài	链 liàn	邻近 línjìn	林业 línyè
临时 línshí	淋巴 línbā	磷 lín	卵巢 luǎncháo
乱 luàn	伦理 lúnlǐ	轮船 lúnchuán	论点 lùndiǎn
蛮 mán	馒头 mántou	瞒 mán	满意 mǎnyì
漫长 màncháng	慢性 mànxìng	闷 mēn	门 mén
闷 mèn	棉花 mián·huā	免疫 miǎnyì	勉强 miǎnqiǎng
面临 miànlín	民歌 míngē	男女 nánnǚ	南方 nánfāng
难于 nányú	年青 niánqīng	念头 niàntou	您 nín
暖 nuǎn	潘 pān	攀 pān	盘 pán
判断 pànduàn	盼望 pànwàng	喷 pēn	盆地 péndì
偏见 piānjiàn	篇 piān	便宜 piányi	片面 piànmiàn
骗 piàn	拼命 pīnmìng	贫穷 pínqióng	频繁 pínfán
品德 pǐndé	千克 qiānkè	迁移 qiānyí	牵 qiān
铅笔 qiānbǐ	签订 qiāndìng	前边 qián·biān	潜在 qiánzài
浅 qiǎn	遣 qiǎn	欠 qiàn	嵌 qiàn
侵犯 qīnfàn	亲密 qīnmì	秦 qín	琴 qín
勤劳 qínláo	圈 quān	权利 quánlì	全部 quánbù
泉 quán	拳头 quántóu	劝 quàn	群众 qúnzhòng
三角 sānjiǎo	伞 sǎn	散文 sǎnwén	散步 sànbù
森林 sēnlín	酸 suān	算 suàn	孙子 sūn·zǐ

损害 sǔnhài	摊 tān	滩 tān	谈话 tánhuà
弹簧 tánhuáng	痰 tán	坦克 tǎnkè	叹息 tànxī
探测 tàncè	碳 tàn	天真 tiānzhēn	添 tiān
田野 tiányě	甜 tián	填 tián	湍流 tuānliú
团员 tuányuán	弯 wān	完 wán	玩 wán
顽强 wánqiáng	挽 wǎn	晚饭 wǎnfàn	碗 wǎn
万物 wànwù	温暖 wēnnuǎn	文献 wénxiàn	纹 wén
闻 wén	蚊子 wénzi	吻 wěn	稳 wěn
问世 wènshì	仙 xiān	先进 xiānjìn	纤维 xiānwéi
掀起 xiānqǐ	鲜花 xiānhuā	闲 xián	弦 xián
咸 xián	衔 xián	嫌 xián	显 xiǎn
险 xiǎn	鲜 xiǎn	县 xiàn	现存 xiàncún
限制 xiànzhì	线索 xiànsuǒ	宪法 xiànfǎ	陷于 xiànyú
羡慕 xiànmù	献身 xiànshēn	腺 xiàn	心灵 xīnlíng
辛勤 xīnqín	欣赏 xīnshǎng	锌 xīn	新型 xīnxíng
新颖 xīnyǐng	信心 xìnxīn	宣传 xuānchuán	悬 xuán
旋律 xuánlǜ	寻求 xúnqiú	询问 xúnwèn	循环 xúnhuán
训练 xùnliàn	迅速 xùnsù	咽 yān	烟囱 yān·cōng
延伸 yánshēn	严重 yánzhòng	言语 yányǔ	岩石 yánshí
炎 yán	沿岸 yán'àn	研究 yánjiū	盐酸 yánsuān
颜色 yánsè	掩盖 yǎngài	眼睛 yǎnjing	演变 yǎnbiàn
厌恶 yànwù	咽 yàn	宴会 yànhuì	验证 yànzhèng
因此 yīncǐ	阴谋 yīnmóu	音调 yīndiào	银行 yínháng
引进 yǐnjìn	饮食 yǐnshí	隐蔽 yǐnbì	印象 yìnxiàng
饮 yìn	元素 yuánsù	园 yuán	员 yuán
袁 yuán	原材料 yuáncáiliào	圆心 yuánxīn	援助 yuánzhù
缘故 yuángù	源泉 yuánquán	远方 yuǎnfāng	怨 yuàn
院 yuàn	愿意 yuàn·yì	云 yún	匀 yún
允许 yǔnxǔ	运动 yùndòng	韵 yùn	蕴藏 yùncáng
咱们 zánmen	暂时 zànshí	赞成 zànchéng	怎么 zěnme
钻研 zuānyán	钻 zuàn	尊敬 zūnjìng	遵守 zūnshǒu

附录三 《普通话水平测试实施纲要》词语表
——后鼻音字词

安装 ānzhuāng	暗中 ànzhōng	板凳 bǎndèng	帮忙 bāngmáng
舱 cāng	榜样 bǎngyàng	傍晚 bàngwǎn	冰川 bīngchuān

波浪 bōlàng 　　藏 cáng 　　参观 cānguān 　　苍蝇 cāngying

步枪 bùqiāng 　　仓促 cāngcù 　　沧桑 cāngsāng 　　苍茫 cāngmáng

藏身 cángshēn 　　操场 cāochǎng 　　草丛 cǎocóng 　　蹭 cèng

层面 céngmiàn 　　东西 dōng·xī 　　懂得 dǒng·dé 　　动静 dòngjing

服从 fúcóng 　　干净 gān·jing 　　刚才 gāngcái 　　钢琴 gāngqín

岗位 gǎngwèi 　　工场 gōngchǎng 　　公司 gōngsī 　　公有 gōngyǒu

公正 gōngzhèng 　　功夫 gōngfu 　　供给 gōngjǐ 　　供求 gōngqiú

光景 guāngjǐng 　　光亮 guāngliàng 　　光芒 guāngmáng 　　光明 guāngmíng

讲究 jiǎng·jiū 　　抗战 kàngzhàn 　　俩 liǎng 　　连忙 liánmáng

捧 pěng 　　联盟 liánméng 　　慢性 mànxìng 　　忙 máng

勉强 miǎnqiǎng 　　囊 náng 　　旁边 pángbiān 　　胖 pàng

朋友 péngyou 　　彭 péng 　　棚 péng 　　碰 pèng

蓬勃 péngbó 　　膨胀 péngzhàng 　　乒乓球 pīngpāngqiú 　　轻松 qīngsōng

清楚 qīngchu 　　清醒 qīngxǐng 　　情操 qíngcāo 　　损伤 sǔnshāng

太阳能 tàiyángnéng 　　外商 wàishāng 　　晚上 wǎnshang 　　网上 wǎngshang

未曾 wèicéng 　　无从 wúcóng 　　相似 xiāngsì 　　小朋友 xiǎopéngyǒu

凶 xiōng 　　兄弟 xiōng·di 　　胸 xiōng 　　烟囱 yān·cōng

银行 yínháng 　　应付 yìng·fu 　　用处 yòng·chù 　　蕴藏 yùncáng

赃 zāng 　　脏 zàng 　　葬 zàng 　　藏 zàng

争 zhēng 　　睁 zhēng 　　蒸 zhēng 　　种族 zhǒngzú

宗 zōng 　　走廊 zǒuláng

附录四　汉语拼音方案

一、字母表

字母	Aa	Bb	Cc	Dd	Ee	Ff	Gg
名称	ㄚ	ㄅㄝ	ㄘㄝ	ㄉㄝ	ㄜ	ㄝㄈ	ㄍㄝ

	Hh	Ii	Jj	Kk	Ll	Mm	Nn
	ㄏㄚ	ㄧ	ㄐㄝ	ㄎㄝ	ㄝㄌ	ㄝㄇ	ㄋㄝ

	Oo	Pp	Qq	Rr	Ss	Tt
	ㄛ	ㄆㄝ	ㄑㄧㄡ	ㄚㄦ	ㄝㄙ	ㄊㄝ

	Uu	Vv	Ww	Xx	Yy	Zz
	ㄨ	ㄪㄝ	ㄨㄚ	ㄒㄧ	ㄧㄚ	ㄗㄝ

V 只用来拼写外来语、少数民族语言和方言。

字母的手写体依照拉丁字母的一般书写习惯。

二、声母表

b	p	m	f		d	t	n	l
ㄅ玻	ㄆ坡	ㄇ摸	ㄈ佛		ㄉ得	ㄊ特	ㄋ讷	ㄌ勒

g	k	h		j	q	x
ㄍ哥	ㄎ科	ㄏ喝		ㄐ基	ㄑ欺	ㄒ希

zh	ch	sh	r		z	c	s
ㄓ知	ㄔ蚩	ㄕ诗	ㄖ日		ㄗ资	ㄘ雌	ㄙ思

在给汉字注音的时候，为了使拼式简短，zh、ch、sh 可以省作 ẑ、ĉ、ŝ。

三、韵母表

	i		u		ü	
	ㄧ	衣	ㄨ	乌	ㄩ	迂
a	ia		ua			
ㄚ 啊	ㄧㄚ	呀	ㄨㄚ	蛙		
o			uo			
ㄛ 喔			ㄨㄛ	窝		
e	ie				üe	
ㄜ 鹅	ㄧㄝ	耶			ㄩㄝ	约
ai			uai			
ㄞ 哀			ㄨㄞ	歪		
ei			uei			
ㄟ 诶			ㄨㄟ	威		
ao	iao					
ㄠ 熬	ㄧㄠ	腰				
ou	iou					
ㄡ 欧	ㄧㄡ	忧				
an	ian		uan		üan	
ㄢ 安	ㄧㄢ	烟	ㄨㄢ	弯	ㄩㄢ	冤
en	in		uen		ün	
ㄣ 恩	ㄧㄣ	因	ㄨㄣ	温	ㄩㄣ	晕
ang	iang		uang			
ㄤ 昂	ㄧㄤ	央	ㄨㄤ	汪		
eng	ing		ueng			
ㄥ 亨的韵母	ㄧㄥ	英	ㄨㄥ	翁		
ong	iong					
ㄨㄥ 轰的韵母	ㄩㄥ	雍				

1.“知、蚩、诗、日、资、雌、思”七个音节的韵母用 i，即“知、蚩、诗、日、资、雌、思”七个字拼作 zhi，chi，shi，ri，zi，ci，si。

2.韵母儿写成 er，用做韵尾的时候写成 r。例如：“儿童”拼作 ertong，“花儿”

拼作 huar。

3. 韵母 ㄝ 单用的时候写成 ê。

4. i 行的韵母，前面没有声母的时候，写成 yi（衣），ya（呀），ye（耶），yao（腰），you（忧），yan（烟），yin（因），yang（央），ying（英），yong（雍）。

u 行的韵母，前面没有声母的时候，写成 wu（乌），wa（蛙），wo（窝），wai（歪），wei（威），wan（弯），wen（温），wang（汪），weng（翁）。

ü 行的韵母，前面没有声母的时候，写成 yu（迂），yue（约），yuan（冤），yun（晕）；ü 上两点省略。

ü 行的韵母跟声母 j，q，x 拼的时候，写成 ju（居），qu（区），xu（虚），ü 上两点也省略；但是跟声母 l，n 拼的时候，仍然写成 nü（女），lü（吕）。

5. iou，uei，uen 前面加声母的时候，写成 iu，ui，un。例如：niu（牛），gui（归），lun（论）。

6. 在给汉字注音的时候，为了使拼式简短，ng 可以省作 ŋ。

四、声调符号

阴平	阳平	上声	去声
-	´	ˇ	`

声调符号标在音节的主要母音上。轻声不标。例如：

妈 mā	麻 má	马 mǎ	骂 mà	吗 ma
阴平	阳平	上声	去声	轻声

五、隔音符号

a，o，e 开头的音节连接在其他音节后面的时候，如果音节的界限发生混淆，用隔音符号（'）隔开，例如：pi'ao（皮袄）。

附录五　普通话声韵配合简表

一、普通话声韵拼合规律

普通话的声韵拼合规律主要有以下几个方面。

1. 双唇音 b、p、m 只能拼开口呼、齐齿呼，不能拼撮口呼，除 u 以外，其他的合口呼都不能拼。

2. 唇齿音 f 只能拼开口呼，不能拼齐齿呼、撮口呼，除 u 以外，其他的合口呼都不能拼。

3. 舌尖中音 d、t 能拼开口呼、齐齿呼、合口呼，而不能拼撮口呼。n、l 能拼开、齐、合、撮四呼。

4. 舌面音 j、q、x 只能拼齐齿呼、撮口呼，不能拼开口呼、合口呼。

5. 舌尖前音 z、c、s，舌尖后音 zh、ch、sh、r，舌根音 g、k、h 只能拼开口呼、合口呼，不能拼齐齿呼、撮口呼。

6. 零声母四呼都有字。

二、声、韵母配合简表

韵母声母		开口呼	齐齿呼	合口呼	撮口呼
双唇音	b、p、m	+	+	只跟u相拼	
唇齿音	f	+		只跟u相拼	
舌尖中音	d、t	+	+	+	
	n、l				+
舌面	j、q、x		+		+
舌根音	g、k、h	+		+	
舌尖后音	zh、ch、sh、r	+		+	
舌尖前音	z、c、s	+		+	
零声母	∅	+	+	+	+

附录六　普通话必读轻声词语表

A：爱人　案子

B：巴掌　把子　把子　爸爸　白净　班子　板子　帮手　梆子　膀子　棒槌
　　棒子　包袱　包涵　包子　豹子　杯子　被子　本事　本子　鼻子　比方
　　鞭子　扁担　鞭子　别扭　饼子　拨弄　脖子　簸箕　补丁　不由得
　　不在乎　步子　部分

C：裁缝　财主　苍蝇　差事　柴火　肠子　厂子　场子　车子　称呼　池子
　　尺子　虫子　绸子　除了　锄头　畜生　窗户　窗子　锤子　刺猬　凑合
　　村子

D：耷拉　答应　打扮　打点　打发　打量　打算　打听　大方　大爷　大夫
　　带子　袋子　耽搁　耽误　单子　胆子　担子　刀子　道士　稻子　灯笼
　　提防　笛子　底子　地道　地方　弟弟　弟兄　点心　调子　钉子　东家
　　东西　动静　动弹　豆腐　豆子　嘟囔　肚子　缎子　对付　对头　队伍
　　多么

E：蛾子　儿子　耳朵

F：贩子　房子　份子　风筝　疯子　福气　斧子

G：盖子　甘蔗　杆子　干事　杠子　高粱　膏药　稿子　告诉　疙瘩　哥哥
　　胳膊　鸽子　格子　个子　根子　跟头　工夫　弓子　公公　功夫　钩子
　　姑姑　姑娘　谷子　骨头　故事　寡妇　褂子　怪物　关系　官司　罐头
　　罐子　规矩　闺女　鬼子　柜子　棍子　锅子　果子

H：蛤蟆　孩子　含糊　汉子　行当　合同　和尚　核桃　盒子　红火　猴子
　　后头　厚道　狐狸　胡琴　糊涂　皇上　幌子　胡萝卜　活泼　火候

伙计　护士

J：机灵　脊梁　记号　记性　夹子　家伙　架势　架子　嫁妆　尖子　茧子
剪子　见识　毽子　将就　交情　饺子　叫唤　轿子　结实　街坊　姐夫
姐姐　戒指　金子　精神　镜子　舅舅　橘子　句子　卷子

K：咳嗽　客气　空子　口袋　口子　扣子　窟窿　裤子　快活　筷子　框子
困难　阔气

L：喇叭　喇嘛　篮子　懒得　浪头　老婆　老实　老太太　老头子　老爷
老子　姥姥　累赘　篱笆　里头　力气　厉害　利落　利索　例子　栗子
痢疾　连累　帘子　凉快　粮食　两口子　料子　林子　翎子　领子　溜达
聋子　笼子　炉子　路子　轮子　萝卜　骡子　骆驼

M：妈妈　麻烦　麻利　麻子　马虎　码头　买卖　麦子　馒头　忙活　冒失
帽子　眉毛　媒人　妹妹　门道　眯缝　迷糊　面子　苗条　苗头　名堂
名字　明白　蘑菇　模糊　木匠　木头

N：那么　奶奶　难为　脑袋　脑子　能耐　你们　念叨　念头　娘家　镊子
奴才　女婿　暖和　疟疾

P：拍子　牌楼　牌子　盘算　盘子　胖子　狍子　盆子　朋友　棚子　脾气
皮子　痞子　屁股　片子　便宜　骗子　票子　漂亮　瓶子　婆家　婆婆
铺盖

Q：欺负　旗子　前头　钳子　茄子　亲戚　勤快　清楚　亲家　曲子　圈子
拳头　裙子

R：热闹　人家　人们　认识　日子　褥子

S：塞子　嗓子　嫂子　扫帚　沙子　傻子　扇子　商量　上司　上头　烧饼
勺子　少爷　哨子　舌头　身子　什么　婶子　生意　牲口　绳子　师父
师傅　虱子　狮子　石匠　石榴　石头　时候　实在　拾掇　使唤　世故
似的　事情　柿子　收成　收拾　首饰　叔叔　梳子　舒服　舒坦　疏忽
爽快　思量　算计　岁数　孙子

T：他们　它们　她们　台子　太太　摊子　坛子　毯子　桃子　特务　梯子
蹄子　挑剔　挑子　条子　跳蚤　铁匠　亭子　头发　头子　兔子　妥当
唾沫

W：挖苦　娃娃　袜子　晚上　尾巴　委屈　为了　位置　位子　蚊子　稳当
我们　屋子

X：稀罕　席子　媳妇　喜欢　瞎子　匣子　下巴　吓唬　先生　乡下　箱子
相声　消息　小伙子　小气　小子　笑话　谢谢　心思　星星　猩猩
行李　性子　兄弟　休息　秀才　秀气　袖子　靴子　学生　学问

Y：丫头　鸭子　衙门　哑巴　胭脂　烟筒　眼睛　燕子　秧歌　养活　样子
吆喝　妖精　钥匙　椰子　爷爷　叶子　一辈子　衣服　衣裳　椅子
意思　银子　影子　应酬　柚子　冤枉　院子　月饼　月亮　云彩　运气

Z：在乎　咱们　早上　怎么　扎实　眨巴　栅栏　宅子　寨子　张罗　丈夫

帐篷	丈人	帐子	招呼	招牌	折腾	这个	这么	枕头	镇子	芝麻
知识	侄子	指甲	指头	种子	珠子	竹子	主意	主子	柱子	爪子
转悠	庄稼	庄子	壮实	状元	锥子	桌子	字号	自在	粽子	祖宗
嘴巴	作坊	琢磨								

附录七　普通话常用儿化词语表

【A】

挨个儿	挨门儿	矮凳儿	暗处儿	暗号儿	暗花儿	熬头儿

【B】

八成儿	八字儿	疤瘌眼儿	拔火罐儿	拔尖儿	白案儿	白班儿
白干儿	白卷儿	白面儿	百叶儿	摆谱儿	摆设儿	败家子儿
班底儿	板擦儿	半边儿	半道儿	半点儿	半截儿	半路儿
帮忙儿	绑票儿	傍晚儿	包干儿	宝贝儿	饱嗝儿	北边儿
背面儿	背气儿	背心儿	背影儿	贝壳儿	被单儿	被窝儿
本家儿	本色儿	奔头儿	鼻梁儿	笔调儿	笔架儿	笔尖儿
笔套儿	边框儿	变法儿	便门儿	便条儿	标签儿	别名儿
鬓角儿	冰棍儿	病根儿	病号儿	不大离儿	不得劲儿	不对荐儿
不是味儿	布头儿					

【C】

擦黑儿	猜谜儿	彩号儿	菜单儿	菜花儿	菜籽儿	蚕子儿
藏猫儿	草底儿	草帽儿	茶馆儿	茶花儿	茶几儿	茶盘儿
茶座儿	差不离儿	差点儿	岔道儿	长短儿	长袍儿	敞口儿
唱本儿	唱高调儿	唱片儿	抄道儿	趁早儿	成个儿	秤杆儿
吃喝儿	吃劲儿	尺码儿	虫眼儿	抽筋儿	抽空儿	抽签儿
筹码儿	出活儿	出门儿	出名儿	出数儿	橱柜儿	雏儿
窗洞儿	窗花儿	窗口儿	窗帘儿	窗台儿	床单儿	吹风儿
槌儿	春卷儿	春联儿	戳儿	瓷瓦儿	词儿	葱花儿
从头儿	从小儿	凑热闹儿	凑数儿	粗活儿	醋劲儿	搓板儿

【D】

搭伴儿	搭茬儿	搭脚儿	打蹦儿	打盹儿	打嗝儿	打滚儿
打晃儿	打价儿	打愣儿	打鸣儿	打谱儿	打挺儿	打眼儿
打杂儿	打转儿	大褂	大伙	大婶儿	带劲儿	带儿
单调儿	单个儿	单间儿	蛋黄儿	当面儿	当票儿	刀把儿
刀背儿	刀片儿	刀刃儿	道口儿	倒影儿	得劲儿	灯泡儿
底儿	底稿儿	底座儿	地方儿	地面儿	地盘儿	地皮儿
地摊儿	踮脚儿	点儿	点头儿	垫圈儿	电影儿	调号儿
调门儿	调包儿	钓竿儿	碟儿	丁点儿	顶牛儿	顶事儿

顶针儿	定弦儿	动画片儿	兜儿	斗嘴儿	豆花儿	豆角儿
豆芽儿	逗乐儿	逗笑儿	独院儿	对过儿	对号儿	对口儿
对劲儿	对联儿	对门儿	对面儿	对味儿	对眼儿	多半儿
多会儿	朵儿					

【E】

摁钉儿	摁扣儿	耳垂儿	耳朵眼儿	耳根儿		

【F】

发火儿	翻白眼儿	翻本儿	反面儿	饭馆儿	饭盒儿	饭碗儿
房檐儿	肥肠儿	费劲儿	坟头儿	粉末儿	粉皮儿	粉条儿
封口儿	风车儿	风儿	缝儿			

【G】

旮旯儿	盖戳儿	盖儿	赶早儿	干劲儿	干活儿	高调儿
高招儿	稿儿	个儿	个头儿	各行儿	各样儿	跟班儿
跟前儿	工夫儿	工头儿	勾芡儿	钩针儿	够本儿	够劲儿
够数儿	够味儿	瓜子儿	挂名儿	乖乖儿	拐棍儿	拐角儿
拐弯儿	管儿	管事儿	罐儿	光板儿	光杆儿	光棍儿
鬼脸儿	蝈蝈儿	锅贴儿	过门儿			

【H】

哈哈儿	行当儿	好好儿	好天儿	好玩儿	好性儿	好样儿
号码儿	号儿	河沿儿	合股儿	合伙儿	合身儿	盒儿
黑道儿	红人儿	猴儿	后边儿	后跟儿	后门儿	胡同儿
花边儿	花卷儿	花瓶儿	花儿	花纹儿	花样儿	花园儿
花招儿	滑竿儿	话茬儿	画稿儿	还价儿	环儿	慌神儿
黄花儿	回话儿	回信儿	魂儿	豁口儿	火锅儿	火候儿
火炉儿	火苗儿	火星儿				

【J】

鸡杂儿	急性儿	记事儿	家底儿	夹缝儿	夹心儿	加油儿
价码儿	假条儿	肩膀儿	箭头儿	讲稿儿	讲价儿	讲究儿
胶卷儿	胶水儿	脚尖儿	较真儿	叫好儿	叫座儿	接班儿
接头儿	揭底儿	揭短儿	解闷儿	解手儿	借条儿	紧身儿
劲头儿	镜框儿	酒令儿	酒窝儿	就手儿	卷儿	诀窍儿
绝招儿						

【K】

开春儿	开花儿	开火儿	开窍儿	开头儿	坎肩儿	开小差儿
靠边儿	磕碰儿	科班儿	科教片儿	壳儿	可口儿	吭气儿
吭声儿	空手儿	空地儿	空格儿	空心儿	抠门儿	抠字眼儿
口袋儿	口风儿	口哨儿	口味儿	口信儿	口罩儿	扣儿
苦头儿	裤衩儿	裤兜儿	裤脚儿	裤腿儿	挎包儿	块儿
快板儿	快手儿	筐儿	葵花子儿			

【L】

拉呱儿	拉链儿	拉锁儿	腊八儿	腊肠儿	来回儿	来劲儿
来头儿	篮儿	滥调儿	捞本儿	老伴儿	老本儿	老底儿
老根儿	老话儿	老脸儿	老人儿	老样儿	泪花儿	泪人儿
泪珠儿	累活儿	冷门儿	冷盘儿	愣神儿	离谱儿	里边儿
理儿	力气活儿	连襟儿	脸蛋儿	凉粉儿	凉气儿	两截儿
两口儿	两头儿	亮光儿	亮儿	聊天儿	裂缝儿	裂口儿
零花儿	零活儿	零碎儿	零头儿	领儿	领头儿	溜边儿
刘海儿	留后路儿	柳条儿	遛弯儿	篓儿	露面儿	露馅儿
露相儿	炉门儿	路口儿	轮儿	罗锅儿	落脚儿	落款儿
落音儿						

【M】

麻花儿	麻绳儿	麻线儿	马竿儿	马褂儿	买好儿	卖劲儿
满分儿	满座儿	慢性儿	忙活儿	毛驴儿	毛衫儿	冒火儿
冒尖儿	冒牌儿	帽儿	帽檐儿	没词儿	没地儿	没法儿
没劲儿	没门儿	没谱儿	没趣儿	没事儿	没头儿	没样儿
没影儿	煤球儿	媒婆儿	美人儿	美术片儿	谜儿	门洞儿
门房儿	门槛儿	门口儿	门帘儿	猛劲儿	米粒儿	蜜枣儿
猕猴儿	面条儿	面团儿	苗儿	瞄准儿	明情理儿	明儿
名词儿	名单儿	名片儿	摸黑儿	模特儿	末了儿	墨盒儿
墨水儿	墨汁儿	模样儿	木头人儿			

【N】

哪会儿	哪儿	哪样儿	纳闷儿	奶名儿	奶皮儿	奶嘴儿
南边儿	南面儿	脑瓜儿	脑门儿	闹病儿	闹气儿	泥人儿
拟稿儿	年根儿	年头儿	念珠儿	鸟儿	牛劲儿	纽扣儿
农活儿	努嘴儿	挪窝儿				

【O】

藕节儿						

【P】

拍儿	牌号儿	牌儿	派头儿	盘儿	旁边儿	胖墩儿
刨根儿	跑堂儿	跑腿儿	配对儿	配件儿	配角儿	喷嘴儿
盆景儿	皮猴儿	皮夹儿	皮儿	偏方儿	偏旁儿	偏心眼儿
片儿	票友儿	拼盘儿	瓶塞儿	平手儿	评分儿	坡儿
破烂儿	铺盖卷儿	蒲墩儿	蒲扇儿	谱儿		

【Q】

漆皮儿	旗袍儿	棋子儿	起劲	起名儿	起头儿	起眼儿
气球儿	汽水儿	签儿	千层底儿	前边儿	前脚儿	前面儿
前儿	前身儿	钱串儿	钱票儿	枪杆儿	枪眼儿	枪子儿
腔儿	墙根儿	墙头儿	抢先儿	桥洞儿	瞧头儿	悄没声儿

巧劲儿	俏皮话儿	亲嘴儿	轻活儿	球儿	蛐蛐儿	取乐儿
曲儿	圈儿	缺口儿	缺嘴儿			

【R】

瓤儿	让座儿	绕道儿	绕口令儿	绕圈儿	绕弯儿	绕远儿
热门儿	热闹儿	热天儿	热心肠儿	人家儿	人头儿	人味儿
人样儿	人影儿	人缘儿	日记本儿	日月儿	绒花儿	戎球儿
肉包儿	肉片儿	肉脯儿	肉丝儿	褥单儿	入门儿	入味儿

【S】

撒欢儿	撒娇儿	撒酒疯儿	撒手儿	塞儿	三弦儿	嗓门儿
沙果儿	沙瓤儿	砂轮儿	傻劲儿	色儿	山根儿	闪身儿
扇面儿	上班儿	上辈儿	上边儿	上火儿	上劲儿	上款儿
上联儿	上面儿	上身儿	上座儿	捎脚儿	哨儿	伸腿儿
身板儿	身量儿	身子骨儿	神儿	婶儿	实心儿	石子儿
使劲儿	市面儿	事儿	事由儿	是味儿	收口儿	收条儿
手边儿	手戳儿	手绢儿	手套儿	手头儿	手腕儿	手心儿
手印儿	书本儿	书签儿	书桌儿	熟道儿	熟人儿	树梢儿
树荫儿	数码儿	耍心眼儿	双料儿	双响儿	双眼皮儿	水饺儿
水牛儿	水印儿	顺便儿	顺道儿	顺脚儿	顺口儿	顺路儿
顺手儿	顺嘴儿	说话儿	说情儿	说头儿	说闲话儿	撕票儿
丝儿	死胡同儿	死心眼儿	死信儿	四边儿	四合院儿	松劲儿
松紧带儿	松仁儿	松子儿	送信儿	俗话儿	酸枣儿	蒜瓣儿
蒜黄儿	蒜泥儿	算盘儿	算数儿	随大溜儿	随群儿	碎步儿
岁数儿	孙女儿	榫儿	锁链儿			

【T】

台阶儿	抬价儿	摊儿	痰盂儿	谈天儿	糖葫芦儿	趟儿
挑儿	桃仁儿	讨好儿	套间儿	套儿	蹄筋儿	提成儿
提花儿	替班儿	替身儿	天边儿	天窗儿	天儿	天天儿
甜头儿	挑刺儿	条儿	跳高儿	跳绳儿	跳远儿	贴身儿
帖儿	听信儿	同伴儿	铜子儿	筒儿	偷空儿	偷偷儿
头儿	头头儿	图钉儿	土豆儿	土方儿	腿儿	脱身儿
托儿						

【W】

娃儿	袜套儿	袜筒儿	外边儿	外号儿	外间儿	外面儿
外甥女儿	外套儿	弯儿	玩儿	玩意儿	腕儿	围脖儿
围嘴儿	卫生球儿	味儿	纹路儿	窝儿	物件儿	

【X】

西边儿	稀罕儿	媳妇儿	戏班儿	戏本儿	戏词儿	戏法儿
细活儿	虾仁儿	下巴颏儿	下半天儿	下边儿	下联儿	下手儿
弦儿	闲话儿	闲空儿	闲篇儿	闲气儿	显形儿	现成儿

线头儿	馅儿	香肠儿	香瓜儿	香火儿	香水儿	箱底儿
响动儿	相片儿	像样儿	橡皮筋儿	消食儿	小白菜儿	小半儿
小辈儿	小辫儿	小不点儿	小菜儿	小抄儿	小车儿	小丑儿
小葱儿	小调儿	小工儿	小褂儿	小孩儿	小脚儿	小锣儿
小帽儿	小米儿	小名儿	小跑儿	小钱儿	小曲儿	小人儿
小嗓儿	小舌儿	小市儿	小说儿	小偷儿	小性儿	小灶儿
笑话儿	笑脸儿	笑窝儿	楔儿	歇腿儿	邪道儿	邪门儿
斜纹儿	斜眼儿	鞋帮儿	蟹黄儿	心肝儿	心坎儿	心路儿
心窝儿	心眼儿	信皮儿	信儿	杏儿	杏仁儿	胸脯儿
袖口	袖儿	袖筒儿	绣花儿	旋涡儿		

【Y】

鸭子儿	牙口儿	牙签儿	牙刷儿	芽儿	雅座儿	压根儿
烟卷儿	烟头儿	烟嘴儿	言声儿	沿儿	眼角儿	眼镜儿
眼皮儿	眼圈儿	眼儿	眼神儿	眼窝儿	羊倌儿	腰板儿
腰花儿	咬舌儿	咬字儿	药方儿	药面儿	药片儿	药水儿
药丸儿	药味儿	要价儿	爷们儿	页码儿	衣料儿	一半儿
一边儿	一道儿	一点儿	一会儿	一块儿	一溜烟儿	一溜儿
一气儿	一身儿	一手儿	一顺儿	一下儿	一些儿	一早儿
一阵儿	一总儿	音儿	因由儿	阴凉儿	阴影儿	瘾头儿
印花儿	印儿	应声儿	营生儿	迎面儿	影片儿	影儿
应景儿	硬面儿	硬手儿	油饼儿	油花儿	油门儿	油皮儿
邮包儿	邮戳儿	有点儿	有门儿	有趣儿	有数儿	右边儿
榆钱儿	鱼虫儿	鱼漂儿	雨点儿	原封儿	原主儿	圆圈儿
院儿	约会儿	约数儿	月份儿	月牙儿		

【Z】

咂嘴儿	杂牌儿	杂耍儿	杂院儿	脏字儿	枣儿	早早儿
渣儿	栅栏儿	宅门儿	沾边儿	掌勺儿	掌灶儿	长相儿
账本儿	账房儿	找碴儿	罩儿	照面儿	照片儿	照样儿
这会儿	这儿	这样儿	针鼻儿	针箍儿	针眼儿	枕席儿
阵儿	整个儿	正座儿	汁儿	支着儿	枝儿	直溜儿
直心眼儿	侄儿	侄女儿	纸钱儿	指名儿	指望儿	指印儿
中间儿	盅儿	钟点儿	种花儿	重活儿	轴儿	皱纹儿
珠儿	猪倌儿	竹竿儿	主角儿	主心骨儿	住家儿	抓阄儿
爪尖儿	爪儿	转角儿	转脸儿	转弯儿	装相儿	坠儿
准儿	桌面儿	滋味儿	滋芽儿	字面儿	字儿	字帖儿
字眼儿	走板儿	走道儿	走调儿	走神儿	走味儿	走样儿
嘴儿	昨儿	作料儿	左边儿	坐垫儿	坐儿	座位儿
做伴儿	做活儿	作声儿				

第三章　词　汇

普通话除了要求语音标准之外，还要注意词汇的规范运用。词汇也是普通话很重要的要素之一，如果只注意语音标准而忽视普通话词汇的规范运用的话，也会引起交际障碍。在普通话测试中，如果词汇使用不规范会扣分，从而影响普通话等级的成绩。作为教师，在运用普通话教学时，更要注意词汇的规范性，能否使用正确、规范的普通话词汇是衡量教师素质的标准之一。

一、正确运用普通话词汇应注意的问题

（一）用词注意规范

在口语交际以及教学中，使用词语时应该有规范意识，避免用错普通话已有的词语或生造词语，注意用词的规范化。用错普通话已有词语指的是用词不恰当、词义误解误用、成语误用等。生造词语，主要包括生搬硬套词语（如，仿照"日本料理"，而生造"广州料理"）、随意编造缩略语（如，把"大学教育"缩略为"大教"）、随意用谐音肢解成语（如"默默无蚊""鳌来无恙"）等。另外，现在的年轻人还要注意，在正式场合不要随意使用没被普通话吸收的网络用语。

（二）避免使用方言词语

普通话与方言的差异虽然主要表现在语音方面，但词汇方面的差异也是显而易见的，特别是广东地区三大方言与普通话词汇的差异还是比较明显的。由于方言区的人对自己方言词汇比较熟悉，对于相关概念的表达，往往不自觉地选择方言词语，从而影响与其他方言区人的沟通，这也是普通话不标准的表现。例如，广州人喜欢把"五分钟"说成"一个字"，一刻钟就是"三个字"，这样使得初来广东的外省人不解其意。

二、普通话和广东方言的词汇差异

（一）词义相同，词形不同

即相同的概念，普通话与方言的表达形式不同。主要有以下几种形式。

1. 形式完全不同

小孩儿（普通话）——细路仔（广州话）、细人欸（梅州话）、囝仔（潮汕话）

孔（普通话）——窿（广州话、梅州话）、空（潮汕话）

按（普通话）——揿（广州话、梅州话、潮汕话）

吃（普通话）——食（广州话、梅州话、潮汕话）

刚刚（普通话）——啱啱（广州话）、头先（梅州话）、堂早（潮州话）

2. 构词语素不同

下雨（普通话）——落雨（广州话）、落水（梅州话）

家具（普通话）——家俬（广州话、梅州话、潮汕话）

明年（普通话）——出年（广州话、梅州话）、夜年（潮汕话）

脸盆（普通话）——面盆（广州话、梅州话、潮汕话）

后天（普通话）——后日（广州话、梅州话、潮汕话）

钥匙（普通话）——锁匙（广州话、梅州话、潮汕话）

3. 音节数目不同

名字（普通话）——名（广州话、梅州话、潮汕话）

面条（普通话）——面（广州话、梅州话、潮汕话）

纽扣（普通话）——纽（广州话、潮汕话）

尾巴（普通话）——尾（广州话、潮汕话）

袜子（普通话）——袜（广州话、潮汕话）

明亮（普通话）——光（广州话、梅州话、潮汕话）

4. 语素排列顺序不同

客人（普通话）——人客（广州话、梅州话、潮汕话）

力气（普通话）——气力（广州话）

要紧（普通话）——紧要（广州话）

拖鞋（普通话）——鞋拖（潮汕话）

热闹（普通话）——闹热（潮汕话）

台风（普通话）——风台（潮汕话）

（二）词形相同，词义不同

即普通话和方言的形式相同，表达的意义不同或有差异。主要有两种形式。

1. 词形相同，主要意义不同

走（普通话）——行走、步行　　走（广州话）——跑、逃跑

月光（普通话）——月亮的光线　月光（广州话、梅州话、潮汕话）——月亮

泼（普通话）——用力泼洒　　泼（广州话、梅州话）——摇动扇子等

古（普通话）——古代　　古（广州话、梅州话、潮汕话）——故事

2. 词形相同，意义有细微差别

"水"在广州话、梅州话中，除了有普通话"水"的意义外，还指"雨"。

"手""脚"在广州话、梅州话中还分别包括手臂和小腿。

"面"在普通话中除了指"面条"外，还指"面粉"，广东方言仅指"面条"。

"周围"在普通话中指"四周"，广州话还指"到处""附近"。

（三）外来词使用的差异

广东地区方言，尤其是粤方言吸收外来词较多，与普通话词汇有一定的差异，主要有以下两种情况。

1. 普通话有相应的意译词，而广东方言是音译词

胶卷——菲林　　邮票——士担　　车胎——呔

小店——士多　　奶油——拖肥　　激光——镭射

动画——卡通　　小费——贴士　　晚会——派对

以上前为普通话，后为广东方言。

2. 同是音译词，但采用的字不同

沙发——梳发　　马达——魔打　　好莱坞——荷里活

巧克力——朱古力　　悉尼——雪梨　　麦克风——咪

以上前为普通话，后为广东方言。

三、容易误用为普通话词汇的广东方言词语举例（横线前为普通话，后为广东方言）

1. 名词

太阳——日头	桃子——桃
月亮——月光	被子——被
抽屉——柜桶	叶子——叶
陡坡——斜坡	锤子——锤
面条——面	绳子——绳
尘土——灰尘	钉子——钉
小店——士多	鸭子——鸭
零钱——散钱	梯子——梯
茶馆——茶楼	金子——金
开水——滚水	柿子——柿
眼睛——眼	麦子——麦
除夕——年卅晚	胆子——胆
鸡翅——鸡翼	肚子——肚
卡车——货车	绳子——乌蝇
整天——成日	桌子——台
帽子——帽	房子——屋
嗓子——喉咙	沙子——沙
巧克力——朱古力	秃子——光头佬
胖子——肥佬	胖女人——肥婆
公鸡——鸡公	公猪——猪公
伯父——阿伯	名字——名
衬衫——T恤	儿子——仔
当天——当日	底片——像底
蜂蜜——蜜糖	红薯——番薯
黄油——牛油	家具——家俬
肩膀——肩头	轿车——小车
爷爷——阿公	外祖父——公公叔叔——阿叔
外祖母——婆婆	婆婆——家婆
妈妈——老母	爸爸——老豆
一辈子——一世人	丈夫——老公
大哥——大佬	妹妹——小妹
小伙子——后生仔	零钱——散纸
汽船——电船	青蛙——田鸡

去年——旧年　热水瓶——暖水壶、热水壶
上衣——衫　牲口——畜牲
蔬菜——青菜　水果——生果
台阶——石级　糖果——糖
提包——手提包、手袋　吐沫——口水
豌豆——荷兰豆　香肠——腊肠
眼泪——眼水　钥匙——锁匙
自行车——单车　说法——讲法
作料——配料　模样——样

2. 动词

刷牙——擦牙　跑——走
砍——斩　知道——知
抓人——捉人　发抖——震
挑——拣　洗澡——冲凉
浇水——淋水　说谎——讲大话
买房——买楼　打球——打波
盛饭——装饭　泡——浸
惦记——挂住　丢失——不见
叮嘱——吩咐、交代　哆嗦——打颤
胡说——乱讲　夸奖——赞
理睬——睬　埋怨——怨
呕吐——呕　侍候——服侍
说——讲　栓——绑
再说——再讲　粘——黏
起床——起身　烫发——电发
蹦——跳　比如——譬如
当心——小心　好像——好似

3. 形容词

冷、凉——冻　小气——孤寒
舒服——自在　年轻——后生
热闹——旺　胖——肥
整齐——齐整　用力——出力
长寿——长命　吃力——辛苦
胆怯——没胆　疯——癫
故意——特登、专登　狠——恶
俊——靓　宽——阔
模糊——蒙　恼火——激气
便宜——平　漆黑——黑麻麻

62

勤劳——勤力	柔软——软熟	
幸运——好彩	愚蠢——蠢	
脏——邋遢	内行——在行	

4. 其他

多亏——好彩、好在	处处——周围
多么——几	很——好
及早——趁早、赶早	尽管——即管
立刻——即刻	把——将

练习

指出下列各组词语中的普通话词语

(1)朝早　朝早头　早晨　早上　朝晨

(2)影相机　映相机　照相机

(3)现如今　现在　现时　今下　现主时

(4)害羞　怕丑　着羞　惊见笑　怕人

(5)棒冰　冰棍儿　雪条　霜条　雪枝　冰棒

(6)肥佬　胖子　阿肥　肥古佬

(7)朱古力　巧克力

(8)哥哥　阿哥　大佬　阿兄

(9)洗澡　冲凉　冲澡　洗身　洗身躯

(10)日里　日时　白天　日中　日头

(11)鼻　鼻子　鼻公　鼻哥　鼻头

(12)苍蝇　乌蝇　胡蝇　蚨蝇

(13)银纸　纸票　钞票　铜钿　纸字

(14)老爸　阿爸　爸爸　爷老子　爹爹　阿伯

(15)伯母　阿姆　伯娘　伯妈

第四章　语　法

普通话是以经典的现代白话文著作作为语法规范的，普通话与方言在语法方面也存在一定的差异，所以标准的普通话不但要语音标准、词汇规范，语法也要符合要求。很多方言区的人在说普通话时，受方言语法的影响，说出的句子不符合语法规范，从而影响了表达的效果。要学会普通话语法规范的运用，首先，要注意从听、读实践中去认真学习。听，是指听广播电台、电视台以及以普通话为表达形式的电影、话剧中的规范口语；读，是指朗读或阅读国家正式出版的规范的书面语。多听多读一定能掌握标准的普通话的语法表达方式。其次，要注意和自己的方言母语作对比分析。把方言中与普通话不同构词、造句规则加以对比，了解它们的对应关系，这样对掌握普通话语法规范具有很好的效果。

下面分析一下普通话与广东方言主要的语法差异，以便于更好地掌握普通话的语法规范。

一、广东方言与普通话的词法差异

（一）构词、构形差异

在构词法方面，广东方言有一些不同于普通话的构词成分和构词方式。

潮汕话里，有一个特别的构词成分"侪[tsuŋ⁵⁵]"用在表示时间的名词中，构成特殊的双音节单纯词，例如：只侪（现在）、早侪（刚才）、许侪（那时）等。

客家话有一些特殊的词腰嵌在合成词中间，形成一种独特的三音节合成词。这类词腰最常见的是指人名词中间的"子"以及用在指日子的名词中间的"晡"。例如：妹子人（女孩子）、赖子人（男孩子）、男子人（成年男人）、今晡日（今天）、秋晡日（昨天）、听晡日（明天）等

广州话中还用了一些特殊的语素来构成派生词如"佬""婆""妹"等。例如：飞发佬（理发师）、事头婆（女主人）、傻妹（傻女孩儿）等。

其他构词差异，比如语素排列次序差异、单双音节差异等见词汇部分。

在构形方面，普通话表现语法意义的词语形态变化主要是重叠和附近，但广东方言有些可以通过词语内部的语音变化，即"内部屈折"的方式来表现。

潮汕话人称代词的单数、复数是用鼻音韵尾的变化来表现。例如：我[ua⁵³]——我们[u（a）ŋ⁵³]、你[lɯ⁵³]——你们[niŋ⁵³]、伊（他、她）[i⁵⁵]——伊们[iŋ⁵³]。

就形容词的重叠而言，梅州话里的单音形容词用前缀的重叠与否来表示程度的高低。例如：白[p'ak⁵]——碰白[p'uŋ⁵² p'ak⁵]（很白）——碰碰白[p'uŋ⁵² p'uŋ⁵² p'ak⁵]（很白）。

广州话单音形容词重叠后，如果第二个音节变读高升调，再加上后缀"哋"，附加的意义是"略""稍微"等，冲淡原有的程度。例如：红红哋[huŋ²¹ huŋ²¹⁻³⁵ tei³⁵]（略红）白白哋[pak²² pak²²⁻³⁵ tei³⁵]（略白）。

广州话的"仔[tsɐi³⁵]"附加在名词后面，主要表示"小"的意思，基本上可以和普通话表示"小"义的"儿"相对应。例如：鸡仔（鸡儿）、刀仔（刀儿）、狗仔（狗儿）。

（二）词类差异

1. 量词的用法不同

（1）普通话和广东方言的量词都比较丰富，在跟名词、动词的搭配上大部分相同，但也有些量词跟名、动词有不同的搭配习惯。例如：

广州话：一对鞋（一双鞋子）、一条村（一个村子）、讲咗一轮（讲了一遍）

潮汕话：一只船（一条船）、一枝刀（一把刀）、看一匝（看一次）

梅州话：一只人（一个人）、一铺床（一张床）、看一摆（看一次）

以上括号内是普通话的搭配习惯，讲普通话不能受方言搭配习惯的影响，要按照普通话的标准选用量词。

（2）普通话中，量词一般总是和数词或指示代词结合在一起，然后跟名词组合，作定语，特别是在句首。但在广州话、潮汕话中，当数词为"一"时，即使在句首，量词也用不着跟数词或指示代词结合，可以直接跟名词组合，修饰名词，作定语。例如：

广州话：支笔系边个架？（这支笔是谁的？）

潮汕话：只牛绝肥。（这只牛很肥。）

（3）在广州话和潮汕话中，量词前可以有形容词，构成"形＋量＋（名）"的组合方式，这类组合中的形容词，常见的是"大""细"。例如：

广州话：咁大只猫重唔识捉老鼠。（这么大的猫还不会捉老鼠。）

啲鱼鬼咁细条，我唔要。（这些鱼太小了，我不要。）

潮汕话：大只牛（一头很大的牛）

　　　　细泡灯（一只很小的灯泡）

2. 使用的虚词不同

（1）副词

副词是用来修饰动词、形容词的，一般作状语，表示程度、范围、时间、情态、频率等，广东方言的副词有许多和普通话不同。下面以广州话为例。

否定副词：唔（不）、咪（不要、别）、冇（没有）、未（还没有）。

程度副词：好（很）、过头（太）、得滞（太）、重（更）、零舍（格外）。

时间副词：即刻（立刻）、卒之（终于）、头先、啱啱（刚刚、才）、始终（最终）、不溜（一向）。

范围副词：晒（全、都）、冚棒呤（全部、统统）、添（再）、净系（只有、只）。

语气副词：唔通（难道）、梗（一定）、是但（随便）、特登（故意）。

潮汕话以及客家话中也有不少特殊的不同于普通话的副词，在此不一一举例。

（2）介词

介词主要是与主体词性词语组合，作状语或补语，表示对象、范围、目的、手段、方式、时间及处所等。广东方言的介词与普通话不尽相同，有的用词不同，有的用法不同。下面以广州话为例。

"同"在广州话中，可以表示服务对象，如"我同佢买咗本书"（我替他买了本书），此用法，普通话要用"替"或"给"，其他用法，比如引进涉及对象或比较对象时，同普通话一样。

"将"在广州话中，相当于普通话的"把"，如"将门打开"（把门打开）。

"等"在广州话中，相当于普通话的"让"，如"等我来"（让我来）。

"畀"在广州话中，相当于普通话的"被"（给、叫、让），如"佢畀人打死咗"（他被人打死了）。

（3）助词

助词可以分为结构助词、动态助词、语气助词。广东方言助词的用词和普通话也是有同有异。

普通话的结构助词主要是"的、地、得"，其中附着在动词或形容词后面做补语的"得"，普通话和广东方言用词用法基本相同，但表示领属关系的"的"，广东方言的用词与普通话不同，广州话用"嘅"，如"你嘅书"，即普通话的"你的书"，普通话结构助词"地"，广州话用"噉"，如"大胆噉向前行"，即"大胆地向前走"。

普通话的动态助词主要是"着、了、过"，表示动作正在进行或状态在持续，普通话用"着"或时间副词"正在"，广州话用"紧"或"系度"，梅州话用"撑地"或"等"，潮州话用"啰"或"在块"。表示动作完成，普通话用"了"，广州话用"咗"，梅州话用"欵"。

普通话的语气助词主要有"的、了、吗、呢、吧、啊"等，广东方言的语气助词十分丰富，与普通话差别比较大，比如广州话的语气词数量就比普通话多，常用的有"嘞、喇、啰、啦、嘞、个嘞、啰嘞、架、架喇、啫、咩、添、啩、嘅"等。据统计，广州话在疑问句句末的语气助词就达 20 个。

二、广东方言与普通话的句法差异

（一）语序差异

语序，即在句法结构中词语的排列顺序，往往指句子成分在句子中的排列顺序，广东方言与普通话在句子成分排列顺序上大致一样，比如"主语在前，谓语在后""定语在前，中心语在后"等，但有些语序的排列，广东方言与普通话还是不一致的，有一定的差异。

1. 状语的位置

普通话中的状语通常要放在充当谓语中心语的动词、形容词前面，例如"我先走了""你多吃点儿""你真勇敢"。在广东方言中，状语往往后置。

广州话：你行先。（你先走。）

你食先，唔使客气。（你先吃，甭客气。）

食的添，咪客气。（再吃一点，别客气。）

等一阵添，我就来喇。（再等一会儿，我就来了。）

唔使同我买票住。（暂时不要替我买票。）

咪嘈住，有事慢慢讲。（先别吵，有事慢慢说。）

食得多过头会屙肚。（吃得太多会拉肚子。）

坐得远过头睇唔清楚。（做得太远看不清楚。）

饮<u>少</u>的酒对身体有好处。（少喝点酒对身体有好处。）

你住<u>多</u>两日先走啦。（你多住两天再走吧。）

潮汕话：汝食<u>加</u>块。（你多吃点儿。）

伊食一碗<u>定</u>。（他才吃一碗。）

只幅画雅<u>死</u>。（这幅画很漂亮。）

梅州话：着<u>多</u>一件衫。（多穿一件衣服。）

讲<u>少</u>两句话。（少讲两句话。）

看一摆电影<u>添</u>。（再看一次电影。）

2. 双宾语的位置

普通话的双宾语句，一般是指人的宾语在前，指物的宾语在后。在广东方言中，两种宾语的顺序多数跟普通话相反，往往指人的宾语在后，指物的宾语在前。例如：

广州话：佢畀三本书我。（他给我三本书。）

老豆，畀的钱我。（老爸，给我点儿钱。）

有时因为指物宾语过长，就在两个宾语之间加一个"过"字。例如：

我畀二万五千六百三十蚊过佢。（我给了他两万五千六百三十块钱。）

双宾语的位置在客家方言中有一定的灵活性，指人宾语和指物宾语都是既可以在前，又可以在后。例如：

梅州话：佢分捱五块钱。（他给我五块钱。）

你分一支笔捱。（你给我一支笔。）

3. 补语的位置

普通话中动词后可以带表示可能意义的补语，经常是在动词后加"得"或"不"表示可能或不可能，如果动词有宾语，则补语要置于宾语之前。例如："做得完作业""做不完作业"等。但是在广东方言中，补语的位置跟普通话有一定差异。

(1)动补结构中的否定词位置跟普通话不同，普通话中表示不可能的"不"要放在动词后，例如："看不见"。普通话"动词＋得"表示动作可以进行，其否定式为"动词＋不＋得"，例如："吃得""吃不得"。粤语中表示否定的"唔"往往放在动词前。例如：

广州话：嗰啲字我唔睇得清楚。（那些字我看不清楚。）

件衫好鬼咁贵，我唔买得起。（这件衣服太贵，我买不起。）

呢啲嘢唔食得。（这些东西不能吃。）

(2)如果动词后有宾语，补语的位置也跟普通话不同，普通话中动词后有补语又有宾语的话，补语要放在宾语之前，而广东方言中补语可以置于宾语之后。例如：

广州话：我打唔过佢。/我打佢唔过。（我打不过他。）

潮汕话：我咀伊唔过。（我说不过他。）

梅州话：佢买得 an^{31} 多东西倒。（他买得到这么多东西。）

(3)数量补语和指人宾语的位置，广东方言有些也和普通话不一样，普通话里，动词的后面如果带有数量补语和指人宾语，一般总是指人宾语直接跟在动词的后面，再加上数量补语，例如："我看了他一下"。但是在粤方言里数量补语和指人宾语的位置比较灵活，哪个在前哪个在后不固定。例如：

广州话：我睇咗佢一眼。（我看了他一眼。）

我想睇一下佢。（我想看他一下。）

4. 动词"去""来"的位置

普通话中的动词"去""来"和"到""上"连用时，一般采用"主语＋到（上）＋宾语＋去（来）"的格式，即"去""来"放在地点名词宾语后，例如"我到上海去"。而在广东方言中，"去""来"直接放在宾语前，不用"到"之类的成分，即采用"主语＋去（来）＋宾语"的格式。例如：

广州话：你去边处？（你到哪儿去？）

佢琴日来广州嘅。（他昨天到广州来的。）

潮汕话：你去地块？（你到哪儿去？）

我去汕头。（我到汕头去。）

梅州话：佢去广州。（他到广州去。）

佢唔曾来北京。（他没有到北京来。）

（二）句式差异

广东方言有些句式的表达方式和普通话不一样，要注意对比，留意普通话的标准表达方式。下面介绍几种与普通话有差异的句式。

1. 比较句

相等式的比较句，广东方言和普通话的结构方式基本一致，采用"甲＋连词＋乙＋形状词"。例如：

普通话：我和你一样高。

广州话：我同埋你一样高。

潮汕话：我及汝平平悬。

梅州话：捱同你一般高。

不等式的比较句，普通话常用的格式是"甲＋比＋乙＋形容词"，但广东方言除了有跟普通话一样的格式外，还有着不同于普通话的表达方式。粤方言及潮汕话有一种普通话没有的句式："甲＋形容词＋过＋乙"。客家话表示比较句的结构方式是"甲＋比＋乙＋过＋形状词"。例如：

广州话：我大过你。（我比你大。）

今日暖过琴日。（今天比昨天暖和。）

坐飞机快过坐火车。（坐飞机比坐火车快。）

牛大过猪好多。（牛比猪大得多。）

社会主义好过资本主义千百倍。（社会主义比资本主义好千百倍。）

潮汕话：牛大过猪。（牛比猪大。）

今日热过昨日。（今天比昨天热。）

梅州话：佢比捱过大。（他比我大。）

今晡日比秋晡日过冷。（今天比昨天冷。）

2. 被动句

　　普通话的被动句是用介词"被"(叫、让、给)引出动作的主动者，同时指明主语是被动者。例如，"书被小孩儿撕破了"。这是普通话里被动句的典型格式。有的被动句，"被"字后头可以不带宾语，即不需或无法引出主动者，例如，"衣服被淋湿了"。

　　广东方言缺少相当于普通话"被"字的专用介词，而只是采用"给"类动词来兼表被动，如广州话用"畀"、梅州话用"分"、潮汕话用"乞"等。例如：

　　广州话：佢畀人打死咗。(他被人打死了。)

　　梅州话：佢分人打死了。(同上)

　　潮汕话：伊乞人拍死了。(同上)

　　另外，广东方言这几个表示被动的词后面必须出现主动者，不能像普通话那样，"被"字后的宾语可以省略。

　　3. 处置句

　　处置句，即"把"字句，普通话用介词"把"将动词支配的对象提到动词前边，以强调动作的结果。广东方言不用"把"字，广州话、梅州话一般用"将"，形成"将"字句，潮汕话一般用"对"，形成"对"字句。例如：

　　广州话：你将张台搬走。(你把这张桌子搬走。)

　　梅州话：佢将茶杯打烂 e。(他把茶杯打破了。)

　　潮汕话：伊对粒孵敲破去。(他把一个蛋打破了。)

　　潮汕话还有另外一种处置句，就是把宾语提到最前面，后面跟着"甲伊"表示处置，形成"宾语＋甲伊＋动词"这样的句式。例如：

　　潮汕话：牛甲伊牵出去。(把牛牵出去。)

　　　　　　物件甲伊收起来。(把东西收起来。)

　　4. 疑问句

　　普通话里是非疑问句可以单纯用语调来表达，也可以加表疑问的语气词，例如："明天放假?""明天放假吗?"。另外，还可以用句子的谓语部分肯定与否定相叠的方式来表达，例如："明天放不放假?"。广东方言大多采用肯定否定相叠的结构来表示疑问，但在句子结构上与普通话不尽相同。比如广州话在利用肯定和否定的方式表示疑问时，可以把宾语放在肯定词跟否定词中间。潮汕话的是非问一般也不在句末加语气词，也是用肯定加否定的方式来表示。例如：

　　广州话：你去学校唔去?(你去不去学校?)

　　　　　　佢睇电影唔睇?(他看不看电影?)

　　潮汕话：汝爱去阿唔?(你要去吗?)

　　5."有"字句

　　在广东方言中，普遍存在一种"有＋动词"句式，表示强调动作行为已经发生。普通话中没有这个句式。例如：

　　广州话：我有去上课。(我去上课了。)

　　潮汕话：我有去睇电影。(我去看电影了。)

　　梅州话：佢有来过。(他来过。)

语法练习

1. 在括号里写上规范的量词。

一间学校（　　　）　　　　　一架车（　　　）

一只小刀（　　　）　　　　　一腰裤子（　　　）

一头老马（　　　）　　　　　一只牛（　　　）

一条村子（　　　）　　　　　一粒球（　　　）

一对鞋子（　　　）　　　　　一座楼（　　　）

2. 判断下列表述是否符合普通话语法并改正。

（1）昨天的作业大家有没有做？有做。

（2）吃多点蔬菜好。

（3）我给三斤苹果他。

（4）支笔是谁的？

（5）这大米有千三公斤。

（6）下开雨了。

（7）我来去吃饭。

（8）这件事我知不道。

（9）我说打他得过。

（10）我唱歌好过他。

（11）这种舞你跳得来跳不来。

（12）这花好好看。

（13）他家房子装修得非常之漂亮。

（14）衣服长过头了。

（15）请你拿张票出来看看。

附录八　普通话水平测试用普通话常见量词、名词搭配表

1 把	bǎ	菜刀、剪刀、宝剑(口)、铲子、铁锹、尺子、扫帚、锁、钥匙
		椅子、伞(顶)、茶壶、扇子、提琴、手枪(支)
2 本	běn	书(部、套)、著作(部)、字典(部)、杂志(份)、账
3 部	bù	书(本、套)、著作(本)、字典(本)
		电影(场)、电视剧、交响乐(场)
		电话机、摄像机(架、台)
		汽车(辆、台)
4 场	cháng	雨、雪、冰雹、大风
		病、大战、官司

5 场	chǎng	电影(部)、演出(台)、话剧(台)、杂技(台)、节目(台、套)
		交响乐(部)、比赛(节、项)、考试
6 道	dào	河(条)瀑布(条)
		山(座)、山脉(条)、闪电、伤痕(条)
		门(扇)、墙(面)
		命令(项、条)、试题(份、套)、菜(份)
7 滴	dī	水、血、油、汗、水、眼泪
8 顶	dǐng	伞(把)、轿子、帽子、蚊帐、帐篷
9 对	duì	夫妻、舞伴、耳朵(双、只)、眼睛(双、只)、翅膀(双、只)
		球拍(副、只)、沙发(套)、枕头、电池(节)
10 朵	duǒ	花云(片)、蘑菇
11 份	fèn	菜(道)、午餐、报纸(张)、杂志(本)、文件、礼物(件)、工作(项)
		事(件)、试题(道、套)
12 幅	fú	布(块、匹)、被面、彩旗(面)、图画(张)、相片(张)
13 副	fù	对联、手套(双、只)、眼镜、球拍(对、只)
		脸(张)、扑克牌(张)、围棋、担架
14 个	gè	人、孩子
		盘子、瓶子
		梨、桃儿、橘子、苹果、西瓜、土豆、西红柿
		鸡蛋、饺子、馒头
		玩具、皮球
		太阳、月亮、白天、上午
		国家、社会、故事
15 根	gēn	草(棵)、葱(棵)、藕(节)、甘蔗(节)
		胡须、头发、羽毛
		冰棍儿、黄瓜(条)、香蕉、油条、竹竿
		针、火柴、蜡烛(支)、香(支、盘)、筷子(双、支)、电线、绳子(条)
		项链(条)、辫子(条)
16 家	jiā	人家、亲戚(门)
		工厂(座)、公司、饭店、商店、医院(所)、银行(所)
17 架	jià	飞机、钢琴(台)、摄像机(部、台)、鼓(面)
18 间	jiān	房子(所、套、座)、屋子、卧室、仓库

19 件	jiàn	礼物(份)、行李、家具(套)
		大衣、衬衣、毛衣、衣服(套)、西装(套)
		工作(项)、公文、事(份)
20 节	jié	甘蔗(根)、藕(根)、电池(对)、车厢、课(门)、比赛(场、项)
21 棵	kē	树、草(根)、葱(根)、白菜
22 颗	kē	种子(粒)、珍珠(粒)、宝石(粒)、糖(块)、星星、卫星
		牙齿(粒)、心脏
		子弹(粒)、炸弹
		图钉、图章
23 口	kǒu	人、猪(头)
		大锅、大缸、大钟(座)、井、宝剑(把)
24 块	kuài	糖(颗)、橡皮、石头、砖、肥皂(条)、手表(只)
		肉(片)、蛋糕、大饼(张)、布(幅、匹)、绸缎(匹)、手绢(条)、地(片)
		石碑(座)
25 粒	lì	米、种子(颗)、珍珠(颗)、宝石(颗)、牙齿(颗)、子弹(颗)
26 辆	liàng	汽车(部、台)、自行车、摩托车、三轮车
27 门	mén	课(节)、课程、技术(项)
		亲戚(家)、婚姻
		大炮
28 名	míng	教师(位)、医生(位)、犯人
29 面	miàn	墙(道)、镜子、彩旗(幅)、鼓(架)、锣
30 盘	pán	磨(扇)、香(根、支)
		磁带、录像带
31 匹	pǐ	马
		布(块、幅)、绸缎(块)
32 片	piàn	树叶、药片、肉(块)
		阴凉、阳光、云(朵)、地(块)
33 扇	shàn	门(道)、窗户、屏风、磨(盘)
34 双	shuāng	手(只)、脚(只)、耳朵(对、只)、眼睛(对、只)、翅膀(对、只)
		鞋(只)、袜子(只)、手套(副、只)、筷子(根、支)
35 所	suǒ	学校、医院(家)、银行(家)、房子(间、套、座)
36 台	tái	计算机、医疗设备(套)、汽车(部、辆)、钢琴(架)、摄像机(部、架)
		演出(场)、话剧(场)、杂技(场)、节目(场、套)

37 套	tào	衣服(件)、西装(件)、房子(间、所、座)、家具(件)、沙发(对)、餐具
		书(本、部)、邮票(张)、医疗设备(台)
		节目(场、台)、试题(道、份)
38 条	tiáo	绳子(根)、项链(根)、辫子(根)、裤子、毛巾、手绢儿(块)
		肥皂(块)、船(只)、游艇(只)
		蛇、鱼(尾)、狗(只)、牛(头、只)、驴(头、只)、黄瓜(根)
		河(道)、瀑布(道)、山脉(道)、道路、胡同儿、伤痕(道)
		新闻、信息、措施(项)、命令(道、项)
39 头	tóu	牛(条、只)、驴(条、只)、骆驼(只)、羊(只)、猪(口)
		蒜
40 位	wèi	客人、朋友、作家(名)
41 项	xiàn	措施(条)、制度、工作(份)、任务、技术(门)、运动、命令(道、条)
		比赛(场、节)
42 张	zhāng	报纸(份)、图画(幅)、相片(幅)、邮票(套)、扑克牌(副)、光盘
		大饼(块)、脸(副)、嘴
		网、弓
		床、桌子
43 只	zhī	鸟、鸡、鸭、老鼠、兔子、狗(条)、牛(头、条)、驴(头、条)、羊(头)
		骆驼(头)、老虎、蚊子、苍蝇、蜻蜓、蝴蝶
		手表(块)、杯子
		船(条)、游艇(条)
		鞋(双)、袜子(双)、手套(副、双)、袖子、球拍(对、副)、手(双)
		脚(双)、耳朵(对、双)、眼睛(对、双)、翅膀(对、双)
44 支	zhī	笔、手枪(把)、蜡烛(根)、筷子(根、双)、香(根、盘)
		军队、歌
45 座	zuò	山(道)、岛屿
		城市、工厂(家)、学校(所)、房子(间、所、套)、桥
		石碑(块)、雕塑、大钟(口)

第五章　普通话朗读训练

　　朗读就是朗声读书，即运用普通话把书面语言清晰、响亮、富有感情地读出来，变文字这个视觉形象为听觉形象。朗读是一项口头语言的艺术，需要创造性地还原语气，使无声的书面语言变成活生生的有声的口头语言。对教师来说，朗读是一项基本功。成功的朗读，不仅可以帮助人们"正音""练声"及训练听辨能力，提高人们的"用声水平"，同时能有效地运用多种语音形式和手段准确、鲜明、形象地再现作品的思想内容，从而打动学生，帮学生正确理解课文。适合朗读的表演表达技巧，通常也适用于说话。朗读与说话的用声规律相同。

第一节　朗读的要领

一、读准字音，念准词句

　　要读准字音，念准词句，首先要熟悉朗读材料。这是进行朗读的第一步。要熟悉朗读材料，就要从以下几个方面着手。

　　1. 语音标准。发准声母、韵母、声调，念准音节，掌握好变调、儿化、轻声等的正确读法，对不认识、不懂的语句一定要弄明白，才能发准字音，熟练流畅，做到不漏字、不增字、不回读、不吃字，速度适中。

　　2. 把握句意。把握句意是朗读流畅的保证，这样才能避免停顿、连接不当。停顿不当会产生歧义或导致意思不通顺。

　　3. 声音要响亮。响亮是一个相对的概念，它不是要求绝对的声音高，而是要有足以让人听清楚的音量。特别是目前采用计算机辅助普通话水平测试，如果声音不响亮会造成录音失败而影响评分。

二、深入理解作品，表达感情

　　朗读前要反复揣摩、正确理解文章的中心思想，深入理解作品的时代背景和作者的思想状况。仔细推敲内涵，掌握语体风格。理解作品的思想情感是朗读的基础，理解深刻才能正确表达情感，才能感染和打动听众。

三、掌握朗读技巧，熟悉普通话节律

　　把文字这种视觉形态转化为声音这种听觉形态的再创造过程中，重音、停连、句调、节奏是朗读的重要外部技巧。

（一）重音

　　1. 重音的概念

　　在朗读中，为了突出主题、表达思想、准确地表达语意和感情，强调和突出一些起重要作用的音节、词语或短语，被强调和突出的音节和短语就叫重音。重音能把感情的起伏，气氛的变化表达出来，增强语气的节奏感。

在朗读中，不同的重音位置，表达不同的语意。

我是广技师的学生。（强调广技师的学生是"我"）

我是广技师的学生。（强调"我"的广技师学生身份是不可置疑的）

我是广技师的学生。（强调"我"这学生身份的所属）

我是广技师的学生。（强调"我"的学生身份）

2. 重音的分类

重音可分为语法重音和强调重音两类。

(1)语法重音

语法重音是由语句的结构自然表现出来的重音，有规律可循，位置也比较固定。如一般在语句中，谓语、中心语的修饰部分，疑问代词和揭示代词都是语法重音。

东风来了，春天的脚步近了。

现在正是枝繁叶茂的时节。

爸不懂得怎样表达爱。

谁能把花生的好处说出来？

(2)强调重音

强调重音，又叫逻辑重音。是为了突出表达某种思想感情而把语句中的某些词语加以强调的音。

在这幽美的夜色中，我踏着软绵绵的沙滩，沿着海边，慢慢地向前走去。海水，轻轻地抚摸着细软的沙滩，发出温柔的唰唰声。

强调重音一般没有固定的位置，它是根据表意的内容和需要来确定。一般说来，突出话语重点、表明语意内容，表示对比、并列、照应和递进等关系，表达某种强烈感情和比喻性的词句都是重音。

3. 重音的表现方式

重音是相对于非重音而言的，非重音是为了突出重音而铺垫的，没有非重音就谈不上重音。汉语重音的表现方式大致有以下几种。

(1)弱中加强法

花生做的食品已经吃完了，父亲的话却深深地印在我的心上。

(2)低中见高法

让暴风雨来得更猛烈些吧。

(3)实中转虚法(重音轻读，将重音低沉地轻轻突出，拉长音节)

小草偷～偷～地从土里钻出来，嫩嫩的，绿绿的。

(4)快中见慢法

如今我离去了，小河被我远～远～地抛在故乡，可我永～远～地思念着你，小～河～

(二)停连

1. 停连的概念

停连是在朗读过程中声音的停顿和连接。在朗读时，我们不能一字一停，也不能字字相连，一口气念到底，朗读中的停连是必不可少的。停顿处理得好，可以帮助表达句子的逻辑关系，加强语言的节奏感，更好地传达语句的意思，使朗读者更充分准确地表情达意。

2. 停连的分类

停顿可以按逻辑停顿，包括标点停顿、词语停顿和句际停顿。

（1）标点停顿

其停顿时值大小如下：句号、问号、叹号长于分号、冒号，分号、冒号长于逗号，逗号长于顿号。

如下面短文："/"表示停顿，"//"表示停顿的时间稍长。

天空变成了浅蓝色，/很浅很浅的；/转眼间天边出现了一道红霞，/慢慢儿扩大了它的范围，/加强了它的光亮。//我知道太阳要从那天际升起来了，/便目不转睛地望着那里。

句子中的标点停顿要比标点符号所能表示出来的停顿细致得多。有些句子中的标点虽然相同，停顿的时间却不一样；有时出于表达感情的需要，在有标点的地方也可能不停顿。

（2）词语停顿

其层级关系大致如下：词语＜句子＜句群＜段落＜篇章。

（3）句际停顿

句际停顿有两种情况，一是完全句之间的停顿长；二是分句间的停顿较短。

3. 停连的表现方式

表现方式有二：一是停；二是延。停，就是停歇，停的时间长短主要与语言结构层次的大小有关系。延，是延长，与语境，语气有关。

（三）句调

1. 句调的概念

句调，也称语调或语气。是指整个句子的高、低、抑、扬变化。汉语的句调特别显示在语句末的音节。（末尾有语气助词即轻声音节时，那就落在倒数第二或倒数第三个音节上。）

行？↗　　行↗吗？行↗了吗？

行！↘　　行↘吧！行↘了吧！

2. 句调的基本类型

（1）平调：常表示不明确的意义，或是沉浸在深思中，也用来表示严肃、冷淡、叙述的语气。最常见的如天气预报，宣读评分标准，介绍人物生平等。

今天上午到明天多云，有阵雨，西北风3～4级。明天最高温度25摄氏度，最低温度18摄氏度。

（2）升调：常用于疑问、反问、惊异、命令、呼唤、句中暂停等语境。

疑问：那是谁？↗又藏在何处呢？↗

反问：你以为这是什么车？↗旅游车？↗

惊异：啊？↗胡主席？↗来广州了？↗

命令：快走！↗

呼唤：孩子！↗小心啊！↗别把手指割掉！↗

句中暂停：在船上，为了看日出，↗我特地起个大早。

（3）降调：表现在句末音节的调值下降明显且音长变短。常用于陈述、肯定、允许、祈使、感叹等语气；疑问代词在句首的特殊疑问句也常用降调；偶句中往往先扬后抑，以降调收尾。

你站住！↘

谁能负这个责任？我！↘

读小学的时候，我的外祖母过世了。↘

（4）曲调：通常是先升高再降低或先降后升。

常表示夸张、含蓄、嘲讽、反语等。

你来当班长！——我?!（语调曲折）

（四）节奏

节奏就是朗读过程中语音快慢，强弱，轻重，高低，长短的有规律的回环往复。节奏掌握得好，可以准确而充分地表达作品的思想感情，形象而生动地传达朗读者的本意，增强朗读的感染力。一般根据朗读的内容和朗读者表达感情的需要来确定的。通俗地说，节奏包括三个方面的内容：一是抑扬顿挫。不仅有高低变化，还有停连、转换的变化；二是轻重缓急。不仅有声音的力度，还有声音的速度，更有力度、速度的承续、主从、分合和对比；三是声音行进、语言流动中的回环往复的特点，这是节奏的核心，体现了节奏的规定性。

1. 节奏的基本形式

（1）音节均匀

看。像牛毛，像花针，像细丝，密密地斜织着。

和新朋友会谈文学、谈哲学、谈人生道理等等，和老朋友却只话家常，柴米油盐，细细碎碎，种种琐事。

（2）长短交替

小草偷偷地从土里钻出来，嫩嫩的，绿绿的。园子里，田野里，瞧去，一大片一大片满的。坐着，躺着，打两个滚儿，踢几脚球，赛几趟跑，捉几回迷藏。风轻悄悄的，草软绵绵的。

（3）平仄匹配

白日依山尽，（仄仄平平仄）

黄河入海流。（平平仄仄平）

欲穷千里目，（仄平平仄仄）

更上一层楼。（仄仄仄平平）

（4）声韵复沓

宛如春水溶溶。（重言）

久而久之都会转化为亲情。（双声）

起初四周非常清静。（叠韵）

冬日麦盖三层被，来年枕着馒头睡。（押韵）

(5)反复回旋

大堰河，在她的梦没有做醒的时刻死了。

她死时，乳儿不在她的旁侧，

她死时，平时打骂她的丈夫也为她流泪……

(6)层层递进的意念拓展

详见朱自清的《春》。

2.节奏转换的基本方法

节奏转换包括快慢转换、抑扬转换、轻重转换等，几种方法相互交叉，相互作用，形成具体作品各具特色的节奏转换。节奏转换的基本方法有：欲扬先抑与欲抑先扬；欲快先慢与欲慢先快；欲轻先重与欲重先轻。

细读以下几例，体会语速与其他因素的关系。

(1)起先，这小家伙只在笼子四周活动，随后就在屋里飞来飞去，一会儿落在柜顶上，一会儿神气十足地站在书架上，啄着书背上那些大文豪的名字；一会儿把灯盏撞得来回摇动，跟着逃到画框上去了。

(2)读小学的时候，我的外祖母去世了。外祖母生前最疼爱我，我无法排除自己的忧伤，每天在学校的操场上一圈又一圈地跑着，跑得累倒在地上，扑在草坪上痛哭。

总的来说，真正好的朗读是忠于作品，创造性地表现作品，从而达到准确朴实的要求。

四、不同文体作品的朗读

同是文字作品，体裁的不同而使表达方式各异。因此，朗读要根据不同的作品体裁采用不同的朗读技巧。

(一)诗歌的朗读

诗歌感情丰富、意境优美、语言精练、音韵和谐。朗读时要把"诗味"读出来需要把握以下两点。

1.深入体会，力求读出诗歌的意境。诗歌的抒情，主要通过创造意境来完成。把握诗歌的意境，主要是紧扣诗人的情思，借助联想与想象，在头脑中勾勒出诗中的意境图，努力引起共鸣，使自己的感受接近作者的情感，从而再现作者的情感。

2.把握节奏和音韵。朗读诗歌，把握节奏要合乎节拍，读好诗句中的语音停顿单位；读好诗中对称呼应的词句；读出诗歌的内在节奏。诗歌的节奏是诗人情感的体现。节奏在感情缠绵深沉时显得舒缓，在豪迈激昂时显得较快，感情愤懑或渲染气氛时急促。因此朗读诗歌要感受诗人情感的起伏变化和描写对象的变化，用合适的节奏朗读。

(二)论说文的朗读

论说文的朗读主要是读好议论文的要素部分，即论点，论据和论证。朗读论点时，态度要明朗，语气要肯定，重音要坚定；朗读论据时，语句要平实，要立足于以理服人。

(三)小说的朗读

小说的朗读，要研究小说的人物、情节、环境，朗读时要善于用声音塑造和再现典型的人物形象，力求读出小说的"生活味儿"。要抓住核心，深化感情；抓住个性，塑造人物；抓住基调，变化节奏。具体要做到：抓住立意这一核心，再现小说的生活画面；抓住人物、情节、环境这些基本要素，完成小说生活画面的再现，特别是人物的个性塑造。最能够表现人物性格的是人物的语言，语言是人物的"间接形象"，人物的身份、性格、品质以及所处的环境和心态都会影响人物的语言表达。因而在朗读的时候一定要关注人物语言。

（四）文言文的朗读

文言文的朗读，首先要扫除文字障碍，理解翻译原文，然后放慢速度，疏通词句，适当拉开词语间的语音距离，一般以 2～4 个音节一顿为宜，吐字要清晰，重要词语应读重些，语助词的音节适当拉长，显出音韵美。

（五）记叙文的朗读

记叙文的朗读类似于散文的朗读，首先，把握好叙事线索，读好记叙文的主要素（时间，地点，人物，事件，原因等）；其次，读好记叙和描写部分，读出作品的立意。

（六）儿童文学作品的朗读（童话、故事、儿歌、寓言等）

语速适当放慢，照顾听众的特点；停延、句调、重音适度夸张；语势起落悬殊，悬念感强；合理运用声音模拟、语势模拟等语言造型艺术，增强生动感。

第二节　朗读欣赏及训练

中国的牛

对于中国的牛，我有着一种特别尊敬的感情。

留给我印象最深的，要算在田垄上的一次"相遇"。

一群朋友郊游，我领头在狭窄的阡陌上走，怎料迎面来了几头耕牛，狭道容不下人和牛，终有一方要让路。它们还没有走近，我们已经预计斗不过畜牲，恐怕难免踩到田地泥水里，弄得鞋袜又泥又湿了。正踟蹰的时候，带头的一头牛，在离我们不远的地方停下来，抬起头看看，稍迟疑一下，就自动走下田去。一队耕牛，全跟着它离开阡陌，从我们身边经过。

我们都呆了，回过头来，看着深褐色的牛队，在路的尽头消失，忽然觉得自己受了很大的恩惠。

中国的牛，永远沉默地为人做着沉重的工作。在大地上，在晨光或烈日下，它拖着沉重的犁，低头一步又一步，拖出了身后一列又一列松土，好让人们下种。等到满地金黄或农闲时候，它可能还得担当搬运负重的工作；或终日绕着石磨，朝同一方向，走不计程的路。

在它沉默的劳动中，人便得到应得的收成。

那时候，也许，它可以松一肩重担，站在树下，吃几口嫩草。偶尔摇摇尾巴，摆摆耳朵，赶走飞附身上的苍蝇，已经算是它最闲适的生活了。

中国的牛，没有成群奔跑的习惯，永远沉沉实实的，默默地工作，平心静气。这就是中国的牛！

——节选自小思《中国的牛》

简单分析

一、读准字词

1. 读翘舌音的字词

(1)zh：中国　一种　狭窄　终　正　跟着　负重　终日　站

(2)ch：畜牲　踟蹰　迟疑　沉默　拖出　朝　吃　成群

(3)sh：深　泥水　湿　时候　稍　消失　受　石磨　树下

　　　身上　闲适　生活

(4)r：容不下　人　让路　忽然　终日　绕

2. 分清鼻音 n 与边音 l

(1)n：牛泥水　弄　难免　农闲　可能　那　嫩草

(2)l：留　田垄　怎料　来了　领头　让路　泥水里　离　烈日

　　　犁　一列　劳动

3. 分清前鼻音韵母 n 与后鼻音韵母 ng

(1)n：尊敬　感情　印象　一群　阡陌　怎料　迎面　它们　人近

　　　难免　田地　不远　看着　全　跟着　深褐色　尽头　很大

　　　恩惠　沉默　晨光　身后　满地　金黄　担当　搬运　便

　　　一肩　重担　站　嫩草　赶走　闲适　奔跑

(2)ng：中国　一种　尊敬　感情　印象　田垄上　相遇　朋友　领头

　　　迎面　耕牛　容不下　终　让路　已经　畜生　恐怕　弄

　　　正　停　自动　从　永远　沉重　晨光　松土　等到

　　　金黄　可能　担当　终日　同一　方向　计程　应得　收成

　　　苍蝇　生活

4. 读准轻声词

它们　我们　畜生　时候　人们　收成　摇摇　摆摆　尾巴　耳朵

苍蝇

5. 读准变调

读阳平的"一"：一次　一下　一队　一步　一列

读去声的"一"：一群　一方　一肩

二、把握作品情感基调朗读

第六章　口语交际的相关技能训练

第一节　发声技能训练

口语就是通常所说的口头语言，是与书面语相对应的一种语言形式，它是交流思想的工具，是知识信息的载体。教师口语是以普通话和一般口语为前提和基础的。教师必须用标准或比较标准的普通话进行教学，否则，良好的职业口语就无从谈起。充分认识人体发音器官和发音部位，掌握普通话基本语音常识和呼吸方法，对掌握标准的普通话发音有着重要的促进作用。口语不同于书面语的一个重要特征就是"以声传情"，声音的质量，除了受说话的内容，说话者的心理状态以及说话的环境等因素的影响外，主要取决于人的呼吸器官运气所产生的气流强弱，声带的松紧薄厚。

声音是由人的呼吸器官所产生的气流冲击声带（即嗓子），再通过咽喉腔，口腔，鼻腔的放大，美化，传出体外，嗓子与气流有直接联系，因此，要想使声音达到良好的效果，就必须练习发声，锻炼嗓子，扩大音域，增强音强，把握音长，改善音色。教师要使自己的音色圆润动听，在音量上高低适宜，在语速上快慢适中，就要练好发声。

一、保护嗓子的办法

保护嗓子很重要，教师如果不保护好嗓子，不会正确用声，很容易使声带损伤，声音嘶哑而影响授课，从而无法胜任教师这一职业。

1. 注意劳逸结合，要有足够的睡眠时间。

2. 生病时，由于声带黏膜增厚，易产生病变，应暂时少发声。

3. 变声期，妇女月经期，鼻咽，声带充血，禁止练声。

4. 尽量少食刺激性食物，如，烟，酒，辣椒等。

二、用气发声训练

发声包括呼吸，共鸣控制，吐字归音三个环节。

（一）呼吸

教师讲课时要掌握正确的呼吸方法，正确地使用发音器官。前面讲过，人类发音器官可分为三大部分：动力器官（肺部）、发音体（声带）和三腔（口腔、鼻腔、咽腔）。

1. 呼吸有三种方法

（1）胸式：胸式呼吸是大部分人常用的呼吸方式，吸进的气流充塞于上胸部，造成实际吸气量小于可能吸气量，又由于难以控制吸入的气息，致使发声时喉头负担过重，于是用束紧喉头的方法，以控制气流外泄，这种方法有损声带。其标志是吸气时抬肩，由于呼吸浅，所以声音轻而飘。

（2）腹式：靠降下横隔膜，扩大胸腔的上下径得气，胸腔的周围扩大甚少，这样

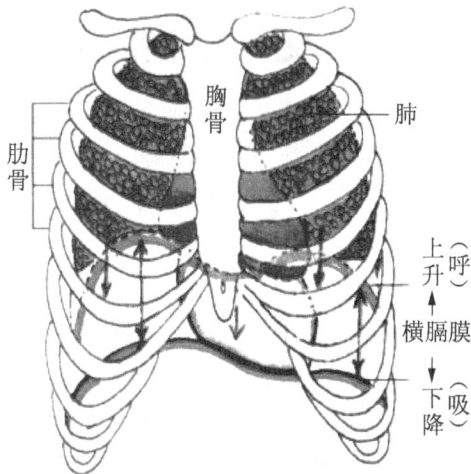

吸气呼气示意图

呼吸方法示意：横膈膜下降，胸腔扩大，肺部膨胀，吸入空气

横膈膜上升，胸腔缩小，肺部收缩，呼出气流

吸进的气量少，难以控制，气流也较弱。腹式呼吸的标志是挺腹，塌肩，声音无力，缺乏持久性。

这两种办法不但不美观，久而久之，还会损坏声带和咽喉。

（3）胸腹式：是胸腹部联合呼吸，运用了胸中和腹部的全部肌肉群，同时扩大了胸腔的周围径和上下径，吸气量最大，使声音洪亮。吸气后感觉到两肋扩大，横膈膜下降，小腹微收，教师掌握这种方法可以加强操控和支持声音的能力，使声音达到理想效果。

2. 胸腹式呼吸训练方法

（1）站立式：全身放松，立定站稳，或一只脚稍向前，双目平视，双肩放松，头正。在意念上，前面放置一盆香花，闻花香，深吸一口气，将气吸到肺底，要吸得深入，自然柔和。也可以意念上准备抬起一件重物，先要深吸一口气，然后憋足一股劲，深呼吸。"一、二"吸气，"三、四"呼气，"五、六"吸气，"七、八"呼气。如此循环往复，体会两肋扩展胸腔增大及小腹内收的感觉。

（2）坐式：坐在椅子前端，上身略向前倾，小腹稍作内收，吸入气息，体会两肋展开的过程。

3. 呼吸综合训练

训练目标

学会将吸气与呼气紧密地结合起来使用，掌握控制呼气的能力。吸气多一些，深一些，气沉丹田，气息量多了，就可以减轻声带的负担。

（1）训练要领

两肋开、胸腔扩、小腹自然内收等要领综合运用。

（2）训练方法

①狗喘气练习

深吸气后连续发短促的音。

hei hei hei hei hei……

②长气练习

一口气说到底，但要求字字清楚，快而不乱，快而不断。

那次做伪证的意图是要从一个贫苦土著寡妇及其无依无靠的女儿手里夺取一块贫瘠的香蕉园，那是他们失去亲人之后的凄凉生活中的唯一的依靠和唯一的生活来源。

③绕口令练习

桃子李子梨子栗子橘子柿子榛子栽满院子村子和寨子；蚕丝生丝熟丝缫丝染丝晒丝纺丝织丝自制粗丝细丝人造丝；名词动词数词量词代词副词助词连词组成诗词唱词和快板词。

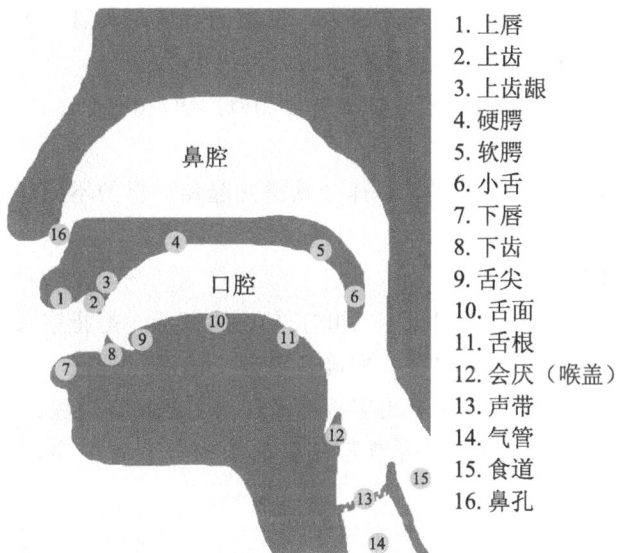

鼻腔	1. 上唇
	2. 上齿
	3. 上齿龈
	4. 硬腭
	5. 软腭
	6. 小舌
口腔	7. 下唇
	8. 下齿
	9. 舌尖
	10. 舌面
	11. 舌根
	12. 会厌（喉盖）
	13. 声带
	14. 气管
	15. 食道
	16. 鼻孔

口腔和鼻腔示意图

（二）共鸣控制训练

1. 口腔共鸣训练

声带发出的声音经过共鸣腔的共振，才会变得响亮清晰。人体共鸣腔，包括咽腔，喉腔，口腔，鼻腔和胸腔。口腔是最主要最灵活的共鸣腔体。口腔的开合，舌头的伸缩，软腭的提降，都会改变口腔的形状，影响共鸣效果。因此要重视发音器官各部分的锻炼，调动共鸣腔体才能减轻声带的负担，发出响亮圆润的声音，为口语表达奠定坚实的基础。

口腔共鸣的特点是提起轻腭，适当打开槽牙，扩大口腔容积，让气息在口腔内共振，使声音变得明亮而结实，并且传得远。

（1）训练要领

适当地打开后槽牙（不是张大嘴），使声波畅通地到达口腔。

（2）训练方法

用"提""打""挺""松"的训练方法。"提"就是提起颧肌；"打"就是打开牙关；"挺"就是挺起软腭；"松"就是放松下巴。坚持训练可以提高声音的美感。

①要有意识集中一点发，似子弹从嘴里喷射出来击中意念中的一个目标。

②模拟练习。学发汽笛长鸣声"di——"或学发鞭炮声"pi、li、pa、la"，体会声束冲击硬腭前部的感觉。

2．鼻腔共鸣训练

（1）训练要领

鼻腔共鸣是通过软腭来实现的，发鼻音时，软腭下降，阻塞口腔通道，声音全部由鼻腔通过；发鼻韵尾时，软腭先上挺后下降，声音分别从口腔和鼻腔通过。

（2）训练方法

口腔和鼻腔是发音的共鸣器。口腔内小舌和软腭把口腔和鼻腔隔开。如果发音时软腭和小舌上升，堵住鼻腔通道，气流从口腔出去，发出的就是口音；如果软腭下垂，把口腔闭塞起来，气流从鼻腔出去，发出的音就是鼻音；如果软腭下垂，口腔不闭塞，气流可以从口腔和鼻腔同时出去，发出鼻化音。

①发口音"ba、pa、da、ta"，再发鼻音"ma、mi、mu、an、en"，会感到鼻子的振动明显不同。

②交替发口音"a"和鼻化音"ã"，体会软腭升起和下降的不同状态，以及由此产生的不同声音色彩。

（三）吐字归音训练

吐字归音是我国传统戏团唱法中对吐字方法的概括，是指字头，字腹，字尾的完整处理过程。目的是使字音清楚，准确，完善，饱满。是把一个音节的发音过程分为出字，立字，归音三个阶段。出字指声母和韵头的发音过程。

训练目标：了解吐字归音对音节各部分的要求，到达吐字清晰、字正腔圆的效果。

1．训练要领

（1）出字是指声母和韵头的发音过程，要做到叼住弹出，部位准确，气息饱满，干净利落，准确有力。

（2）立字指韵腹的发音过程，要做到气息均匀，音长声响，拉开立起，圆润饱满。

（3）归音是指对字尾（韵尾）的处理，到位弱收，尾音轻短，定态自如，趋向要鲜明，干净利索。

将每个汉字的发音过程处理成为"枣核形"，以声母或者韵头为一端，以韵尾为另一端，韵腹为核心，才能做到"字正腔圆"。例如：电（dian）、跳（tiao）、快（kuai）。

2．训练方法

（1）双唇练习

①喷，也称双唇后打响，双唇紧闭，堵住气流，不要满唇用力，将力量集中在唇的中央三分之一，唇齿相依，不裹唇，突然放开发出"p、p、p"音。

②咧，双唇紧闭用力向前撅起，然后嘴角用力向两边伸展。前后交替进行，这一练习听不到声音。

③撇，双唇后闭向前撅起，然后向左歪，向右歪，向上抬，向下压。

④绕，双唇紧闭，撅起，然后左转 60 度，再右转 60 度，交替进行，左右圈数相等。

⑤利，舌尖抵住下齿背，舌体用力，用上门齿的齿沿刮舌尖和舌面，反复进行。

⑥捣，把一物体（如枣核，橄榄核，糖等）竖放在舌面上，用舌面挺起的动作使它翻转，反复进行。

（2）舌部练习

①伸舌，把口张开，感觉鼻孔略微张开一些，然后努力伸出舌头，舌尖越尖越好，伸完回缩到最大程度，反复练习，使舌尖能集中用力。

②绕舌，闭唇，把舌尖伸到齿前唇后，向顺时针环绕 360 度，再向逆时针方向环绕 360 度。

③顶舌，闭唇，把舌尖顶住左内颊，用力顶，似逗小孩儿嘴里有糖状，然后转向右内颊，反复练习。

④弹舌，先把力量集中在舌尖，抵住上齿龈，堵住气流，堵住呼出的气流，突然打开发出"t、t、t"音，越有力越好。

3. 绕口令练习

练习时，要注意将唇的力量集中在唇的中央三分之一处，唇的力量分散是造成音散的主要原因。

双唇练习

吃葡萄不吐葡萄皮，不吃葡萄倒吐葡萄皮。

八百标兵奔北坡，北坡炮兵并排跑；

炮兵怕把标兵碰，标兵怕碰炮兵炮。

唇舌练习

会炖我的炖冻豆腐，

来炖我的炖冻豆腐，

不会炖我的炖冻豆腐，

别胡炖乱炖，炖坏了我的炖冻豆腐。

归音练习

一个胖娃娃，捉了三个大花活蛤蟆，三个胖娃娃，捉了一个大花活蛤蟆，捉了一个大花活蛤蟆的三个胖娃娃，真不如捉了三个大花活蛤蟆的一个胖娃娃。

在浩瀚无垠的沙漠里，有一片美丽的绿洲，绿洲里藏着一颗闪光的珍珠。

这颗珍珠就是敦煌莫高窟，它坐落在我们甘肃省敦煌市三危山和鸣沙山的怀抱中。

第二节 态势语训练

教师在教学、教育过程中除了使用书面语和口头语以外，还使用态势语。态势语也称体态语或形体语，是教师口语活动中的重要辅助手段。它通过体态、手势、表情、眼神、动作等非语言因素，在一定程度上传递信息、表达思想感情。美国心理学家艾帕尔·梅拉别恩曾经对态势语在信息传递中的作用做过研究并总结出这样的公式："信息的效果＝7％的文字＋38％的音调＋55％的面部表情"。这个比例足以说明态势语在口语交际中的重要作用。在课堂上，态势语能够微妙地起到沟通师生感情的作用，它能够引起学生的注意，使学生在接受语言信息的同时，得到生动的感官形象。训练态势语的总体要求是得体、自然、适度。

一、表情与眼神

人的面部表情丰富而又细腻，它能够传达各种不同的信息，教师在教学教育过程中，经常通过不同的表情表达内心的感情。比如，学生回答问题的时候，教师可以用微笑表示赞许、鼓励和支持；学生破坏课堂正常秩序的时候，教师可以用皱眉头表示批评和制止。在人的面部表情中，最重要的是眼神。俗话说"眼睛是心灵的窗户"，眼神是最富表现力的表情。从眼神中表现出来的信息，可以流露出人的喜怒哀乐等各种心情。教师在课堂上要善于运用眼神，通过眼神向学生传送不同的思想感情，力求收到"无声胜有声"的效果。

教育教学实践证明，一个教师注视喜欢的学生的时间比不喜欢的学生时间长。那些成绩好的学生往往容易受到教师的青睐，而一些差生则容易被教师忽略。所以，为了整体的教学效果，教师在课堂上应该以热情的眼光注视教室里的每一个学生，使他们觉得被教师认同和重视，这样就能够很好地激发学生的学习热情。这里可以借用一下董远骞《教学的艺术》中的一个实例。

【例1】长春市语文特级教师牟丽芳在一次课上范读课文，她手捧着书，声情并茂，全班学生也都在她眼里了，有一位学生眼睛偷偷地离开了课本，去看桌子上的什么东西了，但手仍捧着书。牟老师敏锐地注意到了。她仍照旧读着，非常自然地、慢慢地朝他那里踱去，一点也不露声色，仿佛踱步是课文情节所需要的。别的同学都沉浸在老师朗读课文所创造的意境中，那个溜了神的同学却感觉到了气氛的细微变化：老师离他近了。他立即抬起头，看了老师一眼，恰好，牟老师也看了他一眼，这一短暂的对视，是一次无声的交流。那个同学悄悄地溜了神，现在又悄悄地集中了精力。一个小小的风波就这样平息了，课堂上不见一丝涟漪，好像什么也没有发生过。

这一案例中，如果牟老师直接在课堂上说："某某同学请不要开小差"，不但会分散学生的注意力，也打乱了自己的思维，同时会使被点名批评的同学难堪，因此牟老师的眼神恰到好处地起到了阻止该生分神，使课堂秩序正常化的作用。

袁微子先生在《小学语文教学笔谈》中谈到，他经常使用态势语来辅助有声语言表达语义。这种方法对提高教学效果起着莫大的作用。请看一则学生听课后的日记。

【例2】(《在仙台》的授课)当问到鲁迅在仙台的食宿时我站起来说："他们饮食不太好，每天都喝难以下咽的芋梗汤。"袁爷爷这时讲："芋梗汤啊，我没吃过，但我查了查，这是用酱和芋芳梗做的，鲁迅觉得很难吃。"说着，他皱皱眉头，咧咧嘴，好像刚刚尝过那难吃的味道似的。接着他又问："课文上用什么词来形容它难吃呀？"大家齐说："难以下咽。"

"皱皱眉头，咧咧嘴"，这样的表情使"难以下咽"的语义表达得更加形象生动，从而也加深了学生的印象。

二、姿态与动作

姿态指说话时身体的姿势。端庄、稳重是教师在言语交流中姿态的基本要求。如果站着说话，身体要直，挺胸收腹，重心略向前倾，两腿自然分开与肩同宽，女教师可以略作"丁"字步。注意不要含胸驼背，两腿不能抖动。如果是坐着讲话，上身要挺直，一般只坐椅子的三分之二，不能靠背，两脚着地，重心略向前，注意不能跷二郎腿，也不能双脚离地晃来晃去。如果是站在讲台前讲话，不要长时间将双手撑在讲台上或上半身趴在讲台上。在课堂上，走动的频率不宜过高，幅度也不适宜太大，不能因此而分散学生的注意力。

教师要善于发挥身姿的形象功能和情意功能，配合有声语言更好地传授知识、表达情感，一位学生在回忆文章中写到年过花甲的高润华老师在讲授朱自清的《背影》一文时给他留下的深刻印象。

> 【例】当高老师讲到"父亲"爬上月台去买橘子一段时，她引导同学仔细理解"攀""缩""倾"等动词的用法，并体味其中所蕴含的父亲对儿子深厚的爱。说着，"只见她慢慢地转过身去，双手攀着活动黑板的上沿，一条腿慢慢地向上缩着，她那胖胖的身子向左微倾，显出很努力的样子……每一个人都屏住了呼吸。顿时，我仿佛看到了文章中那带着黑布小帽的慈父，在铁栅栏上艰难地攀着；我仿佛觉得眼前这就是高大的背影……这一瞬间父亲的背影消失了，但高老师的背影却永远也无法从我的脑海中消失。此时此刻我已经完全理解了这三个动词的深刻含义——高老师已用她的行动证明：这就是爱！"(《语文学习》1991年第1期)

由此可见，教学中使用适当的体态动作，在教学中有很高的价值。

在课堂教学中的动作主要指手势。手势能像面部表情一样辅助说话，表达情感。手势没有固定模式，在课堂上，教师可以适当运用手势，但是要注意朴素准确、繁简适度、大方潇洒，所运用的手势要以表达情感、有助于学生理解讲课内容为主要目的，不宜过多过杂，使学生摸不着头脑而分散注意力。同时，一些个人的不良手势也要克服，如抓耳挠腮、抠鼻子、摆弄衣角或发梢等动作都应该避免。

第七章　一般口语表达训练

一般口语表达是社会人际交往中基本的口头言语活动，它体现了各种语言环境中说话者言语表达的共同形式和普遍能力。一般口语表达是教师口语表达的基础，教师口语是一般口语交际在教育教学工作情境中的具体运用。教师口语源于一般交际口语，是一般口语的提高和专业化。因此，作为未来的教师，师范生也必须掌握一般口语表达方法，为进一步学习、研究教师口语创造良好的条件。

第一节　凭借文字材料的表达训练

凭借文字材料的口语表达属复现型口语表达，即运用口头语言再现材料的内容。这种表达是说话训练的初级阶段。要求在了解、理解文章内容之后再开口表达，在表达过程中，思想感情要随着文章的内容而变化，将理解到的内容转化为相应的感受，力求做到"心随物转，言为心声"。

主要训练：复述、描述、解说、评述、命题演讲。

一、复述

（一）复述的概念

复述，就是把读过、听过的语言材料重新叙述一遍，它是口语表达技能训练的基础训练。复述的训练能够为学生提供充分内化语言的机会，使学生在理解、积累课文语言材料时，自动激活、调出、选择、重组，并在复述中检验其头脑中已有的语言材料，有效地提高口语表达能力。

复述旨在训练学生连贯的表述能力。复述时首先要熟悉材料，并且进行分析、概括、筛选，因此，从很大程度上帮助学生掌握和积累语言，同时通过内化，将头脑中贮存的材料用规范化的语言表述出来。因此复述是学生掌握和积累语言的有效途径。

（二）复述的类型

1. 详细复述

详细复述就是把原语言材料的内容原原本本地重述出来。详细复述要做到细而不乱，要注意语句的口语化，同时还要注意情感和语调的表达。

2. 概要复述

概要复述是以原文为依据，根据复述的目的或要求，对原语言材料进行选择、概括、提炼，然后再组织语言将原文的主旨复述出来。概要复述要注意把握整体，理清线索，舍枝去叶，反映原貌，类似作文练习中的"缩写"。

3. 扩展复述

对原材料做适当扩充、展开的叙述，注意不能背离原义和原框架。可以在不改变原意的基础上根据内容需要加上丰富合理的想象，使内容更为生动和完整。

（三）复述技能训练

1. 详细复述下面的故事

育才小学校长陶行知在校园看到学生王友用泥块砸自己班上的同学，陶行知当即喝止了他，并令他放学后到校长室去。无疑，陶行知是要好好教育这个"顽皮"的学生。那么他是如何教育的呢？

放学后，陶行知来到校长室，王友已经等在门口准备挨训了。可一见面，陶行知却掏出一块糖果送给王友，并说："这是奖给你的，因为你按时来到这里，而我却迟到了。"王友惊疑地接过糖果。

随后，陶行知又掏出一块糖果放到他手里，说："这第二块糖果也是奖给你的，因为当我不让你再打人时，你立即就住手了，这说明你很尊重我，我应该奖你。"王友更惊疑了，他眼睛睁得大大的。

陶行知又掏出第三块糖果塞到王友手里，说："我调查过了，你用泥块砸那些男生，是因为他们不守游戏规则，欺负女生；你砸他们，说明你很正直善良，且有批评不良行为的勇气，应该奖励你啊!"王友感动极了，他流着眼泪后悔地喊道："陶……陶校长你打我两下吧! 我砸的不是坏人，而是自己的同学啊……"

陶行知满意地笑了，他随即掏出第四块糖果递给王友，说："为你正确地认识错误，我再奖给你一块糖果，只可惜我只有这一块糖果了。我的糖果没有了，我看我们的谈话也该结束了吧!"说完，就走出了校长室。

2. 复述下面内容概要

我们在田野散步：我，我的母亲，我的妻子和儿子。

母亲本不愿出来的。她老了，身体不好，走远一点儿就觉得很累。我说，正因为如此，才应该多走走。母亲信服地点点头，便去拿外套。她现在很听我的话，就像我小时候很听她的话一样。

这南方初春的田野，大块小块的新绿随意地铺着，有的浓，有的淡，树上的嫩芽也密了，田里的冬水也咕咕地起着水泡。这一切都使人想着一样东西——生命。

我和母亲走在前面，我的妻子和儿子走在后面。小家伙突然叫起来："前面是妈妈和儿子，后面也是妈妈和儿子。"我们都笑了。

后来发生了分歧：母亲要走大路，大路平顺；我的儿子要走小路，小路有意思。不过，一切都取决于我。我的母亲老了，她早已习惯听从她强壮的儿子；我的儿子还小，他还习惯听从他高大的父亲；妻子呢，在外面，她总是听我的。一霎时我感到了责任的重大。我想找一个两全的办法，找不出；我想拆散一家人，分成两路，各得其所，终不愿意。我决定委屈儿子，因为我伴同他的时日还长。我说："走大路。"

但是母亲摸摸孙儿的小脑瓜，变了主意："还是走小路吧。"她的眼随小路望去：那里有金色的菜花，两行整齐的桑树，//尽头一口水波粼粼的鱼塘。"我走不过去的地方，你就背着我。"母亲对我说。

这样，我们在阳光下，向着那菜花、桑树和鱼塘走去。到了一处，我蹲下来，背起了母亲；妻子也蹲下来，背起了儿子。我和妻子都是慢慢地，稳稳地，走得很仔细，好像我背上的同她背上的加起来，就是整个世界。

——节选自莫怀戚《散步》

3. 扩展复述下面诗歌

寻隐者不遇（贾岛）

松下问童子，言师采药去。

只在此山中，云深不知处。

二、解说

（一）解说的概念

解说是对人们不明白的事物、事理作分解性的说明。日常生活中的"产品介绍""展览解说""球赛解说"等就是解说。在教学中，教师对例题的讲解分析、实验分析、作业讲评等也都是解说。解说原则上是用尽可能少的话语去说明一件事物，并且要说得清楚明白。

（二）解说的类别

解说可以分成不同的类型。

1. 简约性解说

指用比较凝练、概括的话说明事物、解释事理，并且要说得明白。例如：

什么是红外线？红外线也叫"热线"，当你走近熊熊烈火的时候，你就会感到灼热难当，这就是因为有大量红外线辐射出来的缘故。如果你用手去摸一摸点亮的白炽灯泡，也会感到暖烘烘的，这是因为灯泡外壳吸收了从灯丝上辐射出来的红外线的缘故。

2. 阐明性解说

对一个事物、一种见解运用举例、对比、分析、数字等方法作较详细的分析或说明。例如：

对虾的名字是怎么来的？是不是因为它们一雌一雄常常成对地相伴在一起呢？不是的，它之所以被称为对虾，是因为它们的体形比较大，过去在北方市场上常以一对为单位来计算它的售价。过去渔民统计他们的劳动成果时，习惯上也是用"对"计数。

3. 平实性解说

用平平实实、生活化的口语直截了当地把事物、事理说清楚，极少或根本不用修饰的解说。例如：

吃蟹中毒的现象时有发生。其实，蟹本身并没有毒，吃蟹中毒是因为蟹最喜欢觅食动物的尸体，所以，它们的胃肠中可能含有毒物，带有细菌。死了的蟹最容易腐烂，所以也就变得有毒。

4. 形象性解说

运用形象化的表述手段，使解说更具体、生动、感人。例如：

《辛丑条约》的赔款本利共9亿8千万两白银，用每节装50吨货的车皮来装，连接起来，一共有16华里长。而这仅仅是帝国主义掠夺中国财富的一件。

5. 谐趣性解说

是用诙谐、生动的语言解说，使解说更有吸引力。例如：

铁轨为什么留有轨缝呢？这是因为铁轨会热胀冷缩。如果把铁轨一根接一根地钉在一起，不留轨缝，到了夏天铁轨就会受热膨胀，互相顶牛，你挤我，我挤你，挤得弯弯曲曲，以至把铁轨弄得七歪八拐的。

(三)解说的训练

1. 用阐明性解说介绍一下自己的大学生活。

2. 用平实性解说介绍一下教师职业的特点和要求。

3. 用形象性解说介绍你的一个同窗好友。

三、命题演讲

(一)命题演讲的概念

命题演讲是就某个问题面对听众说明事理、发表意见的一种口语交际活动。它和一般的讲话发言有区别，要紧密围绕一个中心，系统地阐述自己的观点。

命题演讲是根据预定的题目事先写好讲稿的演讲，是凭借文字材料进行口语表达训练的重要方法。

(二)命题演讲的准备

1. 备稿

备稿的过程分为"写稿、练说、演讲"三个阶段，写稿和练说是备稿演讲的基础。写稿要注意稿件的主题要恰当，要"言之有理"，内容要充实，要"言之有物"。

2. 练说

练说要先朗读演讲稿，把握中心和重点，然后背诵稿件，确定演讲的基调，包括态势语的设计等，最后反复练习。

3. 演讲

演讲时首先要注意情感流露要与主题密切相关，以吸引和打动听众。其次，要注意语言的表达，力求准确、规范、流畅、清晰，并具有逻辑力量，所用的词语要通俗易懂，避免华丽辞藻。最后，要注意外在形象，包括仪表、表情、态势和动作。态势语的使用要恰到好处，美观、适度，具有自己的特色。

第二节 不凭借文字材料的表达训练

不凭借文字材料的口语表达属原发型口语表达，也就是即兴口语表达，特点是"说什么""怎么说"完全由说话人临时据情酌定。不凭借文字材料并不等于毫无准备，一般要有几分钟的构思时间，在短暂的时间内迅速打好腹稿，敏捷地组织话语，临场讲一段话，要做到语音标准、观点鲜明、内容完整、条理清晰、表达流畅、生动得体。

不凭借文字材料的表达，在形式主要包括交谈、描述、评述、讨论、论辩、即兴演讲、普通话水平测试中的命题说话等，本节主要训练：交谈、即兴演讲、论辩以及普通话测试中的命题说话。

一、交谈

交谈是两个人或几个人之间双向言语信息交流的活动，交谈以谈话为基本形式，进行面对面的学习讨论，沟通信息，交流思想感情，谈心聊天的言语活动。交谈是人际间最直接、最广泛、最简便的言语交往形式。交谈有利于互通信息、沟通思想、开阔视野、增长知识、增进友谊。随着人类社会的高度发展，交谈已成为政治、外交、科学、教育、商贸、公关等各个领域中重要的、不可缺少的一项语言活动。它以对话为基本形态，包括交谈主体、交谈客体、交谈内容三个方面。这三方面不仅具有固定性，而且具有互换性。

交谈，与闲聊不同，它是听、说双方面对面就共同关心的话题相互展开的对话。交谈的应用范围十分广泛。如学习讨论、交流经验、求职面试、思想沟通、访问调查等。

(一)交谈的特点

1. 听说兼顾

交谈是一种双向性的言语信息交流活动，在交谈过程中要注意边听边说，不能自说自话。如果一个滔滔不绝，另一个沉默不语，或问而不答，或答非所问，交谈将无法正常进行，所以双方都是既听且说，说者要给听者发言的机会，听者要专心，不能东张西望，心不在焉，听说双方要紧密配合，随时转换。

2. 口语化

交谈一般是现想现说，信息组成和传递非常迅速，说话人往往来不及对语言进行加工润色，经常选用双方都容易理解的通俗易懂的词语，句式多短句、省略句甚至倒装句，因此口语色彩较浓，语言平实自然。

3. 话题灵活

交谈的内容比较随意，往往会因为受到对方的启发，或受环境影响，交谈双方都有可能随时转换到自己感兴趣的话题，从一个谈话中心转到另一个谈话中心，所以，交谈的话题比较灵活，可自由转换。但是，无论怎样转换，要注意双方都要有兴趣，如果只有一方对话题感兴趣，另一方不配合，交谈也难以继续下去。

(二)成功交谈的基本要求

1. 注意对交谈对象的了解

交谈是双向信息交流，总是有明确的对象，交谈不仅要话题提出者表达清楚，话语得当，而且要对方能够准确理解，乐于接受。要使交谈顺利达到目的，必须了解分析交谈对象。一般要了解交谈对象的思想境界、性格特点、知识水平、生活经历、职业特点，还要了解交谈对象目前的特定心境和处境。

2. 注意交谈场合和交谈时机的把握

交谈的场合就是交谈时的具体环境，包括社会环境、自然环境及具体地点。俗话说"到什么山唱什么歌"，也就是在什么场合说什么话，场合影响交谈者的心理，它对交谈话题的选择、交谈内容改变、交谈对象的反应以及交谈结果都有直接关系，因此要注意交谈的场合。此外，客观环境所提供的时机是否有利于交谈，也应该做出正确判断。

3. 注意交谈的体态、语调

体态指身体的姿态，它可以表达丰富的含义，传递一定的信息。交谈时要注意体态恰当得体，让对方感觉舒服，不要让对方感觉到傲慢轻率。语调主要指说话时的语气，交谈时要注意使用亲切委婉的语调，避免使用生硬、气愤、冷淡的语调，主要是要为交谈营造一个和谐氛围，使交谈能够愉快地进行。

（三）交谈的形式

1. 访友待客

访友待客是人与人之间礼节性的交谈形式，它的作用是联络感情、拓宽社交范围。访友待客应该在友好愉快的氛围中进行，所以在交谈时要坚持礼貌原则，注意运用礼貌语言和热情诚恳的态度。交谈过程中要以对方为中心，注意倾听，答话要有分寸；发表自己的意见、见解要用委婉的方式，顺着的对方的某些话语自然转向自己的认识，争取对方认同。访友待客时的交谈应尽量避免争论，所以在选择话题时要注意对方是否乐于接受。

2. 劝说沟通

劝说沟通是通过交谈说服对方改变观点、转变态度立场的口语交际活动。要想使劝说成功，沟通顺利，不能使用污言秽语或强硬的态度，而是要晓之以理、动之以情。劝说要有耐心，不能急躁，一般不能开门见山，而是选择一个对方能够接受的角度作为突破口，逐步转移的要谈论的正题。当然还要结合具体情况，针对不同的对象、不同的事情做出不同的处理。

3. 求职应聘

求职应聘是求职者和用人单位主管人员之间的交谈形式，用人单位通过交谈考查求职者的专业水平、品质修养以及形象礼仪等。对求职者来说要想争取用人单位的认可，可以在交谈之前做一些准备，比如哪些问题可能是主试人员感兴趣的，通常主试者会关心你有没有能力担任这份工作、你对这份工作的态度以及你是否适合这份工作，所以，求职者可针对这几个方面做好回答的准备。

求职面试交谈中，要注意以下几点：一要听清主试者的提出的问题，根据当时情况，准确快速捕捉重点，从容不迫地回答；二要态度诚恳，答语真诚客观；三要适当赞美对方，不与对方争论，创造良好的气氛，表达求职的诚意。

4. 洽谈采访

洽谈是向对方提出要求，通过交谈期望得到协作或支持的口语交际形式。采访是就某些问题或某些方面向对方作了解，期望得到对方的解答或提供相关信息。洽谈采访的目的性、针对性都很强，洽谈采访时交谈需要在互相信任的友好气氛中进行，要以自己的坦诚和热情感染对方，洽谈或采访才能成功。

（四）家访中的交谈

学校教育与家庭教育紧密相关。上门家访是学校教育和教育工作不可缺少的一部分。家长分布在社会的各个阶层，性格迥异，层次不同，能否进行有效的家访，在很大程度上取决于教师家访时的交谈技巧。因此，家访中要注意交谈策略。

1. 坦诚相待，寻求谈话契机

教师家访时跟家长的交谈，首先要了解、分析谈话对象，针对不同的对象寻求谈话的契机，选择谈话的话题，然后自然地转入正题。在谈话时，态度要诚恳，语言要热情，不可以把家长当成训斥的对象。同时要照顾家长的自尊心，要把对方放在平等的位置。谈到学生的过失时，语气要中肯，把责任归于自己；谈到学生的进步时，把功劳归于家长，使家长体会教师的一番苦心，从而配合教师的工作，使家访取得良好效果。例如：

一位学生在班里很霸道，经常欺负同学。班主任了解到该生的霸道与家长平时的做法有很大的关系，于是进行了家访。他对家长说："您好！我今天到您家里来，是我在学校遇到了困难，想请您帮忙。您的孩子近几周已经跟同学打架四次了，很多同学都怕他，不敢再跟他玩儿了。我知道您不想让他在班上被同学欺负，希望他在学校有威信，但您也知道，威信不是靠霸道、欺负别人建立起来的。我担心这样下去，会被同学们孤立的。您的孩子说很崇拜您，因此，您的一言一行对孩子有很大影响。希望在教育他的问题上能得到您的帮助。"

这里就把对家长的批评委婉地表达出来了，既达到教育家长的目的，同时也为教育好该生奠定了良好的基础。

2. 以称赞为主，创造和谐气氛

家访时的交谈以称赞学生为主，可以营造良好的谈话氛围。因为这样既维护了家长的自尊，又能够争取家长对工作的支持。但要注意称赞的度要把握好，在肯定成绩的同时，也要指明不足以及努力的方向，引导家长配合教师做好对学生的教育工作。

3. 争取主动地位，控制谈话过程

教师的家访不是闲聊，是带有一定目的性的交谈。因此，在交谈过程中，教师应该争取主动位置，控制谈话的主题。如果发现家长偏离预定话题时，要善于捕捉合适时机，采用引导法或暗示法把话题引回预定话题。

4. 态度不卑不亢，维护教师形象

与家长交谈，教师要谦逊、大方。首先要尊重家长，同时也要让对方尊重自己。

【例】一位教师如约来到一学生家，敲开门，孩子的父母正与朋友在家唱K，兴致正浓孩子领教师进了家门，父亲的眼光也没离开过荧屏，母亲也沉浸在歌声中，只瞟了一眼说声："请随便坐"，然后眼睛又盯着荧屏了。父亲一曲终了，把话筒递过来给老师："来，来唱一曲！"

面对这种局面，你认为下列哪种方式最适合开始与家长展开交谈。

①教师尴尬，也有点不快，说了声："你们玩吧，我下次再来。"

②教师见家长已经把话筒递上来了，就顺水推舟地说："好，那我就不客气了，我就献丑了。"说完就开始唱起来。

③教师见家长玩得正欢，不好扫他们的兴，只好在每一曲终了时见缝插针地说说学生的情况。

④教师见家长没有停止玩的念头，站起来笑笑说："既然大家正在玩，那么我就长话短说。自古说'教不严，师之惰；子不教，父之过'。作为老师，我会尽力而为的，对我的工作有什么意见，请随时联系。至于父母应该怎么教育自己的孩子，我管不着。我今天约你们家访的时间是一个小时，现在，还有四十分钟，我可以等。"

二、即兴演讲

即兴演讲是在特定场景和主题的诱发下，或者是自发或者是别人要求，立即进行的演讲。即兴演讲的"兴"是兴致、兴趣的意思，在某些场合，演讲者受眼前情景的触发，产生一吐为快的欲望而演说。内容要少而精，形式要小而活。

即兴演讲的特点：即兴发挥、篇幅短小、使用面广。

（一）即兴演讲的要求

1. 构思敏捷，快拟腹稿，表达简洁

当准备即兴演讲时，要抓住可以借题发挥的某一点，迅速组织材料，进行分析、综合、概括、归纳、推理等，整个演说的内容布局心中要有数，不能想一句讲一句，思维混乱，表达不清。表达简洁指语言要干脆利落，不要重复拖沓，句子不宜过长。

2. 口齿清楚，声音清亮圆润，使用适当的态势语

（二）即兴演讲的技巧

1. 开门见山、目的明确

即兴演讲一般是一事一议，直接说明或回答问题。免去不必要的客套话，一开始就应用典型生动的例证画龙点睛，道出主题，以引起听众的兴趣。

2. 举例贴切、言语生动

即兴演讲，需要用事实说话。举例要做到信手拈来，贴近得当。演讲者要把自己的论点，形象简洁地传达给听众，举例必须生动、典型。

3. 结尾简洁、态度明确

即兴演讲的结尾，必须告诉听众"怎么办"。不能只提出问题，不讲解决问题的办法。结尾一句要在演讲开始时想好，也可以在演讲过程中拟定，这样才能保证即兴演讲不至于"虎头蛇尾"。

三、论辩

论辩是指观点对立的双方围绕某一个问题而展开的面对面的语言交锋。是"确证某一思想、观点是否正确"的过程。辩论可以辩驳谬误，发现真理，还可以磨砺思想、锤炼口才。论辩练习，有助于人们开阔视野，活跃思想、增长见识，培养应变能力。论辩具有对立性、逻辑性、应变性等特点。

掌握论辩技巧，有利于在教学、教育工作中，阐发原理、讲清道理、分析错误、批驳谬误，使所讲的道理更有逻辑性和说服力。

（一）论辩的语言要求

1. 语速快而有当

辩论赛规则中有时间的限制，因此加快语速，用有限的时间传递最多的信息量

是论辩的一种策略。在咬文吐字清晰的前提下，语速要快于其他场合。

2. 语调丰富自然

辩论的语调要抑扬顿挫，富于变化。陈词说理要慷慨激昂，反击进攻要坚决有力，调侃幽默要起落有致，暂避锋芒要干脆利落、若无其事。整场比赛都要不温不火。

3. 用词造句准确、生动、得体

辩论的措辞要得体，不用带攻击性的语言。在论辩中，引用成语、诗词、格言警句等要恰当。语言要严密，不给对手留下漏洞。

4. 语言要有幽默感

幽默是论辩中使用较多的一种最生动的表现手法，得体的幽默可以左右论辩气氛，控制论辩的进程，给对方造成一定的心理压力。比如，第二届亚洲大专辩论赛关于"儒家思想可以抑制西方歪风"的辩论中，反方复旦大学队有这么一段辩词"在孔子时代也有歪风，正所谓歪风代代都有，只是变化不同。孔子做鲁国司寇时，齐国送来了一队舞女，鲁国的李桓子马上'三日不朝'。而对这股纵欲主义的歪风，孔子抵御了没有呢？没有，他带着他的学生人才外流去了"。

再如：为了驳斥剑桥队的"温饱决定论"，复旦队对裴多菲的诗稍作修改"生命诚可贵，爱情价更高；若为温饱故，两者皆可抛"。幽默的言语切时切境。

（二）论辩的技巧

1. 陈述要具体

对于辩题，要做出巧妙的诠释，陈述时要避免使用抽象词语，力求口语化，同时要切合实际，不要大发空洞议论。正所谓"事实胜于雄辩"，要用一些典型的实力为辩论的主题服务，增强雄辩力量。

如在一次大学生辩论会上，辩论双方就"中学生异性交往利大于弊"的辩题展开论辩。这个论题显然不利于反方。面对被动，反方在陈述观点时对辩题作了巧妙的限制，把原来的辩题改成"中学生异性交往任其发展必定弊大于利"。这样大大加固了反方的论辩基石，拓展了论辩的领域。

2. 论辩中要善用"暂停"技巧

论辩中，如果情况不佳，或回答不了对方的问题，或对方情绪激动，可以采用"暂停"的技巧，甚至可以采用停顿技巧，也就是词语和语句之间声音上的间歇，为自己争取一些时间，调整战略部署。如有一次，周恩来与谈判对手论辩。在我方义正辞严的雄辩面前，对方理屈词穷，进而恼羞成怒，气急败坏地叫嚷说同我方讲理是"对牛弹琴"。周恩来听后灵机一动，随口接着说："对！牛弹琴！"

同样一句"对牛弹琴"，停顿地方不同则可以表达不同的意思。巧妙地把敌方的恶意攻击化作了对他们的嘲讽。

3. 论辩中要善用反问和引用

如果不知道答案或不想正面回答对方提问，可以采用反问，化被动为主动，从而强化自己的观点，也可以借机套出对方的意思。而引用则是用对方说过的话作为引子来阐述自己的观点，容易使对方进入答"是"的状态，巧妙诱导对方自我否定而肯定自己的观点。

在论辩过程中，还有很多技巧值得借鉴，如：巧用激将法激起对方情感冲动、模糊应对法、灵巧仿造反弹敌手等方法。这都需要我们多学习多实践，提升自身的口才。

4. 掌握反驳技巧

论辩中对方的论点、论据、论证过程及论证方式都是反驳的对象。反驳论点就是证明对方的论点是错误的，在辩论中，反驳论点最能够直截了当地达到反驳的目的；反驳论据，就是证明对方的论据是虚假的，论据是支持论点的，用以支持论点的论据被驳倒，就意味着论点也被驳倒了；反驳论证过程和论证方式就是指出对方的论据和论点之间没有必然联系，或者论据推不出论点，反驳论证过程及论证方式最好与反驳论点、反驳论据结合起来才会更有力量。

在反驳中，要善于使用归谬反驳和类比反驳两种技巧。归谬反驳扩大了对方的荒谬错误，在论辩中很有杀伤力。但要注意在进行类比推论时，要把握好两个对象之间的关系。其联系程度越紧密越好，这样才能使论辩中的观点富有论证性和增强说服力。在这一辩术的使用中，要选择好进攻点，寻找出对方最荒唐的论点作为突破口进行反驳。例如，一位加拿大外交官竞选省议员，遭到反对派的攻击，理由是他出生在中国（其父母为中国传教士），吃过中国的奶粉，因此身上有"中国的血统"。对此，那位外交官反驳道："诸位是喝牛奶长大的，我不得不遗憾地指出，你们都有牛的血统！"他的朋友补充道："各位有的喝牛奶，有的吃猪排、啃鸡脯，这样你们的血统实在是很难断定了！"这种归谬法放大了对方的谬误，使对方不能自圆其说。

而类比反驳则可令对手错漏百出，不攻自破。如有人问刘绍堂："中国共产党那么伟大，为什么一点点自由化的东西都不能容纳呢？"刘绍堂反驳道："例如，各位看看我的身体怎么样？尽管我体壮如牛，但是如果要我吞食苍蝇，我绝不同意！"机智巧妙的类比反驳，具有很好的反驳效果。

四、命题说话

命题说话是在没有文字凭借的情况下，根据规定的主题，把思维的内部语言转化为自然、准确、流畅的外部语言的言语表达过程。学习和训练普通话的最终目的是能够运用标准的普通话进行口语表达，从而更好地表达思想感情。"命题说话"是普通话水平测试中的最后一项，也是整个测试中最难最能反映测试人普通话实力的一个测试题项，重点测查应试者语音标准程度，词汇、语法规范程度以及自然流畅程度。目前普通话水平测试采用了计算机辅助测试的模式，从应试者对着测试员单向说话改为独自对着计算机说话，因此"说话"项的要求也越来越高。普通话水平测试中的命题说话共有 30 个题目（见附录十）。

（一）命题说话的评分及要求

命题说话在普通话水平测试中共占 40 分，测试员一般从语音标准程度、词汇语法规范程度、自然流畅程度、说话时间、内容雷同程度、是否离题、有无无效话语等几个方面评定分数（见附录十一）。根据以上评分标准，命题说话要做到以下几点才能取得好的成绩。

1. 语音要标准

语音标准指的是一要做到声母、韵母、声调符合普通话的规范，不带方音、不出现错读、缺陷等；二要做到轻声、儿化、上声和"一""不"的变调以及"啊"等的变读等要符合普通话的规范。

2. 语法词汇要规范

语法词汇规范指的是一要做到话语无病句，按照普通话的规范遣词造句；二要避免使用典型的方言词汇、典型的方言句式。

3. 自然流畅

自然流畅指的是一要按照普通话的口语习惯说话，不带朗读和背诵的腔调，尽量不用或少用书面化的词语句式；二要语速恰当，避免因语速太快导致话语不清晰，或者断断续续、结结巴巴导致不流畅。

4. 围绕话题

说话的时候，一定要围绕所选话题来说，不要中途转换话题，不能硬套、嫁接命题，更不要东拉西扯，或者多次重复相同的话语，或者说一些与话题无关的话语，比如胡言乱语、背诵诗歌、请求考官高抬贵手、数数、读秒等。

(二)"命题说话"的训练策略

"命题说话"测试能更真实体现应试者的普通话口语的运用能力。这种能力的培养不是一朝一夕可以完成的，我们在训练时要注意由易到难、由简到繁，循序渐进，进行科学的训练。我们可以从以下三个方面进行训练。

第一，平时多说话，克服测试时的紧张心理。

"命题说话"不仅仅考查应试者的普通话口语能力，在很大程度上也是对应试者心理素质的考验。很多应试者在即兴说话时，因为紧张出现语句错乱，表达不当。在测试中还会出现声音发颤、重复单个词语、不停咳嗽、呼吸急促等现象，这些都是由于压力导致的。心理素质不好，往往是因为平时很少有锻炼的机会，没有良好的心理调控能力。要想改善这种状况没有别的捷径，只能是通过平时多说、多练。要抓住一切当众表达的机会，尤其要充分利用课堂上老师提供的发言机会，大胆地表达出自己的见解。

第二，注意平时的积累。

命题说话时，应试者往往无话可说，这跟平时没有相关知识的积累有关。如果没有知识的积累，想要表达的意思或想要描述的场景找不到恰当的词语、恰当的句式，说话的能力肯定会受到影响。积累与能力相比，积累是基础。如果平时读的书多，积累的知识多，再加上每天坚持说，熟能生巧，这样开口就会有话可说。命题说话考查应试者综合运用普通话的能力，普通话水平包括标准的语音、规范的词汇语法、自然的语调等。要具备较高的普通话表达能力需要经过长时期的培养，因此不能只在考前一两个月甚至一两周才着手准备，平时必须加强练习，要给自己营造一个说普通话的环境，不要怕说错，不能怕别人笑话，要大声地朗读，要把字音读准，而且要养成用普通话读文章的习惯，平时要注意积累，要注意把自己方言中词汇、语法与普通话的词汇语法进行对比，找出差异，弄不明白的随时请教老师，有针对性地进行练习。同时，要在平时生活中要多听、多看广播电台、电视台节目，如通过新闻联播中播音员的标准语音对自己不标准的语音进行纠正，多留意听身边普通话说得好的人的发音，还可以通过长期坚持写作，积累大量词汇，达到心中有话可说的效果，这样在考试的时候就不会盲目，应试者可以做到应对自如。

第三，注意说话内容，加强口语意识。

普通话语音标准的考生在命题说话这一项未必取得好成绩，原因有可能是说话内容比较空洞，或者偏离主题，所以在说话时一定要把握住说话的主旨，并在说话过程中组织好语言，丰富其内容。在平时的训练中可以将要测试的 30 个话题分类准备，准备说话内容时，注意选择通俗的、口语化的词语及句子，多选短句，因为平时说话中不会出现一些专业术语或者华丽的辞藻以及复杂长句，用此类句子会给人留下背书的印象。训练说话要注意自然流畅，按照日常口语的语音来说，避免夸张的文绉绉的腔调或者朗读与背诵的腔调。

（三）命题说话的常见问题及应对方法

1. 语音错误

命题说话中语音标准程度占 25 分，测试中常常会暴露大量的语音错误，特别是平翘舌音相混、鼻音和边音相混、前后鼻音相混等，前面几项都是看字读音，而命题说话无文字依据，最容易露出平时发音的本来面目，语音是硬功夫，所以一定要靠平时大量反复的训练。当然作为考生在考前准备的时候，尽量避免自己的弱项出现，现代汉语极为丰富，同样一件事情可以采用多种表达方式和方法，要力求做到扬长避短。比如存在"n、l"不分语音问题的，在组织语句的时候，尽量不要选择带有 n、l 声母的词语。当然这只是应急的办法，最好还是练习到位，争取说话的时候语音面貌不出现系统性错误。另外，还要注意读准一些常用的字词，在测试中，有一些常用的词应试者常常会读错，如因为（wèi 读成 wéi）、比较（jiào 读成 jiǎo）、尽（jǐn 读成 jìn）管、处（chǔ 读成 chù）理、结（jié 读成 jiē）果、地方（fang 读成 fāng）等。这些高频词反复读错，将会导致大量失分，提醒应试者要多加注意。

2. 说话不满规定时间

命题说话要求说满三分钟，有些应试者往往说不到三分钟就无话可说了，原因大致有两种：一是准备不充分，对于抽到的命题不熟悉就会无话可说；二是应试者心理紧张，把准备要说的话忘得一干二净。

对第一种情况建议参加测试的人应试前要准备充分，命题说话的题目总共 30 个，应试者可以事先做好备考准备。首先，将话题合并归类。《普通话水平测试用话题》中所提供的 30 个话题可以归纳成 3 大类型：① 叙述类，如"我的学习生活""童年的记忆""难忘的旅行"等；② 说明类，如"我喜爱的职业""我知道的风俗""我喜爱的文学艺术形式"等；③ 议论类，如"谈谈社会公德""谈谈你对环境保护的认识""谈谈科技发展与社会生活"等。将话题合并归类后，针对每一类话题准备一些说话的题材。其次，转换表达方式，以叙述为主。30 个话题中以叙述类居多，而叙述类话题比较有利于应试者发挥。针对说明类、议论类话题，应试者可以设法将这类转换成叙述。如"谈谈社会公德"这一话题，应试者可以发表几句议论，然后转换成叙述，可以列举社会生活中真实的事例进行叙述。

对第二种情况，参加应试者考前应该注意克服紧张心理，可以把准备的话题内容背熟练，进行"说话"练习时让别人帮助听听，逐渐适应说话的客观环境。应试过程中，尽量忘掉客观环境，精力集中到话题上。如果实在紧张，可以先说些别的，等自己镇静下来再进入正题。

为了顺利说满 3 分钟，又减少不必要的错误，应试者还应该控制语速。语速适中，不能过快也不能过慢。有些考生语速过快，像跟别人抢着说一样，结果把准备的内容说完了还不满 3 分钟，后面无话可说，造成缺时扣分。当然，应试者说话的语速也不能过慢，因为语速过慢会影响语句的完整，使人听起来感觉别扭，不像是日常说话，因为表达不流畅而扣分。

3. 说话内容贫乏

有些应试者，拿到话题后，不知从哪儿说起，说话没有中心、没有层次，说话内容不连贯，想到哪儿说哪儿，甚至同样的说话内容重复多次。主要原因是说话者，思维不清晰，思路打不开，不能主动应对说话题目，无法摆脱已经准备好的材料。

针对这种情况，应试者要努力打开思路，不要把注意力只集中在一点上，平时要多做发散思维的练习。应试时注意灵活运用一些说话技巧：如可以"移花接木"，应试时，命题说话的话题如果与应试者事先准备的不一致，只要话题相差不太大，可以使用嫁接法处理。比如，应试者准备的话题是"我的学习生活"，而应试命题话题是"我的假日生活"，应试者可以说"我的假日生活丰富多彩，其中我最喜欢的还是学习。在假日里我喜欢读一些我喜欢的书籍……"另外，可以拓宽话题。有些话题没有更多的限定，应试者不要过于局限。如"我喜欢的节日"这一话题，有些应试者误以为是"我最喜爱的节日"，这样会由于题目的自我限定导致无话可说。应试者不要只限定于某个节日，甚至可以从正月初一说到大年三十。在应试时，如果准备的内容说完而规定时间还没有到，可以联系相关的内容继续往下说。如"我喜爱的动物"这个话题，应试者说："我喜爱的动物是狗。从前我家里就养了一只狗……"说完"狗"后，如果时间还没到，应试者可以接着说："除了狗之外，我还喜爱猫。我家以前也养过一只猫……"

第八章　教师口语表达训练

良好的言语表达能力是教师必须具备的职业技能。教师肩负着启迪人类智慧、传播人类文明的神圣使命及传道、授业、解惑的职责，因此，无论现代教育手段多先进，教师完成这一使命的主要手段和方式还是言语表达。教师的价值观、文化修养、知识水平、审美情趣、思维方式等都会在教学工作中体现出来，教师的语言修养直接影响教学效果和教育质量。因此，师范生要学会正确把握教师口语的职业特点，运用教师口语的技能，为将来走上教师岗位打下良好的基础。教师口语包括教学口语和教育口语两部分。

第一节　教学口语及其训练

一、教学口语的概念

教学口语是指在课堂上用于对学生进行专业知识教学的教师言语。在课堂教学过程中，教师为达到最佳教学效果而有效地调动自己的语言素养，娴熟恰当地使用各种语言技能、技巧，从而使语言自身的审美性得以充分体现、语言运用富有创造性魅力的一种语言境界。它主要包括导入语、讲授语、组织语、过渡语、提问语、结束语、评价语等。

二、教学口语的特征

（一）从言语内容看，教学口语具有教育性和科学性

教师肩负着教书育人的责任，其言语活动始终围绕着教育这个中心展开。因此，教师的言语要健康、文明，要注意对学生思想品德的影响。而科学性是指教师的语言要符合教学内容的科学性。教师传授的是科学知识，因此必须用科学、规范的言语来表达。如对于"0"的讲述，数学老师的表达是数值，音乐老师的表达是休止符，化学老师的表达是氧原子，语文老师的表达是拼音……不能随意乱说。就如有些中文专业的师范生在学习本课程时，往往细化用中英文夹杂的话语问："老师，请问这个'h'与'f'怎么区别?"其中"h"与"f"直接用英语表述。若养成习惯，日后教学工作中也会不自觉地在课堂上把拼音说成英文。

（二）从言语形式看，具有口头性和规范性

教师教学的过程，是把书面知识转化成通俗易懂的口语，使学生理解和掌握的过程，因此要注意口语化，同时要注意规范性。这里的规范性指的是使用标准的普通话，在遣词造句方面没有错误。做到发音准确，吐字清晰，不使用方言词汇和方言语法。

（三）从言语过程看，具有反馈性和控制性

教师在教学过程中始终有步骤地围绕着教学目标和教学内容进行，因此要控制整个课堂的教学，引导学生按照自己的思路进入教学过程、激发学生的创造性思维。

同时，由于教学活动是教师单向表达和师生双向交流结合的活动，因此教师要关注学生的反馈，根据学生在教学过程中的反应随时调节自己的教学语言，以求达到最佳的教学效果。

三、教学口语的类型

1. 口语（以语音为信号的口语）

2. 书面语（以文字为信号的书面语）

3. 态势语（包括眼神、手势、身姿等）

4. 其他辅助语（主要指教具，包括实物、图片、音像资料等）

四、提高教师口语能力的途径和方法

1. 重视理论修养

2. 注意语言积累

3. 加强实践训练

五、教学口语的分类

（一）导入语

1. 导入语概念

导入语也叫导语、引语、开始语，是教师在新的教学内容或教学活动开始之前，为进入新课而讲述的一段简练而有吸引力的话语。优秀的导语在教学中有不可忽视的功能，俗语说"好的开端，是成功的一半"。好的导语可以激发学生学习的兴趣，诱发思考，引起学习的欲望。

2. 设计导入语的艺术要求

贴切自然　　简短精练

动情激趣　　新奇多变

启发性强　　目标性强

3. 设计导入语的方法

（1）故事导入法

（2）激疑导入法

（3）复习导入法

（4）猜谜导入法

（5）背景导入法

（6）演示并提问法

（7）趣味导入法

【例1　故事导入】某数学老师在讲"等比级数求和"问题时，首先讲了一段幽默的故事——舍罕王失算。他说："传说印度的舍罕王要重赏发明64格国际象棋的大臣西萨。西萨说：'我想要点麦子。您就在这盘棋的第一格赏我一粒麦子，第二格赏两粒，第三格赏四粒……依此都使后一格的麦粒比前一格的麦粒多一倍，您就把64格内麦粒的总和赏给我吧。'国王一听连连说道：'你的要求太低了'。"讲

到这里，老师就问学生："大家说，这个要求低不低?"一下子就把学生的好奇心激发起来了，大家或埋头算着，或交头接耳议论起来。这时，老师在黑板上写下了一串数字：18446744，073，079，551，615。全班学生都愣住了。老师说："这就是西萨要的麦粒总和，若以重量计算，约5270吨，相当于全世界两千年内生产的小麦。"这样就激发了学生学习的兴趣，老师借机导入新课："国王为什么会吃亏？这么大的数字怎样才能迅速算出？这就是'等比级数求和'的问题，现在我们来学习。"

【例2　趣味导入】在讲授《陌上桑》的时候，李老师一上课就说："我先讲一个外国幽默故事，听完后大家说它采用的是什么描写方法。一位农夫的女儿长得很丑，农夫让她去地里看玉米，乌鸦见了她，吓得不敢偷她家的玉米，还把前几天偷走的玉米都送了回来。"大家听了都哈哈大笑，有人说是夸张手法，老师继而引导说："夸张手法是从修辞角度说的，如果从描写方法说呢？"学生立即领悟说："侧面描写。"老师立即肯定并说："侧面描写是一种很值得学习和掌握的方法，它往往比正面描写的效果好得多，今天我们来学习一篇中国侧面描写的典范作品——《陌上桑》。"

【例3　激疑导入】特级语文教师于漪在教《孔乙己》一文时是这样导入的："同学们，据鲁迅的朋友孙伏园先生回忆，鲁迅在自己创造的小说中最喜欢《孔乙己》。为什么他最喜欢《孔乙己》呢？孔乙己是怎样的艺术形象？鲁迅以怎样的鬼斧神工之笔来塑造这个形象？深入理解课文就能得到答案。再则，过去有人说古希腊的悲剧是命运的悲剧，莎士比亚写的是主人公性格的悲剧，易卜生写的是社会问题的悲剧。《孔乙己》描绘了孔乙己的悲惨遭遇，究竟是命运的悲剧、性格的悲剧，还是社会的悲剧呢？"

【点评】善于选择导入方式，根据学生的不同特点灵活运用，是教师在教学艺术中的创造性表现。在实际运用过程中，导入的技能一般不是以单一的形式出现的，而是与其他技能综合运用。对师范生来说，要清楚自己在教学过程中使用了哪一种教学技能，才能设计出富有变化的、有趣的、充实的课堂教学片断，才能进一步提高教学技能。不过，要注意，导入方式要短而精，一般控制在5～6分钟为宜，否则将会主次不分，影响了主要的上课内容。

（二）讲授语

1. 讲授语的概念

讲授语也叫阐释语、讲述语。指教师系统连贯地向学生讲解教材、传授知识和培养技能的教学言语形式。是教学口语中使用频率最高、运用最广泛的言语。

2. 设计讲授语的美学要求

通俗明白　深入浅出

钩玄提要　突出重点

连贯周密　语义畅达

形象生动　讲问结合

3. 设计讲授语的方法

（1）直陈法——用平实的语言直截了当地陈说教学内容。

（2）具象法——借助感官化形象化的语言描绘教学内容，比喻是最基本、最常用的，适用于任何一门学科。

（3）例证法——通过恰当的举例解说教学内容。

（4）比较法——借助多方异同比较突出教学内容。

（5）借力法——通过旁征博引、广泛联系来阐述教学内容。

> **【例1】**政治课上，老师围绕人生观和生活态度问题，向学生讲了一大堆深入浅出的道理。学生反应强烈。可是一位学生向老师提了一个尚未彻底理解的问题："请问悲观主义和乐观主义的区别到底在哪里?"老师愣了一下，上课已经涉及并有所阐述，再复述时费力。怎么办呢? 他就打了一个比方，把手中的矿泉水倒掉了一半，然后说："悲观主义就是只想着水倒掉了，不够喝了，越想心里越难过; 而乐观主义则想，还有一半水，还能有水喝，心里就释然了。"
>
> **【例2】**一位教师在讲《冬眠》一课时，这样引导学生理解"冬眠"一词。
>
> 师：眠是什么意思?
>
> 生：是睡觉的意思。
>
> 师：冬眠呢?
>
> 生：冬眠是冬天睡觉的意思。
>
> 师：人冬天也睡觉，这是冬眠吗?
>
> 生：(明白回答有误)不是。冬眠是只动物在冬天不吃不喝，只睡觉。
>
> 师：(风趣地)噢，骑兵部队的战马到冬天不吃不喝，睡觉去了，敌人来了怎么办?
>
> 生：(笑了，知道又错了，赶紧补充)冬眠是指有的动物在冬天不吃不喝，只睡觉。
>
> 师：这样解释就对了。冬眠是指有的动物，如青蛙、蛇在冬天不吃不喝一直睡一个冬天。看来把词理解准确是要动一番脑筋的。
>
> **【例3】**物理课中讲惯性的概念时，学生往往理解的不准确，误以为"物体只有在运动状态改变时才会有惯性"。为帮助学生理解，一位老师举了这样一个例子：惯性就像某个人的急躁性格，即使这个人睡着了，他的急躁性格还存在，只是当他遇事时才会表现出来。这样就使学生明白：惯性是物体的一种性质，在任何情况下都存在，只是当物体的运动状态发生改变时才表现出来而已。

（三）提问语

1. 提问语的概念

提问语指教师根据教学要求和学生的实际情况提出问题、促使学生思考钻研以加深对知识的理解的教学语言形式。

2. 设计提问语的美学要求

适时适度　明确具体

新奇有趣　留有余地

循序渐进　富于启发

3. 提问的类型

（1）判断型。即"是什么"，要求学生对提问进行判断，着重培养学生通过分析形成正确判断的能力。

（2）论证型。即"为什么"，培养学生科学分析、论证的能力。

(3) 说明型。即"怎么样"，培养学生准确说明的能力。

(4) 想象型。即"会怎样"，发挥学生的想象、培养学生的想象力。

4. 设计提问语的方法

(1)诱发法——设点诱发，激发求知欲望。

(2)发散法——多向设疑，培养扩散思维。

(3)递进法——由浅入深，引其步步推进。

(4)寻根法——环环相扣，形成思维密度。

【例1】一位物理老师讲阿基米德定律时问学生："木块放在水里为什么总是浮在水面上，铁块放在水里为什么总是下沉呢?"学生凭经验回答："铁块重嘛。"这一回答显然是不对的，教师赶紧抓住话题加以延伸："那么一斤重的铁块和一斤重的木块都放到水里，为什么铁块沉下去了，木块却浮上来了呢? 钢铁巨轮重不重? 可为什么能浮在大海上呢?"老师的问话让学生意识到错了，并自觉投入到探求正确答案的学习中去。

【例2】特级教师阎士贞在讲"有理数"的时候设计提问语：绝对值是6的数是不是比绝对值是4的数大? 为什么? (这个问题非常富有思考价值，对帮助学生深刻认识有理数极有好处。提问既要适度也要具有启发性才是好的提问。相反，如果仅仅提问"是不是?""好不好?"这种没有启发性的问题，虽然听上去课堂气氛热热闹闹，实际上不利于培养学生的思维。)

【例3】一位教师在教"圆"这个概念的时候，一开始就问学生："车轮是什么形状的?"同学们觉得这个概念太简单，便争着回答："圆形。"教师又问："为什么车轮要做成圆形呢? 难道不能做成其他形状呢? 比方说：做成三角形，四边形等。"同学们一下子被逗乐了，纷纷回答："不能!""它们无法滚动!"老师又问："那就做成这样的形状吧! (教师在黑板上画了一个椭圆)行吗?"同学们开始茫然，继而大笑起来："这样一来，车子前进时就会一忽儿高，一忽儿低。"老师再进一步发问："为什么做成圆形就不会一忽儿高，一忽儿低呢?"同学们议论纷纷，终于得出结论：因为圆形的车轮上的点到轴心的距离是相等的。至此，老师自然地引出圆的定义。

(四)组织语

1. 组织概念

组织语指在课堂教学过程中教师组织管理课堂教学秩序、集中学生注意力、创造适宜的教学情况、激发学生的学习兴趣、调动学生的学习积极性，从而保证学生达到预定学习目标所使用的教学语言形式。

2. 设计组织语的美学要求

尊重学生，以情拢心

以导为主，宽严并用

民主公平，收放适度

3. 设计组织语的方法

(1)顺水推舟——用特定言语将突发事件顺势导入正确方向。

(2)旁敲侧击——对不良现象用语言侧面警醒。

（3）温言提醒——用明确的温情语言劝导学生。

（4）以趣矫枉——通过诙谐话语冲淡负面影响。

（5）疾言厉色——对某种不良现象旗帜鲜明地严厉痛斥。

【例1】一次体育课上，上课铃响时，老师正要下整队令，突然有个同学叫起来："全体立正，向左看——齐！"全班同学顿时哄笑起来。这位老师心里虽然很生气，但还是冷静地说："这位同学喊口令喊得很标准，而且洪亮有力，请这位同学到队前来，代表老师整队喊口令。"原来准备挨批的学生不好意思地低下头，在老师的鼓励下终于开口喊了口令。并在随后的活动中表现得规规矩矩。（老师化拙为巧，将存心捣乱的学生顺势推上了正面表现的位置，让学生悄然纠错。）

【例2】一位年轻的女教师讲《从百草园到三味书屋》一课，当分析到美女蛇时，一个男生举手发问："老师，有美男蛇没有？"说完还得意地看看其他同学，引起哄堂大笑。对这种恶作剧，老师没有简单去"压"，而是因势利导："这位同学天真好奇，爱听传说故事，问得有趣，但问的思路不对。他感兴趣的问题是美男蛇和美女蛇，照此下去，还可以问'有没有丑女蛇和丑男蛇'。作者的思路是在美女和蛇的对比上。美女是迷人的外表，蛇是害人的本质。'美女蛇'比喻披着画皮的坏人，在当时暗指自称'正人君子'的现代评论派陈西滢之流，他们可算得上是正儿八经的美男蛇。因此，'美女蛇''美男蛇'都一样，都是害人的蛇，都是骗人的害人虫。这样从现象到本质去思考，才能理解美女蛇的寓意。"

（五）过渡语

1. 过渡语的概念

过渡语又称课堂衔接语或转换语，它是教师在课堂教学中从一个知识点切入到另一个知识点，从一个教学环节转换到另一个教学环节时所用的承接性语言。

2. 设计过渡语的美学要求

勾连自然，贯通顺畅

有承有启，温故引新

层次分明，自成系统

3. 设计过渡语的方法

（1）顺流直入法——遵循教学的自然进程，以语言提示自然过渡。

（2）以问切入法——通过语言置疑设问而定向过渡。

（3）归纳递进法——通过阶段性归纳蓄势过渡。

【例1】我们了解了根从土壤里吸收水分用的是渗透的方式。可是，除了从土壤中吸收水分外，植物生活还需要什么物质呢？（由此引入下一个教学内容。）

【例2】学习了《内蒙访古》之后再转入《雄关赋》的教学时教师说：我们的祖国历史悠久，山河壮丽。昨天，我们随历史学家翦伯赞先生寻访了位于塞外的一段最古老的长城，领略了历史英雄赵武灵王的改革气概；还随他来到了大青山脚下，凭吊为民族友好而远嫁他乡的王昭君，与作者共同慨叹和亲政策的历史功绩。今天，我们将随峻青登临山海关，去透视真正的雄关究竟在哪里。

（六）应变语

1. 应变语的概念

在实际教学中，因学生突然发问、客观环境影响或发生了教学事故，教学言语不能按照预设的顺序进行，就需要教师灵活应对，及时调整言语策略，这就是应变语。课堂中的突发情况会打断教师思路，破坏教学秩序，影响教学效果，因此每位教师都要有灵活的反应力、在教学中应变自如，娴熟地掌握和使用"应急"这一必备武器，用机智的语言做出恰当的处理。

由于应变语是应对突发情况而产生的语言，所以基本谈不上什么设计可言。但是对这些意外情况还是可以预见的，一般说来，课堂意外情况或偶发情况有三种：一是属于思想行为性的问题。如跟老师故意对抗，故意捣乱扰乱课堂正常教学秩序等；二是知识性的意外。如在授课过程中教师出现失误或者学生提出的问题一下子难倒老师，或者学生的回答超出教师的预见范围造成教学中断等；三是属于外来的干扰事件。如教室飞进来一只小蜜蜂，外面正举办其他活动产生较大的噪音，分散了学生的注意力等。教师的应变关系到教学的质量，因此，作为师范生要有意识地加强这方面的锻炼。

2. 应变语的技巧要求

处变不惊，寻找症结

扭转气氛，转变兴趣

因势利导，解决问题

3. 使用应变语的方法

顺水推舟法。即在出现的问题中找到有利的积极的因素，然后运用因势利导的技巧，找准问题的切入点，把教学引导到正常的轨道上。

将错就错法。一般指在教学过程中出现错误就顺着错误让它错下去，然后让学生集体纠错，与教师共同探讨并寻求正确的解决方法。

幽默转移法。这是常用的应变技巧。幽默是教学的润滑剂，可以使气氛由凝重转为轻松，使教师由被动转为主动，也能够使学生在轻松的心情中接受教师的批评。

【例1】语文课上，一位同学主动争取背课文，可是背了一部分后就显得语序混乱，老师察觉他背不下去了。这时如果示意他坐下去，就会使他难堪。聪明的老师巧妙地给了他一个台阶："停一下，请该组的全体同学起立，我们随着这位同学一起背下去。"背诵完毕，这位同学在老师的示意下跟其他同学一起坐下了。这样化解了尴尬的场面。

【例2】一位数学老师讲解例题时，因板书有误导致最后答案不合理。他已意识到出了差错，但他不慌不忙，将错就错地问了一句："同学们，这个答案合理吗？"一位同学回答："不合理。"教师追问："那么，错在哪里呢？我们不妨来分析一下。"接下来教师在黑板的另一侧写下："正解"二字，同学们以为教师在进行错解分析。

【例3】缪老师精神抖擞地走进教室，给新班上第一堂课。他先自我介绍："同学们，我姓缪……"他正要板书"缪"字，不知从哪个座位上传出一声猫叫"喵——"

于是全班同学哄堂大笑。面对这样的恶作剧，缪老师没有发怒，他神情自若地说："同学们，别先忙着夸我'妙'，从今天开始，咱们一起学习，一段时间以后，你们再来评价我究竟'妙不妙'。"同学们一下子安静下来，担心"暴风骤雨就要来临"的惊恐消失了。课堂出现了和谐气氛。学生也喜欢上了这个幽默的缪老师。

【例4】学生上课睡觉，先叫醒他，问他是否生病了，学生不吭声，教师恳切地说："你的入睡，就是对我的批评。下面我把教学调整一下，来个'请你参加'，怎么样？你有兴趣吗？"于是，不仅那位学生的睡意全消，整个课堂气氛也由沉闷转为活跃。

【点评】在教学中，教学情景是千变万化的，教师除了要处变不惊，有丰富的知识积累、稳定的心理素质、熟练的表达技巧之外，同时要精通教育教学法，做到稳定自信、头脑冷静、语气平和，才能通过准确观察听辨，迅速抓住问题的症结，从而赢得教学的主动性，收到良好的教学效果。

（七）结束语

1. 结束语的概念

结束语也叫断课语，是指教师在一堂课即将结束时，对前面的教学内容进行巩固、强化和总结时所用的教学语言形式。断课语对学生的学习具有归纳、小结的作用。好的结束语，应给人余音袅袅的感觉，对整堂课的教学起着"回炉"的作用，对下一堂课的教学也起着铺垫过渡的作用。

2. 设计结束语的美学要求

概括全面，收束有力

钩玄提要，梳理清晰

突出重点，揭示规律

拓展想象，巧留余味

3. 设计结束语的方法

(1)归纳法——教师用准确简练的语言概括整个教学内容。

(2)响应法——教师的结语与教学的起阶段相应，使教学过程成为一个完美的整体。

(3)扩展法(发散法)——教师在略作总结的基础上另起波澜，扩展开去，借机激发学生的想象，形成教学张力。

(4)升华法(迁移法)——教师的结语既有横向联系又有纵向升华，从而使学生的知识获得深化。

(5)悬念法——教师抓住课程衔接和转换的关键，给学生留下悬念，从而激发学生的求知欲望。

(6)设问法——教师在总结的基础上设计一些较有难度的问题，引发学生后续的思考。

(7)鼓励法——教师以表扬和激励性语言结尾，强化学生的学习兴趣。

【例1】《苏州园林》结课语：从以上分析我们可以清楚地看到：作者写这篇说明文，首先是抓住苏州园林的总体特征——使游览者无论站在哪个点上，眼前都是一幅画。作者先总写这个特征，后分写四个"讲究"、三个"注意"……由总说到分说，由概括到具体，由主要到次要，从七个方面说明苏州园林处处如画的特征。

【例2】孙子把所著的十三篇兵法献给了吴王，吴王看了以后说了什么呢？且听十分钟后以后再讲。

【例3】第二次世界大战以来，美国的军事战略经历了五次演变，80年代以来美国的军事战略又有了新的变化，这种新的变化同以往的战略相比有什么不同呢？下次课我们再讲。

(八) 评价语

1. 评价语的概念

评价语是教师在教学过程中对学生的学习态度和学习成果做出点评的教学语言形式，包括表扬、批评、肯定、激励以及其他中性评价等各种用语。俗语说："良言一句三冬暖，恶语伤人六月寒。"同一个意思、同一种对象，言语表达的形式不同就会带来不同的结果。

2. 设计评价语的美学要求

态度鲜明，情感真挚

实事求是，准确客观

方法得体，分寸适度

3. 设计评价语的方法

(1)直接评价——教师对学生的学习情况进行直截了当的点评。

【例1　直接评价】《在仙台》的教学

师：鲁迅为什么学医？

生：因为鲁迅的父亲是得肺病死的，看到中国医学非常落后，许多人有病治不好后他感到非常心痛，决心医学救国，所以到日本学医。

师：对，回答得很好。你讲的话里最重要的是鲁迅想要医学治国。他父亲是生病死的，他不仅仅是因为父亲的病没治好而去学医，更重要的是想学医救国，于是去仙台学医。

(2)间接评价——教师运用委婉和暗示法的语言对学生的学习情况进行隐性评价。

【例2　间接评价】《晏子使楚》教学

师：楚王冷笑时，他的表情显得怎么样？

生A：显得很高兴。

师：是很高兴吗？

生B：显得很得意。

师：再准确一些。

生C：显得很高傲。

师：对，是很"高傲"，更恰当地说是很"傲慢"。显示了楚王看不起晏子。

在掌握教学口语时还要注意，文科和理科在具体执行中的不同。针对文科本身的特点，文科的教学口语要具体形象、生动活泼、感情充沛；理科的教学口语要严密准确、连贯系统、平实明白。另外，要根据不同的教学对象使用不同的教学口语，如面对小学生要讲得通俗易懂、形象生动，以夸奖鼓励为主；面对初中生要针对他们的年龄特点鼓励其发表独立见解，尊重他们的自主性，具有更多的知识性和启发性；面对高中生要有鼓励性和深刻性，多启发、多指导，激发他们的创新能力。

六、教学口语的综合训练

教育家苏霍姆林斯基曾经说过："教师的语言素质，在极大程度上决定学生在课堂上的脑力劳动效率。"可以说，教师的教学口语技巧是教学的灵魂，直接影响教学效果。教师在实际的教学工作中，不可能单纯地使用某一种教学口语，而总是处于多种教学口语的综合运用当中。教学的过程实际上就是教师把自己的学识、课本上的知识通过语言传授给学生，使他们听懂，从而掌握技能的过程。作为未来的人民教师，师范生必须加强试讲和说课的训练。

(一) 试讲

试讲就是将课堂预设为某一特定的教学场景，让学生在课堂上模拟教师讲课的训练过程。这种训练是对学生进行课堂教学能力的综合训练，能够有效训练学生的综合授课水平和能力。试讲要求学生结合专业，就某一问题或某一知识点进行阐述，简单说来，就是将某一知识点转换为自己的语言表达出来，使听者明白就可以了。

1. 备课

教学是一门艺术，教师每上一节课都要备课后才能上好。备课的过程是精心设计的过程。要吃透教材，特别是重点和难点，对自己所讲述的内容有一个系统、清晰的思路。分析好教材，弄清楚应该如何教、学生如何学以及为什么这样教。并且根据教学目标，设计好教学口语、板书（或 ppt）和教学步骤。要考虑：根据教学内容应采用哪种类型的导入语导入课程；什么时候运用讲授语，应该怎样讲学生才能明白；什么时候提问，问题是什么，学生的回答有可能出现哪些，该如何应对；试讲过程中态势语怎样使用，什么时候使用；教学过程中出现意外情况怎么办，该怎么应变；要运用什么类型的结束语等。总之，要把课堂上有可能出现的情况都设计好，设计得越详细越好，上课的时候才能做到胸有成竹。

2. 试讲过程注意事项

(1)全情投入。要把试讲当成真正的上课，把自己当成真正的教师，从观念上加以重视。

(2)讲课要有激情。声音要洪亮，普通话要准确，语调抑扬顿挫，思路清晰，表述清楚。

(3)注意互动。试讲时，要把听课对象预设为自己教学内容所面对的对象，了解对象的心理特点、学识水平等，充分调动课堂上学生的学习积极性，训练掌控全局的能力。

(4)注重仪表。着装合体，整洁得体，端庄大方，不要穿着太前卫，训练教师的气质。

(5)态势语使用得当。一旦登台试讲练习，一举手一投足都必须与试讲者的教师身份相符，因此要正确使用态势语，摒除平时不良的动作习惯，如搔首弄姿，抓耳挠腮等。

(二)说课

说课，是一种教学、教研改革的手段，最早是在 1987 年由河南省新乡市红旗区教师提出。由于说课没有时间和场地等的限制，所以备受要招聘教师的单位青睐，也是近几年来师范生加强教学技能所采用的主要训练手段之一。

1. 说课的概念

说课就是教师针对某一观点、问题或具体课题，口头表述其教学设想及其理论依据。简单地说，说课其实就是说说是怎么教的，为什么要这样教。

2. 说课的意义

(1)有利于提高教师备课的质量，提高教师的自身素质

以往的备课，缺乏理论依据，都是简单地说明怎样教，很少有人会去想为什么要这样备课，因此备课质量不高。而说课，可以引导教师去思考，为什么要这样教，这就能从根本上提高教师备课的质量。在思考过程中，无形中要求教师具备一定的理论素养，这就促使教师不断地去学习教育教学的理论，提高自己的理论水平。同时，由于说课要求教师用语言把自己的教学思路及设想表达出来，这就提高了教师的组织能力和表达能力，提高了自身的素质。

(2)有利于提高课堂教学的效率，提供教师互相学习的平台

通过说课，可以进一步明确教学的重点、难点，理清教学思路。这样就可以克服教学中重点不突出，训练不到位等问题，提高课堂教学的效率。同时，由于说课面对的是同行或教研人员，讲述自己的教学设计，然后由听者评说，可以达到互相交流，共同提高的目的。因此这种形式对师范生来说更能够互相学习，共同提高。

3. 说课的内容

说课的内容一般有以下几方面。

(1)说教材。主要是说说教学目标、重点难点、课时安排、教具准备等，这些可以简单地说，让听的人了解你要说的课的内容就可以了。

(2)说教法。就是总体上的思路，即说说根据教材和学生的实际情况，准备采用哪种教学方法。

(3)说教学过程。这是说课的重点。就是说说准备怎样安排教学的过程，为什么要这样安排。一般来说，应该把自己教学中的几个重点环节说清楚，如课题教学、常规训练、重点训练、课堂练习、作业安排、板书设计等。在几个过程中要特别注意说清楚自己教学设计的依据。这也是说课与教案交流的区别。理论型说课与实践型说课有一定的区别，实践型说课侧重说教学的过程和依据，而理论型说课则侧重说自己的观点。

教师口语表达的训练中，应该以听课和评课作为手段，对各种语言技巧进行训练，循序渐进，针对设定的教学内容实际，由易到难地克服常见的毛病，弥补技能缺陷，逐步完善自我。可以参照下面的评价表进行自我训练。

教学技能课堂训练评价表

评价内容	等级			
	差(60分以下)	一般(60~80分)	较好(81~90分)	好(90分以上)
1. 普通话准确流畅程度				
2. 吐字清楚，声音洪亮，速度、节奏恰当				
3. 语言简明、连贯、得体				
4. 语言所表达的内容准确、规范、条理性好，逻辑性强				
5. 语言具有感染力和激励作用				
6. 语言主次分明，重点突出				
7. 语言具有针对性和启发性，应变能力强				
8. 使用态势语恰当，能起强化作用				
9. 师生互动，课堂教学气氛热烈				
10. 其他				

第二节　教育口语及其训练

教育口语是教师根据教书育人的总体目标，对学生进行思想品德教育、行为规范和情商教育的工作口语。教育口语对提高学生认识，培养良好品德情操，形成正确的人生态度、情感、价值观具有重要的作用。教育口语的目的在于育人，因此经常使用的教育口语一般有说服语、疏导语、启迪语、批评语、表扬语和激励语。

一、常用教育口语基本技能训练

(一)说服语

说服语就是通过摆事实、讲道理，使学生接受正确的观点、意见、主张的教育方法。说服是教育活动的一种重要形式。一般有直接说服和间接说服两种类型。直接说服就是正面摆事实讲道理；间接说服就是将道理寓于其中，让学生自己感悟和体会，教师最后可以适当的点拨。

在进行说服教育的时候要注意以下几点。

1. 以正面引导为主，要做到以理服人，理顺辞畅，使学生信服。

2. 准确地把握学生的年龄特点、心理因素、思想状态，充分考虑学生的自尊心。

3. 寓理于事，语气平和，教师要善于运用具体事例来说明道理，切忌单纯说教。

4. 具有耐心和爱心，言语通俗易懂，简明扼要，形象生动，切忌重复啰嗦，空洞乏味。

（二）疏导语

疏导，就是找出学生思想言行上出现的问题，有目的地进行开导、引导、劝诫，使其消除心里的疑难、走出困境、化解心结、克服不良言行的教育语言形式。学生在学习、生活等成长过程中，难免会遇到各种各样的困惑和困难，这就需要教师及时地引导和劝诫他们。疏导的作用在于沟通心灵、解除困惑，从而健康成长。

疏导时要做到以下几点：

1. 心平气和，以诚相待。

2. 晓之以理，动之以情。

3. 讲求方法，对症下药。

（三）启迪语

启迪语是指教师运用多种口语形式，开启学生的情感和认识，点拨学生的心灵，促进学生积极思考、沿着正确的方向发展、形成自我教育能力的言语形式。现代学生自主意识强、思想活跃、上进心强，但思想单纯、社会阅历浅，因此看问题难免主观和片面，教师应该经常启发他们，促使他们提高教育自己的能力。启迪语与说服语有相似之处，都是运用语言教育学生，使学生明白或懂得某个道理。不同的是，说服语主要由教师"说"，学生处于被动接受的地位，而启迪语教师注重的是"启"，即引导和启发学生自己领悟。因此启迪语是调动学生自我教育的有力方式。在使用启迪语时要善于设问，并且要相信学生。

运用启迪语要做到以下几点：

1. 切合实际、直观生动。

2. 易于联想，便于对比。

3. 积极赞扬，促进转化。

4. 理论升华，提高境界。

（四）批评语

批评是对学生的错误思想和不良言行予以否定评价，以促使他们改正的教育语言形式。批评的目的在于通过对学生缺点、错误的否定，有意识地激起他们的自责和内疚，促使他们醒悟和悔过，并通过努力克服这些缺点和错误以达到教育的目的。批评是一种育人手段，运用得当可以使人警醒。作为一种语言艺术，效果主要取决于教师批评的方式和语言的选择。

在运用批评这种教育语言形式的时，要做到以下几点：

1. 注意批评的方式。

2. 要把握批评的尺度。

3. 批评的方法要多样，讲究艺术。

4. 批评的出发点要和善、真诚。

5. 批评的内容客观公正，分析的观点正确鲜明。

其次在运用批评语的时候要注意方法：

1. 正面交锋。

2. 以褒代贬。

3. 诱导指引。

4. 忠告提醒。

（五）表扬语

表扬是指对学生思想言行的肯定评价，以巩固和发扬他们的优良品性的教育语言形式，其目的是强化被表扬者的良好表现，用言语行为将其巩固，为全体同学树立榜样。教师在教育中充分地运用表扬这种方式，能够促进学生的健康成长。

表扬时要注意以下几点：

1. 把握表扬的时机。

2. 要注意实事求是，恰如其分。

3. 要防止片面。

二、教育口语的特点

教育口语是教师在学校培养学生的过程中使用的职业语言，也是育人活动中使用的职业语言，因此具有以下几个特点。

（一）针对性

教师使用教育口语具有一定的教育目的，因此具有针对性。针对学生的思想动态或针对某件事或某些行为而使用的语言。使用时要注意以下几点。

1. 因事施言。运用教育口语要注意摆事实、讲道理，通过就事论事才能够以理服人。

2. 因人施言。在教育口语实施过程中，为达到理想的育人效果，也要灵活采用"因材施教"的育人方法，根据不同的对象采用不同的语言艺术。比如，同样是批评，对性格内向、自尊心过强、承受能力较差的学生宜采用间接批评的方式，在批评过程中还要注意使用合适的语气，语气不可过重；而对于开朗、注意力容易转移的学生则可以使用直接批评，批评过程中可以用较重的语气。

3. 因时施言。使用教育口语要善于捕捉教育时机，使教育效果立竿见影，教育才能被学生接受。

4. 因地施言。由于教育对象是有思想、有自尊的人，所以运用教育口语应体现对学生的尊重，要注意选择合适的场合，批评语的使用更要注意这一点。

（二）说理性

教师使用教育口语时要做到"晓之以理"，有理有据，以理服人，才能使人信服。使用时要注意以下几点。

1. 明确说理的依据。

2. 把握说理的难点。

3. 清楚说理的要求。

4. 掌握说理的方法。

(三)诱导性

诱导性主要指教师用启迪、引导的方式与学生交谈，因势利导，通过老师的教育口语促使学生自我转变。

(四)情感性

在教育过程中，由于师生双方都是具有情感的人，因此在教育过程中教师要"动之以情"，要以平等、真诚、爱护、帮助之心去对待每一位学生，这样教育内容才更容易被接受，从而起到良好的教育效果。使用时要注意以下几点。

1. 教师感情浓烈，以情激情。

2. 把握情感的积极方向。

3. 创设熔炉似的情感氛围。

(五)艺术性

教育口语的使用是一门艺术，体现在能够及时把握教育时机，巧设情境，使教育对象能够接受并达到教育效果。

附录九 普通话水平测试朗读篇目(60篇)

作品 1 号

那是力争上游的一种树,笔直的干,笔直的枝。它的干呢,通常是丈把高,像是加以人工似的,一丈以内,绝无旁枝;它所有的桠枝呢,一律向上,而且紧紧靠拢,也像是加以人工似的,成为一束,绝无横斜逸出;它的宽大的叶子也是片片向上,几乎没有斜生的,更不用说倒垂了;它的皮,光滑而有银色的晕圈,微微泛出淡青色。这是虽在北方的风雪的压迫下却保持着倔强挺立的一种树!哪怕只有碗来粗细罢,它却努力向上发展,高到丈许,两丈,参天耸立,不折不挠,对抗着西北风。

这就是白杨树,西北极普通的一种树,然而决不是平凡的树!

它没有婆娑的姿态,没有屈曲盘旋的虬枝,也许你要说它不美丽,——如果美是专指"婆娑"或"横斜逸出"之类而言,那么,白杨树算不得树中的好女子;但是它却是伟岸,正直,朴质,严肃,也不缺乏温和,更不用提它的坚强不屈与挺拔,它是树中的伟丈夫!当你在积雪初融的高原上走过,看见平坦的大地上傲然挺立这么一株或一排白杨树,难道你就只觉得树只是树,难道你就不想到它的朴质,严肃,坚强不屈,至少也象征了北方的农民;难道你竟一点儿也不联想到,在敌后的广大土//地上,到处有坚强不屈,就像这白杨树一样傲然挺立的守卫他们家乡的哨兵!难道你又不更远一点想到这样枝枝叶叶靠紧团结,力求上进的白杨树,宛然象征了今天在华北平原纵横决荡用血写出新中国历史的那种精神和意志。

——节选自茅盾《白杨礼赞》

Zuòpǐn 1 Hào

Nà shì lìzhēng shàngyóu de yī zhǒng shù, bǐzhí de gàn, bǐzhí de zhī. Tā de gàn ne, tōngcháng shì zhàng bǎ gāo, xiàngshì jiāyǐ réngōng shìde, yī zhàng yǐnèi, juéwú pángzhī; tā suǒyǒu de yāzhī ne, yīlù xiàngshàng, érqiě jǐnjǐn kàolǒng, yě xiàngshì jiāyǐ réngōng shìde, chéngwéi yī shù, juéwú héng xié yì chū; tā de kuāndà de yèzi yě shì piànpiàn xiàngshàng, jīhū méi·yǒu xié shēng de, gèng bùyòng shuō dǎochuí le; tā de pí, guānghuá ér yǒu yínsè de yùnquān, wēiwēi fànchū dànqīngsè. Zhè shì suī zài běifāng de fēngxuě de yāpò xià què bǎochízhe jué jiàng tǐnglì de yī zhǒng shù! Nǎpà zhǐyǒu wǎn lái cūxì bà, tā què nǔlì xiàngshàng fāzhǎn, gāo dào zhàng xǔ, liǎng zhàng, cāntiān sǒnglì, bùzhé-bùnáo, duì kàngzhe xīběifēng.

Zhè jiùshì báiyángshù, xīběi jí pǔtōng de yī zhǒng shù, rán'ér jué bù shì píngfán de shù!

Tā méi·yǒu pósuō de zītài, méi·yǒu qūqū pánxuán de qiúzhī, yěxǔ nǐyào shuō tā bù měilì, ——Rúguǒ měi shì zhuān zhǐ "pósuō" huò "héng xié yì chū" zhīlèi ér yán, nàme, báiyángshù suàn·bù·dé shù zhōng de hǎo nǔzǐ; dànshì tā què shì wěi'àn, zhèngzhí, pǔzhì, yánsù, yě bù quēfá wēnhé, gèng bùyòng tí tā de jiānqiáng bùqū yǔ tǐngbá, tā shì shù zhōng de wěizhàngfu! Dāng nǐ zài jīxuě chū róng de gāoyuán·shàng zǒuguò, kàn·jiàn píngtǎn de dàdì·shàng àorán tǐnglì zhème yī zhū huò yī pái báiyángshù, nándào nǐ jiù zhǐ jué·dé shù zhǐshì shù, nán dào nǐ jiù bù xiǎngdào tā de pǔzhì, yánsù, jiānqiáng bùqū, zhìshǎo yě xiàngzhēngle běifāng de nóngmín; nándào nǐ jìng yīdiǎnr yě bù liánxiǎng dào, zài díhòu de guǎngdà tǔ//dì·shàng, dàochù yǒu jiānqiáng bùqū, jiù xiàng zhè báiyángshù yīyàng àorán tǐnglì de shǒuwèi tāmen jiāxiāng de shàobīng! Nándào nǐ yòu bù gèng yuǎn yīdiǎnr xiǎng dào zhèyàng zhīzhī-yèyè kàojǐn tuánjié, lìqiú shàngjìn de báiyángshù, wǎnrán xiàngzhēngle jīntiān zài Huáběi Píngyuán zònghéng juédàng yòng xuè xiěchū xīn zhōngguó lìshǐ de nà zhǒng jīngshén hé yìzhì.

Jiéxuǎn zì Máo Dùn《Báiyáng Lǐ Zàn》

作品 2 号

两个同龄的年轻人同时受雇于一家店铺，并且拿同样的薪水。

可是一段时间后，叫阿诺德的那个小伙子青云直上，而那个叫布鲁诺的小伙子却仍在原地踏步。布鲁诺很不满意老板的不公正待遇。终于有一天他到老板那儿发牢骚了。老板一边耐心地听着他的抱怨，一边在心里盘算着怎样向他解释清楚他和阿诺德之间的差别。

"布鲁诺先生，"老板开口说话了，"您现在到集市上去一下，看看今天早上有什么卖的。"

布鲁诺从集市上回来向老板汇报说，今早集市上只有一个农民拉了一车土豆在卖。

"有多少？"老板问。

布鲁诺赶快戴上帽子又跑到集上，然后回来告诉老板一共四十袋土豆。

"价格是多少？"

布鲁诺又第三次跑到集上问来了价格。

"好吧，"老板对他说，"现在请您坐到这把椅子上一句话也不要说，看看阿诺德怎么说。"

阿诺德很快就从集市上回来了。向老板汇报说到现在为止只有一个农民在卖土豆，一共四十口袋，价格是多少多少；土豆质量很不错，他带回来一个让老板看看。这个农民一个钟头以后还会弄来几箱西红柿，据他看价格非常公道。昨天他们铺子的西红柿卖得很快，库存已经不//多了。他想这么便宜的西红柿，老板肯定会要进一些的，所以他不仅带回了一个西红柿做样品，而且把那个农民也带来了，他现在正在外面等回话呢。

此时老板转向了布鲁诺，说："现在您肯定知道为什么阿诺德的薪水比您高了吧！"

——节选自张健鹏、胡足青主编《故事时代》中《差别》

Zuòpǐn 2 Hào

Liǎng gè tónglíng de niánqīngrén tóngshí shòugù yú yī jiā diànpù, bìngqiě ná tóngyàng de xīn·shuǐ.

Kěshì yī duàn shíjiān hòu, jiào Anuòdé de nàge xiǎohuǒzi qīngyún zhíshàng, ér nàge jiào Bùlǔnuò de xiǎohuǒzi què réng zài yuándì tàbù. Bùlǔnuò hěn bù mǎnyì lǎobǎn de bù gōngzhèng dàiyù. Zhōng yú yǒu yī tiān tā dào lǎobǎn nàr fā láo·sāo le. Lǎobǎn yībiān nàixīn dì tīngzhe tā de bào·yuàn, yībiān zài xīn·lǐ pánsuanzhe zěnyàng xiàng tā jiěshì qīngchu tā hé Anuòdé zhījiān de chābié.

"Bùlǔnuò xiānsheng," Lǎo bǎn kāikǒu shuōhuà le, "Nín xiànzài dào jíshì ·shàng qù yīxià, kànkan jīntiān zǎoshang yǒu shénme mài de. "

Bùlǔnuò cóng jí shì ·shàng huí ·lái xiàng lǎobǎn huìbào shuō, jīnzǎo jíshì ·shàng zhǐyǒu yī gè nóngmín lāle yī chē tǔdòu zài mài.

"yǒu duō·shǎo?"Lǎo bǎn wèn.

Bùlǔnuò gǎnkuài dài ·shàng màozǐ yòu pǎodào jí ·shàng, rán hòu huí ·lái gàosu lǎobǎn yīgòng sìshí dài tǔdòu.

"Jià gé shì duō·shǎo?"

Bùlǔnuò yòu dì-sān cì pǎodào jí ·shàng wènláile jiàgé.

"Hǎo bā,"Lǎo bǎn duì tā shuō, "Xiànzài qǐng nín zuòdàozhè bǎ yǐzi ·shàng yī jù huà yě bùyào shuō, kànkan Anuòdé zěnme shuō. "

Anuòdé hěn kuài jiù cóng jí shì ·shàng huí ·lái le. Xiàng lǎobǎn huìbào shuō dào xiànzài wéizhǐ zhǐyǒu yī gè nóngmín zài mài tǔdòu, yīgòng sìshí kǒudai, jià gé shì duō·shǎo duō·shǎo; tǔdòu zhìliàng hěn bùcuò, tā dài huí ·lái yī gè ràng lǎobǎn kànkàn. Zhège nóngmín yī gè zhōngtóu yǐhòu hái huì nònglái jǐ xiāng xīhóngshì, jù tā kàn jiàgé fēi cháng gōngdào. Zuótiān tāmén pùzi de xīhóngshì mài de hěn kuài, kù cún yǐ ·jīng bù //duō le. Tā xiǎng zhème piányi de xīhóngshì, lǎobǎn kěndìng huì yào jìn yīxiē de, suǒyǐ tā bùjǐn dàihuíle yī gè xīhóngshì zuò yàngpǐn, érqiě bǎ nàge nóng mín yě dài ·lái le, tā xiànzài zhèngzài wài ·miàn děng huí huà ne.

Cǐshí lǎobǎn zhuǎnxiàngle Bùlǔnuò, shuō : "Xiànzài nín kěndìng zhī ·dào wèishénme Anuòdé de xīn·shuǐ bǐ nín gāo le ba?"

Jié xuǎn zì Zhāng Jiànpéng 、Hú Zúqīng
zhǔbiān《Gùshì Shídài》zhōng《Chābié》

119

作品 3 号

我常常遗憾我家门前的那块丑石：它黑黝黝地卧在那里，牛似的模样；谁也不知道是什么时候留在这里的，谁也不去理会它。只是麦收时节，门前摊了麦子，奶奶总是说：这块丑石，多占地面呀，抽空把它搬走吧。

它不像汉白玉那样的细腻，可以刻字雕花，也不像大青石那样的光滑，可以供来浣纱捶布。它静静地卧在那里，院边的槐荫没有庇覆它，花儿也不再在它身边生长。荒草便繁衍出来，枝蔓上下，慢慢地，它竟锈上了绿苔、黑斑。我们这些做孩子的，也讨厌起它来，曾合伙要搬走它，但力气又不足；虽时时咒骂它，嫌弃它，也无可奈何，只好任它留在那里了。

终有一日，村子里来了一个天文学家。他在我家门前路过，突然发现了这块石头，眼光立即就拉直了。他再没有离开，就住了下来；以后又来了好些人，都说这是一块陨石，从天上落下来已经有二三百年了，是一件了不起的东西。不久便来了车，小心翼翼地将它运走了。

这使我们都很惊奇！这又怪又丑的石头，原来是天上的啊！它补过天，在天上发过热、闪过光，我们的先祖或许仰望过它，它给了他们光明、向往、憧憬；而它落下来了，在污土里，荒草里，一躺就//是几百年了！

我感到自己的无知，也感到了丑石的伟大，我甚至怨恨它这么多年竟会默默地忍受着这一切！而我又立即深深地感到它那种不屈于误解、寂寞的生存的伟大。

——节选自贾平凹《丑石》

Zuòpǐn 3 Hào

　　Wǒ chángcháng yíhàn wǒ jiā mén qián nà kuài chǒu shí：Tā hēiyǒuyǒu de wò zài nà·lǐ，niú shìde múyàng；shéi yě bù zhī·dào shì shénme shíhou liú zài zhè·lǐ de，shéi yě bù qù lǐhuì tā. Zhǐ shì màishōu shíjié，mén qián tānle màizǐ，nǎinai zǒngshì shuō：Zhè kuài chǒu shí，duō zhàn dìmiàn ya，chōukòng bǎ tā bānzǒu ba.

　　Tā bù xiàng hànbáiyù nàyàng de xìnì，kěyǐ kèzì diāohuā，yě bù xiàng dà qīngshí nàyàng de guānghuá，kě yǐ gōng lái huànshā chuíbù. Tā jìngjìng de wò zài nà·lǐ，yuàn biān de huáiyīn méi·yǒu bìfù tā，huā'ér yě bùzài zài tā shēnbiān shēngzhǎng. Huāngcǎo biàn fányǎn chū·lái，zhīmàn shàngxià，mànmàn de，tā jìng xiùshàngle lǜtái、hēibān. Wǒmen zhèxiē zuò háizǐ de，yě tǎoyàn·qǐ tā·lái，céng héhuǒ yào bānzǒu tā，dàn lìqi yòu bùzú；suī shíshí zhòumà tā，xiánqì tā，yě wúkě-nài hé，zhǐhǎo rèn tā liú zài nà·lǐ le.

　　Zhōng yǒu yī rì，cūnzǐ·lǐ láile yī gè tiānwénxuéjiā. Tā zài wǒ jiā mén qián lùguò，tūrán fāxiànle zhè kuài shítou，yǎnguāng lìjí jiù lāzhí le. Tā zài méi·yǒu líkāi，jiù zhùle xià·lái；yǐhòu yòu láile hǎoxiē rén，dōu shuō zhè shì yī kuài yǔnshí，cóng tiān·shàng luò xià·lái yǐ·jīng yǒu èr-sān bǎi nián le，shì yī jiàn liǎo·bùqǐ de dōngxi. Bùjiǔ biàn láile chē，xiǎoxīn-yìyì de jiāng tā yùnzǒu le.

　　Zhè shǐ wǒmen dōu hěn jīngqí，zhè yòu guài yòu chǒu de shítou，yuánlái shì tiān·shàng de a！Tā bǔguo tiān，zài tiān·shàng fāguo rè、shǎnguo guāng，wǒmen de xiānzǔ huòxǔ yǎngwàngguo tā，tā gěile tāmen guāngmíng、xiàngwǎng、chōngjǐng；ér tā luò xià·lái le，zài wūtǔ·lǐ，huāngcǎo·lǐ，yī tǎng jiù //shì jǐbǎi nián le！

　　Wǒ gǎndào zìjǐ de wúzhī，yě gǎndàole chǒu shí de wěidà，wǒ shènzhì yuànhèn tā zhème duō nián jìng huì mòmò de rěnshòu zhe zhè yīqiē！Er wǒ yòu lìjí shēnshēn de gǎndào tā nà zhǒng bùqū yú wùjiě、jìmò de shēngcún de wěidà．

Jiéxuǎn zì Jiǎ Píng Wā《Chǒu Shí》

作品 4 号

在达瑞八岁的时候，有一天他想去看电影。因为没有钱，他想是向爸妈要钱，还是自己挣钱。最后他选择了后者。他自己调制了一种汽水，向过路的行人出售。可那时正是寒冷的冬天，没有人买，只有两个人例外——他的爸爸和妈妈。

他偶然有一个和非常成功的商人谈话的机会。当他对商人讲述了自己的"破产史"后，商人给了他两个重要的建议：一是尝试为别人解决一个难题；二是把精力集中在你知道的、你会的和你拥有的东西上。

这两个建议很关键。因为对于一个八岁的孩子而言，他不会做的事情很多。于是他穿过大街小巷，不停地思考：人们会有什么难题，他又如何利用这个机会？

一天，吃早饭时父亲让达瑞去取报纸。美国的送报员总是把报纸从花园篱笆的一个特制的管子里塞进来。假如你想穿着睡衣舒舒服服地吃早饭和看报纸，就必须离开温暖的房间，冒着寒风，到花园去取。虽然路短，但十分麻烦。

当达瑞为父亲取报纸的时候，一个主意诞生了。当天他就按响邻居的门铃，对他们说，每个月只需付给他一美元，他就每天早上把报纸塞到他们的房门底下。大多数人都同意了，很快他有//了七十多个顾客。一个月后，当他拿到自己赚的钱时，觉得自己简直是飞上了天。

很快他又有了新的机会，他让他的顾客每天把垃圾袋放在门前，然后由他早上运到垃圾桶里，每个月加一美元。之后他还想出了许多孩子赚钱的办法，并把它集结成书，书名为《儿童挣钱的二百五十个主意》。为此，达瑞十二岁时就成了畅销书作家，十五岁有了自己的谈话节目，十七岁就拥有了几百万美元。

——节选自［德］博多·舍费尔《达瑞的故事》，刘志明译

Zuòpǐn 4 Hào

　　Zài Dáruì bà suì de shí hou，yǒu yītiān tā xiǎng qù kàn diànyǐng. Yīn·wéi méi·yǒu qián，tā xiǎng shì xiàng bà mā yào qián，háishì zìjǐ zhèngqián. Zuìhòu tā xuǎnzéle hòuzhě. Tā zìjǐ tiáozhìle yī zhǒng qìshuǐr，xiàng guòlù de xíngrén chūshòu. Kě nàshí zhèngshì hánlěng de dōngtiān，méi·yǒu rén mǎi，zhǐyǒu liǎng gè rén lìwài——tā de bàba hé māma.

　　Tā ǒurán yǒu yī gè hé fēicháng chénggōng de shāngrén tánhuà de jī·huì. Dāng tā duì shāngrén jiǎngshùle zìjǐ de "pòchǎnshǐ" hòu，shāngrén gěile tā liǎng gè zhòngyào de jiànyì：yī shì chángshì wèi bié·rén jiějué yī gè nántí；èr shì bǎ jīnglì jízhōng zài nǐ zhī·dào de、nǐ huì de hé nǐ yōngyǒu de dōngxi·shang.

　　Zhè liǎng gè jiànyì hěn guānjiàn. Yīn·wéi duìyú yī gè bā suì de háizi ér yán，tā bù huì zuò de shìqing hěn duō. Yúshì tā chuānguò dàjiē xiǎoxiàng，bùtíng de sīkǎo：rénmen huì yǒu shénme nántí，tā yòu rúhé lìyòng zhège jī·huì?

　　Yī tiān，chī zǎofàn shí fù·qīn ràng Dáruì qù qǔ bàozhǐ. Měiguó de sòngbàoyuán zǒngshì bǎ bàozhǐ cóng huāyuán líba de yī gè tèzhì de guǎnzi·lǐ sāi jìn·lái. Jiǎrú nǐ xiǎng chuānzhe shuìyī shūshū-fúfú de chī zǎofàn hé kàn bàozhǐ，jiù bìxū líkāi wēnnuǎn de fángjiān，màozhe hánfēng，dào huāyuán qù qǔ. Suīrán lù duǎn，dàn shífēn máfan.

　　Dāng Dáruì wèi fù·qīn qǔ bàozhǐ de shíhou，yī gè zhǔyì dànshēng le. Dàngtiān tā jiù ànxiǎng lín·jū de ménlíng，duì tāmen shuō，měi gè yuè zhǐ xū fùgěi tā yī měiyuán，tā jiù měitiān zǎoshang bǎ bàozhǐ sāidào tāmen de fángmén dǐ·xià. Dàduōshù rén dōu tóngyì le，hěn kuài tā jiù yǒu //le qīshí duō gè gùkè. Yī gè yuè hòu，dāng tā nádào zìjǐ zuàn de qián shí，jué·dé zìjǐ jiǎnzhí shì fēi·shàngle tiān.

　　Hěn kuài tā yòu yǒule xīn de jī·huì，tā ràng tā de gùkè měitiān bǎ lājīdài fàngzài ménqián，ránhòu yóu tā zǎoshàng yùndào lājītǒng·lǐ，měi gè yuè jiā yī měiyuán. Zhīhòu tā hái xiǎngchūle xǔduō háizi zhuànqián de bànfǎ，bìng bǎ tā jíjié chéng shū，shūmíng wéi《Ertóng Zhèngqián de Erbǎi Wǔshí gè Zhǔyi》. Wèicǐ，Daruì shí'èr suì shí jiù chéngle chàngxiāoshū zuòjiā，shíwǔ suì yǒule zìjǐ de tánhuà jiémù，shíqī suì jiù yōngyǒule jǐ bǎiwàn měiyuán.

　　Jiéxuǎn zì[Dé]Bóduō Shěfèi'ěr《Dáruì de Gùshì》，Liú Zhìmíng yì

作品 5 号

　　这是入冬以来，胶东半岛上第一场雪。

　　雪纷纷扬扬，下得很大。开始还伴着一阵儿小雨，不久就只见大片大片的雪花，从彤云密布的天空中飘落下来。地面上一会儿就白了。冬天的山村，到了夜里就万籁俱寂，只听得雪花簌簌地不断往下落，树木的枯枝被雪压断了，偶尔咯吱一声响。

　　大雪整整下了一夜。今天早晨，天放晴了，太阳出来了。推开门一看，嗬！好大的雪啊！山川、河流、树木、房屋，全都罩上了一层厚厚的雪，万里江山，变成了粉妆玉砌的世界。落光了叶子的柳树上挂满了毛茸茸亮晶晶的银条儿；而那些冬夏常青的松树和柏树上，则挂满了蓬松松沉甸甸的雪球儿。一阵风吹来，树枝轻轻地摇晃，美丽的银条儿和雪球儿簌簌地落下来，玉屑似的雪末儿随风飘扬，映着清晨的阳光，显出一道道五光十色的彩虹。

　　大街上的积雪足有一尺多深，人踩上去，脚底下发出咯吱咯吱的响声。一群群孩子在雪地里堆雪人，掷雪球儿。那欢乐的叫喊声，把树枝上的雪都震落下来了。

　　俗话说，"瑞雪兆丰年"。这个话有充分的科学根据，并不是一句迷信的成语。寒冬大雪，可以冻死一部分越冬的害虫；融化了的水渗进土层深处，又能供应//庄稼生长的需要。我相信这一场十分及时的大雪，一定会促进明年春季作物，尤其是小麦的丰收。有经验的老农把雪比做是"麦子的棉被"。冬天"棉被"盖得越厚，明春麦子就长得越好，所以又有这样一句谚语："冬天麦盖三层被，来年枕着馒头睡。"

　　我想，这就是人们为什么把及时的大雪称为"瑞雪"的道理吧。

——节选自峻青《第一场雪》

Zuòpǐn 5 Hào

　　Zhè shì rùdōng yǐlái, Jiāodōng Bàndǎo •shàng dì-yī cháng xuě.

　　Xuě fēnfēn-yángyáng, xià de hěn dà. Kāishǐ hái bànzhe yīzhènr xiǎoyǔ, bùjiǔ jiù zhǐ jiàn dàpiàn dàpiàn de xuěhuā, cóng tóngyún-mìbù de tiānkōng zhōng piāoluò xià •lái. Dìmiàn •shàng yīhuìr jiù bái le. Dōngtiān de shāncūn, dàole yè •lǐ jiù wànlài-jùjì, zhī tīng de xuěhuā sùsù de bùduàn wǎngxià luò, shùmù de kūzhī bèi xuě yāduàn le, ǒu'ěr gēzhī yī shēng xiǎng.

　　Dàxuě zhěngzhěng xiàle yīyè. Jīntiān zǎo •chén, tiān fàngqíng le, tài •yáng chū •lái le. Tuīkāi mén yī kàn, hè! Hǎo dà de xuě yā! Shānchuān、héliú、shùmù、fángwū, quán dōu zhào •shàngle yī céng hòuhòu de xuě, wànlǐ jiāngshān, biànchéngle fěnzhuāng-yùqì de shìjiè. Luòguāngle yèzi de liǔshù •shàng guàmǎnle máorōngrōng liàngjīngjīng de yíntiáor; ér nàxiē dōng-xià chángqīng de sōngshù hé bǎishù •shàng, zé guàmǎnle péngsōngsōng chén diàn diàn de xuěqiúr. Yī zhèn fēng chuīlái, shùzhī qīngqīng de yáo •huàng, měilì de yíntiáor hé xuěqiúr sùsù de luò xià •lái, yùxiè shìde xuěmòr suí fēng piāoyáng, yìngzhe qīngchén de yángguāng, xiǎnchū yī dàodào wǔguāng-shísè de cǎihóng.

　　Dàjiē •shàng de jīxuě zú yǒu yī chǐ duō shēn, rén cǎi shàng •qù, jiǎo dǐ•xià fāchū gēzhī gēzhī de xiǎngshēng. Yī qúnqún háizi zài xuědì •lǐ duī xuěrén, zhì xuěqiú. Nà huānlè de jiàohǎnshēng, bǎ shùzhī •shàng de xuě dōu zhènluò xià •lái le.

　　Súhuà shuō, "Ruìxuě zhào fēngnián". Zhège huà yǒu chōngfèn de kēxué gēnjù, bìng bù shì yī jù míxìn de chéngyǔ. Hándōng dàxuě, kěyǐ dòngsǐ yī bùfen yuèdōng de hàichóng; rónghuàle de shuǐ shènjìn tǔcéng shēnchù, yòu néng gōngyìng //zhuāngjia shēngzhǎng de xūyào. Wǒ xiāngxìn zhè yī cháng shífēn jíshí de dàxuě, yīdìng huì cùjìn míngnián chūnjì zuòwù, yóuqí shì xiǎomài de fēngshōu. Yǒu jīngyàn de lǎonóng bǎ xuě bǐzuò shì "màizǐ de miánbèi". Dōngtiān "miánbèi" gài de yuè hòu, míngchūn màizi jiù zhǎngde yuè hǎo, suǒyǐ yòu yǒu zhèyàng yī jù yànyǔ："Dōngtiān mài gài sān céng bèi, láinián zhěnzhe mántou shuì".

　　Wǒ xiǎng, zhè jiùshì rénmen wèishénme bǎ jíshí de dàxuě chēngwéi "ruìxuě" de dào •lǐ ba.

Jiéxuǎn zì Jùn Qīng 《Dìyī Cháng Xuě》

作品 6 号

我常想读书人是世间幸福人，因为他除了拥有现实的世界之外，还拥有另一个更为浩瀚也更为丰富的世界。现实的世界是人人都有的，而后一个世界却为读书人所独有。由此我想，那些失去或不能阅读的人是多么的不幸，他们的丧失是不可补偿的。世间有诸多的不平等，财富的不平等，权力的不平等，而阅读能力的拥有或丧失却体现为精神的不平等。

一个人的一生，只能经历自己拥有的那一份欣悦，那一份苦难，也许再加上他亲自闻知的那一些关于自身以外的经历和经验。然而，人们通过阅读，却能进入不同时空的诸多他人的世界。这样，具有阅读能力的人，无形间获得了超越有限生命的无限可能性。阅读不仅使他多识了草木虫鱼之名，而且可以上溯远古下及未来，饱览存在的与非存在的奇风异俗。

更为重要的是，读书加惠于人们的不仅是知识的增广，而且还在于精神的感化与陶冶。人们从读书学做人，从那些往哲先贤以及当代才俊的著述中学得他们的人格。人们从《论语》中学得智慧的思考，从《史记》中学得严肃的历史精神，从《正气歌》中学得人格的刚烈，从马克思学得人世 // 的激情，从鲁迅学得批判精神，从托尔斯泰学得道德的执着。歌德的诗句刻写着睿智的人生，拜伦的诗句呼唤着奋斗的热情。一个读书人，一个有机会拥有超乎个人生命体验的幸运人。

——节选自谢冕《读书人是幸福人》

Zuòpǐn 6 Hào

Wǒ cháng xiǎng dúshūrén shì shìjiān xìngfú rén, yīn·wéi tā chúle yōngyǒu xiànshí de shìjiè zhīwài, hái yōngyǒu lìng yī gè gèng wéi hàohàn yě gèng wéi fēngfù de shìjiè. Xiànshí de shìjiè shì rénrén dōu yǒu de, ér hòu yī gè shìjiè què wéi dúshūrén suǒ dúyǒu. Yóu cǐ wǒ xiǎng, nàxiē shīqù huò bùnéng yuèdú de rén shì duōme de bùxìng, tāmen de sàngshī shì bùkě bǔcháng de. Shìjiān yǒu zhūduō de bù píngděng, cáifù de bù píngděng, quán lì de bù píngděng, ér yuèdú nénglì de yōngyǒu huò sàngshī què tǐxiàn wéi jīngshén de bù píngděng.

Yī gè rén de yīshēng, zhǐnéng jīnglì zìjǐ yōngyǒu de nà yī fèn xīnyuè, nà yī fèn kǔnán, yěxǔ zài jiā·shàng tā qīnzì wén zhī de nà yīxiē guānyú zìshēn yǐwài de jīnglì hé jīngyàn. Rán'ér, rénmen tōngguò yuèdú, què néng jìnrù bùtóng shíkōng de zhūduō tārén de shìjiè. Zhèyàng, jùyǒu yuèdú nénglì de rén, wúxíng jiān huòdéle chāoyuè yǒuxiàn shēngmìng de wúxiàn kěnéngxìng. Yuèdú bùjǐn shǐ tā duō shíle cǎo-mù-chóng-yú zhī míng, érqiě kěyǐ shàngsù yuǎngǔ xià jí wèilái, bǎo lǎn cúnzài de yǔ fēicúnzài de qífēng-yìsú.

Gèng wéi zhòngyào de shì, dúshū jiāhuì yú rénmen de bùjǐn shì zhīshi de zēngguǎng, érqiě hái zàiyú jīngshén de gǎnhuà yǔ táoyě. Rénmen cóng dúshū xué zuò rén, cóng nàxiē wǎngzhě xiānxián yǐjí dāngdài cáijùn de zhùshù zhōng xuédé tāmen de réngé. Rénmen cóng《Lúnyǔ》zhōng xuédé zhìhuì de sīkǎo, cóng《Shǐjì》zhōng xuédé yánsù de lìshǐ jīngshen, cóng《Zhèngqìgē》zhōng xuédé réngé de gāngliè, cóng Mǎkèsī xuédé rénshì//de jīqíng, cóng Lǔ Xùn xuédé pīpàn jīngshén, cóng Tuō'ěrsītài xuédé dàodé de zhízhuó. Gēdé de shījù kèxiězhe ruìzhì de rénshēng, Bàilún de shījù hūhuànzhe fèndòu de rèqíng. Yī gè dúshūrén, yī gè yǒu jī·huì yōngyǒu chāohū gèrén shēngmìng tǐyàn de xìngyùnrén.

Jiéxuǎn zì Xiè Miǎn《Dúshūrén Shì Xìngfú Rén》

作品 7 号

　　一天，爸爸下班回到家已经很晚了，他很累也有点儿烦，他发现五岁的儿子靠在门旁正等着他。

　　"爸，我可以问您一个问题吗?"

　　"什么问题?""爸，您一小时可以赚多少钱?""这与你无关，你为什么问这个问题?"父亲生气地说。

　　"我只是想知道，请告诉我，您一小时赚多少钱?"小孩儿哀求道。"假如你一定要知道的话，我一小时赚二十美金。"

　　"哦，"小孩儿低下了头，接着又说，"爸，可以借我十美金吗?"父亲发怒了："如果你只是要借钱去买毫无意义的玩具的话，给我回到你的房间睡觉去。好好想想为什么你会那么自私。我每天辛苦工作，没时间和你玩儿小孩子的游戏。"

　　小孩儿默默地回到自己的房间关上门。

　　父亲坐下来还在生气。后来，他平静下来了。心想他可能对孩子太凶了——或许孩子真的很想买什么东西，再说他平时很少要过钱。

　　父亲走进孩子的房间："你睡了吗?""爸，还没有，我还醒着。"孩子回答。

　　"我刚才可能对你太凶了，"父亲说，"我不应该发那么大的火儿——这是你要的十美金。""爸，谢谢您。"孩子高兴地从枕头下拿出一些被弄皱的钞票，慢慢地数着。

　　"为什么你已经有钱了还要?"父亲不解地问。

　　"因为原来不够，但现在凑够了。"孩子回答："爸，我现在有//二十美金了，我可以向您买一个小时的时间吗? 明天请早一点儿回家——我想和您一起吃晚餐。"

——节选自唐继柳编译《二十美金的价值》

Zuòpǐn 7 Hào

Yī tiān, bàba xiàbān huídào jiā yǐ•jīng hěn wǎn le, tā hěn lèi yě yǒu diǎnr fán, tā fāxiàn wǔ suì de érzi kào zài mén páng zhèng děngzhe tā.

"Bà, wǒ kěyǐ wèn nín yī gè wèntí ma?"

"Shénme wèntí?" "Bà, nín yī xiǎoshí kěyǐ zhuàn duō•shǎo qián?" "Zhè yǔ nǐ wúguān, nǐ wèishénme wèn zhège wèntí?" Fù•qīn shēngqì de shuō.

"Wǒ zhǐshì xiǎng zhī•dào, qǐng gàosù wǒ, nín yī xiǎoshí zhuàn duō•shǎo qián?" Xiǎoháir āiqiú dào。 "Jiǎrú nǐ yīdìng yào zhī•dào de huà, wǒ yī xiǎoshí zhuàn èrshí měijīn。"

"Ò," Xiǎoháir dīxiàle tóu, jiēzhe yòu shuō, "Bà, kěyǐ jiè wǒ shí měijīn ma?" Fù•qīn fānù le: "Rúguǒ nǐ zhǐshì yào jiè qián qù mǎi háowú yìyì de wánjù de huà, gěi wǒ huídào nǐ de fángjiān shuìjiào•qù. Hǎohǎo xiǎngxiang wèishénme nǐ huì nàme zìsī. Wǒ měitiān xīnkǔ gōngzuò, méi shíjiān hé nǐ wánr xiǎoháizi de yóuxì。"

Xiǎoháir mòmò de huídào zìjǐ de fángjiān guān•shàng mén.

Fù•qīn zuò xià•lái hái zài shēngqì. Hòulái, tā píngjìng xià•lái le. Xīnxiǎng tā kěnéng duì háizi tài xiōng le——huòxǔ háizi zhēnde hěn xiǎng mǎi shénme dōngxi, zài shuō tā píngshí hěn shǎo yàoguò qián.

Fù•qīn zǒujìn háizi de fángjiān: "Nǐ shuìle ma?" "Bà, hái méi•yǒu, wǒ hái xǐngzhe。" Háizi huídá.

"Wǒ gāngcái kěnéng duì nǐ tài xiōng le," Fù•qīn shuō, "Wǒ bù yīnggāi fā nàme dà de huǒr——zhè shì nǐ yào de shí měijīn。" "Bà, xièxie nín。" Háizi gāoxīng de cóng zhěntou•xià náchū yīxiē bèi nòngzhòu de chāopiào, mànmàn de shùzhe.

"Wèishénme nǐ yǐ•jīng yǒu qián le hái yào?" Fù•qīn bùjiě de wèn.

"Yīn•wèi yuánlái bùgòu, dàn xiànzài còugòu le。" Háizi huí dá: "Bà, wǒ xiànzài yǒu //èrshí měijīn le, wǒ kěyǐ xiàng nín mǎi yī gè xiǎoshí de shíjiān ma? Míngtiān qǐng zǎo yīdiǎnr huíjiā ——wǒ xiǎng hé nín yīqǐ chī wǎncān。"

Jiéxuǎn zì Táng Jìliǔ biānyì《Èrshí Měijīn de Jiàzhí》

作品 8 号

我爱月夜，但我也爱星天。从前在家乡七八月的夜晚在庭院里纳凉的时候，我最爱看天上密密麻麻的繁星。望着星天，我就会忘记一切，仿佛回到了母亲的怀里似的。

三年前在南京我住的地方有一道后门，每晚我打开后门，便看见一个静寂的夜。下面是一片菜园，上面是星群密布的蓝天。星光在我们的肉眼里虽然微小，然而它使我们觉得光明无处不在。那时候我正在读一些天文学的书，也认得一些星星，好像它们就是我的朋友，它们常常在和我谈话一样。

如今在海上，每晚和繁星相对，我把它们认得很熟了。我躺在舱面上，仰望天空。深蓝色的天空里悬着无数半明半昧的星。船在动，星也在动，它们是这样低，真是摇摇欲坠呢！渐渐地我的眼睛模糊了，我好像看见无数萤火虫在我的周围飞舞。

海上的夜是柔和的，是静寂的，是梦幻的。我望着许多认识的星，我仿佛看见它们在对我眨眼，我仿佛听见它们在小声说话。这时我忘记了一切。在星的怀抱中我微笑着，我沉睡着。我觉得自己是一个小孩子，现在睡在母亲的怀里了。

有一夜，那个在哥伦波上船的英国人指给我看天上的巨人。他用手指着：//那四颗明亮的星是头，下面的几颗是身子，这几颗是手，那几颗是腿和脚，还有三颗星算是腰带。经他这一番指点，我果然看清楚了那个天上的巨人。看，那个巨人还在跑呢！

——节选自巴金《繁星》

Zuòpǐn 8 Hào

Wǒ ài yuèyè, dàn wǒ yě ài xīngtiān. Cóngqián zài jiāxiāng qī-bāyuè de yèwǎn zài tíngyuàn·lǐ nàliáng de shíhou, wǒ zuì ài kàn tiān·shàng mìmì-mámá de fánxīng. Wàngzhe xīngtiān, Wǒ jiù huì wàngjì yīqiè, fǎngfú huídàole mǔ·qīn de huái·lǐ shìde.

Sān nián qián zài Nánjīng wǒ zhù de dìfāng yǒu yī dào hòumén, měi wǎn wǒ dǎkāi hòumén, biàn kàn·jiàn yī gè jìngjì de yè. Xià·miàn shì yī piàn càiyuán, shàng·miàn shì xīngqún mìbù de lántiān. Xīngguāng zài wǒmen de ròuyǎn·lǐ suīrán wēixiǎo, rán'ér tā shǐ wǒmen jué·dé guāngmíng wúchǔ-bùzài. Nà shíhou wǒ zhèngzài dú yīxiē tiānwénxué de shū, yě rènde yīxiē xīngxing, hǎoxiàng tāmen jiùshì wǒ de péngyou, tāmén chángcháng zài hé wǒ tánhuà yīyàng.

Rújīn zài hǎi·shàng, měi wǎn hé fánxīng xiāngduì, wǒ bǎ tāmen rènde hěn shú le. Wǒ tǎng zài cāngmiàn·shàng, yǎngwàng tiānkōng. Shēnlánsè de tiānkōng·lǐ xuánzhe wúshù bànmíng-bànmèi de xīng. Chuán zài dòng, xīng yě zài dòng, tāmen shì zhèyàng dī, zhēn shì yáoyáo-yù zhuì ne! Jiànjiàn de wǒ de yǎnjīng móhu le, wǒ hǎoxiàng kàn·jiàn wúshù yínghuǒchóng zài wǒ de zhōuwéi fēiwǔ.

Hǎi·shàng de yè shì róuhé de, shì jìngjì de, shì mènghuàn de. Wǒ wàngzhe xǔduō rènshí de xīng, wǒ fǎngfú kàn·jiàn tāmen zài duì wǒ zhǎyǎn, wǒ fǎngfú tīng·jiàn tāmen zài xiǎoshēng shuōhuà. Zhèshí wǒ wàngjìle yīqiè. Zài xīng de huáibào zhōng wǒ wēixiàozhe, wǒ chénshuìzhe. Wǒ jué·dé zìjǐ shì yī gè xiǎoháizǐ, xiànzài shuì zài mǔ·qīn de huái·lǐ le.

Yǒu yī yè, nàge zài Gēlúnbō shàng chuán de Yīngguórén zhǐ gěi wǒ kàn·tiān shàng de jùrén. Tā yòng shǒu zhǐzhe: //Nà sì kē míngliàng de xīng shì tóu, xià·miàn de jǐ kē shì shēnzi, zhè jǐ kē shì shǒu, nà jǐ kē shì tuǐ hé jiǎo, háiyǒu sān kē xīng suàn shì yāodài. Jīng tā zhè yīfān zhǐdiǎn, wǒ guǒrán kàn qīngchule nàgè tiān·shàng de jùrén. Kàn, nàge jùrén hái zài pǎo ne!

Jiéxuǎn zì Bā Jīn《Fánxīng》

作品 9 号

假日到河滩上转转，看见许多孩子在放风筝。一根根长长的引线，一头系在天上，一头系在地上，孩子同风筝都在天与地之间悠荡，连心也被悠荡得恍恍惚惚了，好像又回到了童年。

儿时放的风筝，大多是自己的长辈或家人编扎的，几根削得很薄的篾，用细纱线扎成各种鸟兽的造型，糊上雪白的纸片，再用彩笔勾勒出面孔与翅膀的图案。通常扎得最多的是"老雕""美人儿""花蝴蝶"等。

我们家前院就有位叔叔，擅扎风筝，远近闻名。他扎的风筝不只体形好看，色彩艳丽，放飞得高远，还在风筝上绷一叶用蒲苇削成的膜片，经风一吹，发出"嗡嗡"的声响，仿佛是风筝的歌唱，在蓝天下播扬，给开阔的天地增添了无尽的韵味，给驰荡的童心带来几分疯狂。

我们那条胡同的左邻右舍的孩子们放的风筝几乎都是叔叔编扎的。他的风筝不卖钱，谁上门去要，就给谁，他乐意自己贴钱买材料。

后来，这位叔叔去了海外，放风筝也渐与孩子们远离了。不过年年叔叔给家乡写信，总不忘提起儿时的放风筝。香港回归之后，他的家信中说到，他这只被故乡放飞到海外的风筝，尽管飘荡游弋，经沐风雨，可那线头儿一直在故乡和//亲人手中牵着，如今飘得太累了，也该要回归到家乡和亲人身边来了。

是的。我想，不光是叔叔，我们每个人都是风筝，在妈妈手中牵着，从小放到大，再从家乡放到祖国最需要的地方去啊！

——节选自李恒瑞《风筝畅想曲》

Zuòpǐn 9 Hào

Jiàrì dào hétān·shàng zhuànzhuan, kàn·jiàn xǔduō háizi zài fàng fēngzheng. Yīgēngēn chángcháng de yǐnxiàn, yītóur jì zài tiān·shàng, yī tóur jì zài dì·shàng, háizǐ tóng fēngzheng dōu zài tiān yǔ dì zhījiān yōudàng, lián xīn yě bèi yōudàng de huǎnghuǎng-hūhū le, hǎoxiàng yòu huídào le tóngnián.

Ershí fàng de fēngzheng, dàduō shì zìjǐ de zhǎngbèi huò jiārén biānzā de, jǐ gēn xiāo de hěn báo de miè, yòng xì shāxiàn zāchéng gè zhǒng niǎo shòu de zàoxíng, hú·shàng xuěbái de zhǐpiàn, zài yòng cǎibǐ gōulè chū miànkǒng yǔ chìbǎng de tú'àn. Tōngcháng zā de zuì duō de shì "lǎodiāo" "měirénr" "huā húdié" děng.

Wǒmen jiā qiányuàn jiù yǒu wèi shūshu, shàn zā fēngzheng, yuǎn-jìn wénmíng. Tā zā de fēngzheng bùzhǐ tǐxíng hǎokàn, sècǎi yànlì, fàngfēi de gāo yuǎn, hái zài fēngzheng·shàng bēng yī yè yòng púwěi xiāochéng de mópiàn, jīng fēng yī chuī, fāchū "wēngwēng" de shēngxiǎng, fǎngfú shì fēngzheng de gēchàng, zài lántiān·xià bō yáng, gěi kāikuò de tiāndì zēngtiānle wújìn de yùnwèi, gěi chídàng de tóngxīn dàilái jǐ fēn fēngkuáng.

Wǒmen nà tiáo hútòngr de zuǒlín-yòushè de háizimen fàng de fēngzheng jīhū dōu shì shūshu biānzā de. Tā de fēngzheng bù mài qián, shuí shàngmén qù yào, jiù gěi shuí, tā lèyì zìjǐ tiē qián mǎi cáiliào.

Hòulái, zhèwèi shūshu qùle hǎiwài, fàng fēngzheng yě jiàn yǔ háizi men yuǎnlí le. Bùguò niánnián shūshu gěi jiāxiāng xiěxìn, zǒng bù wàng tíqǐ ershí de fàng fēngzheng. Xiānggǎng huíguī zhīhòu, tā zài jiāxìn zhōng shuōdào, tā zhè zhī bèi gùxiāng fàngfēi dào hǎiwài de fēngzheng, jǐnguǎn piāodàng yóuyì, jīng mù fēngyǔ, kě nà xiàntóur yīzhí zài gùxiāng hé//qīnrén shǒu zhōng qiānzhe, rújīn piāo de tài lèi le, yě gāi yào huíguī dào jiāxiāng hé qīnrén shēnbiān lái le.

Shìde. Wǒ xiǎng, bùguāng shì shūshu, wǒmen měi gè rén dōu shì fēngzheng, zài māma shǒu zhōng qiānzhe, cóngxiǎo fàngdào dà, zài cóng jiāxiāng fàngdào zǔguó zuì xūyào de dìfang qù a!

Jiéxuǎn zì Lǐ Héngruì 《Fēngzheng Chàngxiǎngqǔ》

作品 10 号

爸不懂得怎样表达爱，使我们一家人融洽相处的是我妈。他只是每天上班下班，而妈则把我们做过的错事开列清单，然后由他来责骂我们。

有一次我偷了一块糖果，他要我把它送回去，告诉卖糖的说是我偷来的，说我愿意替他拆箱卸货作为赔偿。但妈妈却明白我只是个孩子。

我在运动场打秋千跌断了腿，在前往医院的途中一直抱着我的，是我妈。爸把汽车停在急诊室门口，他们叫他驶开，说那空位是留给紧急车辆停放的。爸听了便叫嚷道："你以为这是什么车？旅游车？"

在我生日会上，爸总是显得有些不大相称。他只是忙于吹气球，布置餐桌，做杂务。把插着蜡烛的蛋糕推过来让我吹的，是我妈。

我翻阅照相册时，人们总是问："你爸爸是什么样子的？"天晓得！他老是忙着替别人拍照。妈和我笑容可掬地一起拍的照片，多得不可胜数。

我记得妈有一次叫他教我骑自行车。我叫他别放手，但他却说是应该放手的时候了。我摔倒之后，妈跑过来扶我，爸却挥手要她走开。我当时生气极了，决心要给他点儿颜色看。于是我马上爬上自行车，而且自己骑给他看。他只是微笑。

我念大学时，所有的家信都是妈写的。他//除了寄支票外，还寄过一封短柬给我，说因为我不在草坪上踢足球了，所以他的草坪长得很美。

每次我打电话回家，他似乎都想跟我说话，但结果总是说："我叫你妈来接。"

我结婚时，掉眼泪的是我妈。他只是大声擤了一下鼻子，便走出房间。

我从小到大都听他说："你到哪里去？什么时候回家？汽车有没有汽油？不，不准去。"爸完全不知道怎样表达爱。除非……

会不会是他已经表达了，而我却未能察觉？

——节选自［美］艾尔玛·邦贝克《父亲的爱》

Zuòpǐn 10 Hào

　　Bà bù dǒng·dé zěnyàng biǎodá ài, shǐ wǒmen yī jiā rén róngqià xiāngchǔ de shì wǒ mā. Tā zhǐshì měi tiān shàngbān xiàbān, ér mā zé bǎ wǒmen zuòguò de cuòshì kāiliè qīngdān, ránhòu yóu tā lái zémà wǒmen.

　　Yǒu yī cì wǒ tōule yī kuài tángguǒ, tā yào wǒ bǎ tā sòng huí·qù, gàosù mài táng de shuō shì wǒ tōu·lái de, shuō wǒ yuàn·yì tì tā chāi xiāng xiè huò zuòwéi péicháng. Dàn māma què míngbai wǒ zhǐshì gè háizi.

　　Wǒ zài yùndòngchǎng dǎ qiū·qiān diēduànle tuǐ, zài qiánwǎng yīyuàn de túzhōng yīzhí bàozhe wǒ de, shì wǒ mā. Bà bǎ qìchē tíng zài jízhěnshì ménkǒu, tāmen jiào tā shǐkāi, shuō nà kōngwèi shì liúgěi jǐnjí chēliàng tíngfàng de. Bà tīngle biàn jiàorǎng dào: "Nǐ yǐwéi zhè shì shénme chē? Lǚyóuchē?"

　　Zài wǒ shēngri huì·shàng, bà zǒngshì xiǎn·dé yǒuxiē bùdà xiāngchèn. Tā zhǐshì máng yú chuī qìqiú, bùzhì cānzhuō, zuò záwù. Bǎ chāzhe làzhú de dàngāo tuī guò·lái ràng wǒ chuī de, shì wǒ mā.

　　Wǒ fānyuè zhàoxiàngcè shí, rénmen zǒngshì wèn: "Nǐ bàba shì shénme yàngzi de?" Tiān xiǎo·dé! Tā lǎoshì mángzhe tì bié·rén pāi zhào. Mā hé wǒ xiàoróng-kějū de yīqǐ pāi de zhàopiàn, duō de bùkě-shèngshǔ.

　　Wǒ jì·dé mā yǒu yī cì jiào tā jiāo wǒ qí zìxíngchē. Wǒ jiào tā bié fàngshǒu, dàn tā què shuō shì yīnggāi fàngshǒu de shíhou le. Wǒ shuāidǎo zhīhòu, mā pǎo guò·lái fú wǒ, bà què huīshǒu yào tā zǒukāi. Wǒ dàngshí shēngqì jí le, juéxīn yào gěi tā diǎnr yánsè kàn. Yúshì wǒ mǎshàng pá·shàng zìxíngchē, érqiě zìjǐ qí gěi tā kàn. Ta zhǐshì wēixiào.

　　Wǒ niàn dàxué shí, suǒyǒu de jiāxìn dōu shì mā xiě de. Tā //chúle jì zhīpiào wài, hái jìguò yī fēng duǎn jiǎn gěi wǒ, shuō yīn·wéi wǒ bù zài cǎopíng·shàng tī zúqiú le, suǒyǐ tā de cǎopíng zhǎng de hěnměi.

　　Měi cì wǒ dǎ diànhuà huíjiā, tā sìhū dōu xiǎng gēn wǒ shuōhuà, dàn jiéguǒ zǒngshì shuō: "Wǒ jiào nǐ mā lái jiē."

　　Wǒ jiéhūn shí, diào yǎnlèi de shì wǒ mā. Tā zhǐshì dàshēng xǐngle yīxià bízi, biàn zǒuchū fángjiān.

　　Wǒ cóng xiǎo dào dà dōu tīng tā shuō: "Nǐ dào nǎ·lǐ qù? Shénme shíhou huíjiā? Qìchē yǒu méi·yǒu qìyóu? Bù, bù zhǔn qù." Bà wánquán bù zhī·dào zěnyàng biǎodá ài. Chú fēi⋯⋯

　　Huì bù huì shì tā yǐ·jīng biǎodá le, ér wǒ què wèi néng chájué?

　　　　　　Jiéxuǎn zì[měi]Ai'ěrmǎ Bāngbèikè《Fù·qīn de Ai》

作品 11 号

一个大问题一直盘踞在我脑袋里：

世界杯怎么会有如此巨大的吸引力？除去足球本身的魅力之外，还有什么超乎其上而更伟大的东西？

近来观看世界杯，忽然从中得到了答案：是由于一种无上崇高的精神情感——国家荣誉感！

地球上的人都会有国家的概念，但未必时时都有国家的感情。往往人到异国，思念家乡，心怀故国，这国家概念就变得有血有肉，爱国之情来得非常具体。而现代社会，科技昌达，信息快捷，事事上网，世界真是太小太小，国家的界限似乎也不那么清晰了。再说足球正在快速世界化，平日里各国球员频繁转会，往来随意，致使越来越多的国家联赛都具有国际的因素。球员们不论国籍，只效力于自己的俱乐部，他们比赛时的激情中完全没有爱国主义的因子。

然而，到了世界杯大赛，天下大变。各国球员都回国效力，穿上与光荣的国旗同样色彩的服装。在每一场比赛前，还高唱国歌以宣誓对自己祖国的挚爱与忠诚。一种血缘情感开始在全身的血管里燃烧起来，而且立刻热血沸腾。

在历史时代，国家间经常发生对抗，好男儿戎装卫国。国家的荣誉往往需要以自己的生命去//换取。但在和平时代，唯有这种国家之间大规模对抗性的大赛，才可以唤起那种遥远而神圣的情感，那就是：为祖国而战！

——节选自冯骥才《国家荣誉感》

Zuòpǐn 11 Hào

Yī gè dà wèntí yīzhí pánjù zài wǒ nǎodai·lǐ:

Shìjièbēi zěnme huì yǒu rúcǐ jùdà de xīyǐnlì? Chúqù zúqiú běnshēn de mèilì zhīwài, hái yǒu shénme chāohūqíshàng ér gèng wěidà de dōngxi?

Jìnlái guānkàn shìjièbēi, hūrán cóngzhōng dédàole dá'àn: Shì yóuyú yī zhǒng wúshàng chónggāo de jīngshén qínggǎn——guójiā róngyùgǎn!

Dìqiú·shàng de rén dōu huì yǒu guójiā de gàiniàn, dàn wèibì shíshí huì yǒu guójiā de gǎnqíng. Wǎngwǎng rén dào yìguó, sīniàn jiāxiāng, xīn huái gùguó, zhè guójiā gàiniàn jiù biànde yǒu xiě yǒu ròu, àiguó zhī qíng lái de fēicháng jùtǐ. Er xiàndài shèhuì, kējì chāngdá, xìnxī kuàijié, shìshì shàngwǎng, shìjiè zhēn shi tài xiǎo tài xiǎo, guójiā de jièxiàn sìhū yě bù nàme qīngxī le. Zàishuō zúqiú zhèngzài kuàisù shìjièhuà, píngrì·lǐ gè guó qiúyuán pínfán zhuǎn huì, wǎnglái suíyì, zhìshǐ yuèláiyuèduō de guójiā liánsài dōu jùyǒu guójì de yīnsù. Qiúyuánmen bùlùn guójí, zhǐ xiàolì yú zìjǐ de jùlèbù, tāmen bǐsài shí de jīqíng zhōng wánquán méi·yǒu àiguózhǔyì de yīnzǐ.

Rán'ér, dàole shìjièbēi dàsài, tiānxià dàbiàn. Gè guó qiúyuán dōu huíguó xiàolì, chuān·shàng yǔ guāngróng de guóqí tóngyàng sècǎi de fúzhuāng. Zài měi yī chǎng bǐsài qián, hái gāochàng guógē yǐ xuānshì duì zìjǐ zǔguó de zhì'ài yǔ zhōngchéng. Yī zhǒng xuèyuán qínggǎn kāishǐ zài quánshēn de xuèguǎn·lǐ ránshāo qǐ·lái, érqiě lìkè rèxuè fèiténg.

Zài lìshǐ shídài, guójiā jiān jīngcháng fāshēng duìkàng, hǎo nán'ér róngzhuāng wèiguó. Guójiā de róngyù wǎngwǎng xūyào yǐ zìjǐ de shēngmìng qù// huàn qǔ. Dàn zài hépíng shídài, wéiyǒu zhè zhǒng guójiā zhījiān dàguīmó duìkàngxìng de dàsài, cái kěyǐ huànqǐ nà zhǒng yáoyuǎn ér shénshèng de qínggǎn, nà jiùshì: Wéi zǔguó ér zhàn!

Jiéxuǎn zì Féng Jìcái《Guójiā Róngyùgǎn》

作品 12 号

夕阳落山不久，西方的天空，还燃烧着一片橘红色的晚霞。大海，也被这霞光染成了红色，而且比天空的景色更要壮观。因为它是活动的，每当一排排波浪涌起的时候，那映照在浪峰上的霞光，又红又亮，简直就像一片片霍霍燃烧着的火焰，闪烁着，消失了。而后面的一排，又闪烁着，滚动着，涌了过来。

天空的霞光渐渐地淡下去了，深红的颜色变成了绯红，绯红又变成浅红。最后，当这一切红光都消失了的时候，那突然显得高而远了的天空，则呈现出一片肃穆的神色。最早出现的启明星，在这蓝色的天幕上闪烁起来了。它是那么大，那么亮，整个广漠的天幕上只有它在那里放射着令人注目的光辉，活像一盏悬挂在高空的明灯。

夜色加浓，苍空中的"明灯"越来越多了。而城市各处的真的灯火也次第亮了起来，尤其是围绕在海港周围山坡上的那一片灯光，从半空倒映在乌蓝的海面上，随着波浪，晃动着，闪烁着，像一串流动着的珍珠，和那一片片密布在苍穹里的星斗互相辉映，煞是好看。

在这幽美的夜色中，我踏着软绵绵的沙滩，沿着海边，慢慢地向前走去。海水，轻轻地抚摸着细软的沙滩，发出温柔的//刷刷声。晚来的海风，清新而又凉爽。我的心里，有着说不出的兴奋和愉快。

夜风轻飘飘地吹拂着，空气中飘荡着一种大海和田禾相混合的香味儿，柔软的沙滩上还残留着白天太阳炙晒的余温。那些在各个工作岗位上劳动了一天的人们，三三两两地来到这软绵绵的沙滩上，他们浴着凉爽的海风，望着那缀满了星星的夜空，尽情地说笑，尽情地休憩。

——选自峻青《海滨仲夏夜》

Zuòpǐn 12 Hào

Xīyáng luòshān bùjiǔ, xīfāng de tiānkōng, hái ránshāozhe yī piàn júhóngsè de wǎnxiá. Dàhǎi, yě bèi zhè xiáguāng rǎnchéngle hóngsè, érqiě bǐ tiānkōng de jǐngsè gèng yào zhuàngguān. Yīn·wéi tā shì huó·dòng de, měidāng yīpáipái bōlàng yǒngqǐ de shíhou, nà yìngzhào zài làngfēng·shàng de xiáguāng, yòu hóng yòu liàng, jiǎnzhí jiù xiàng yīpiànpiàn huòhuò ránshāozhe de huǒyàn, shǎnshuò zhe, xiāoshī le. Er hòu·miàn de yī pái, yòu shǎnshuòzhe, gǔndòngzhe, yǒngle guò·lái.

Tiānkōng de xiáguāng jiànjiàn de dàn xià·qù le, shēnhóng de yánsè biànchéngle fēihóng, fēihóng yòu biànwéi qiǎnhóng. Zuìhòu, dāng zhè yīqiē hóngguāng dōu xiāoshīle de shíhou, nà tūrán xiǎn·dé gāo ér yuǎn le de tiānkōng, zé chéngxiàn chū yī piàn sùmù de shénsè. Zuì zǎo chūxiàn de qǐmíngxīng, zài zhè lánsè de tiānmù·shàng shǎnshuò qǐ·lái le. Tā shì nàme dà, nàme liàng, zhěng gè guǎngmò de tiānmù·shàng zhǐyǒu tā zài nà·lǐ fàngshèzhe lìng rén zhùmù de guānghuī, huóxiàng yī zhǎn xuánguà zài gāokōng de míngdēng.

Yèsè jiā nóng, cāngkōng zhōng de "míngdēng" yuèláiyuè duō le. Er chéngshì gè chǔ de zhēn de dēnghuǒ yě cìdì liàngle qǐ·lái, yóuqí shì wéirào zài hǎigǎng zhōuwéi shānpō·shàng de nà yī piàn dēngguāng, cóng bànkōng dǎoyìng zài wūlán de hǎimiàn·shàng, suízhe bōlàng, huàngdòngzhe, shǎnshuòzhe, xiàng yī chuàn liúdòngzhe de zhēnzhū, hé nà yīpiànpiàn mìbù zài cāngqióng·lǐ de xīngdǒu hùxiāng huīyìng, shà shì hǎokàn.

Zài zhè yōuměi de yèsè zhōng, wǒ tàzhe ruǎnmiánmián de shātān, yánzhe hǎibiān, mànmàn de xiàngqián zǒu·qù. Hǎishuǐ, qīngqīng de fǔmōzhe xìruǎn de shātān, fāchū wēnróu de//shuāshuā shēng. Wǎnlái de hǎifēng, qīngxīn ér yòu liángshuǎng. Wǒ de xīn·lǐ, yǒuzhe shuō·bùchū de xīngfèn hé yúkuài.

Yèfēng qīngpiāopiāo de chuīfúzhe, kōngqì zhōng piāodàngzhe yī zhǒng dàhǎi hé tiánhé xiāng hùnhé de xiāngwèir, róuruǎn de shātān·shàng hái cánliúzhe bái·tiān tài·yáng zhìshài de yúwēn. Nàxiē zài gè gè gōngzuò gǎngwèi ·shàng láodòngle yī tiān de rénmen, sānsān-liǎngliǎng de láidào zhè ruǎnmiánmián de shātān·shàng, tāmen yù zhe liángshuǎng de hǎifēng, wàngzhe nà zhuìmǎnle xīngxing de yèkōng, jìnqíng de shuōxiào, jìnqíng de xiūqì.

Jiéxuǎn zì Jùn Qīng 《Hǎibīn Zhòngxià Yè》

作品 13 号

生命在海洋里诞生绝不是偶然的，海洋的物理和化学性质，使它成为孕育原始生命的摇篮。

我们知道，水是生物的重要组成部分，许多动物组织的含水量在百分之八十以上，而一些海洋生物的含水量高达百分之九十五。水是新陈代谢的重要媒介，没有它，体内的一系列生理和生物化学反应就无法进行，生命也就停止。因此，在短时期内动物缺水要比缺少食物更加危险。水对今天的生命是如此重要，它对脆弱的原始生命，更是举足轻重了。生命在海洋里诞生，就不会有缺水之忧。

水是一种良好的溶剂。海洋中含有许多生命所必需的无机盐，如氯化钠、氯化钾、碳酸盐、磷酸盐，还有溶解氧，原始生命可以毫不费力地从中吸取它所需要的元素。

水具有很高的热容量，加之海洋浩大，任凭夏季烈日曝晒，冬季寒风扫荡，它的温度变化却比较小。因此，巨大的海洋就像是天然的"温箱"，是孕育原始生命的温床。

阳光虽然为生命所必需，但是阳光中的紫外线却有扼杀原始生命的危险。水能有效地吸收紫外线，因而又为原始生命提供了天然的"屏障"。

这一切都是原始生命得以产生和发展的必要条件。//

——节选自童裳亮《海洋与生命》

Zuòpǐn 13 Hào

　　Shēngmìng zài hǎiyáng·lǐ dànshēng jué bù shì ǒurán de, hǎiyáng de wùlǐ hé huàxué xìngzhì, shǐ tā chéngwéi yùnyù yuánshǐ shēngmìng de yáolán.

　　Wǒmen zhī·dào, shuǐ shì shēngwù de zhòngyào zǔchéng bùfen, xǔduō dòngwù zǔzhī de hánshuǐliàng zài bǎi fēn zhī bāshí yǐshàng, ér yīxiē hǎiyáng shēngwù de hánshuǐliàng gāodá bǎi fēn zhī jiǔshíwǔ. Shuǐ shì xīnchén-dàixiè de zhòngyào méijiè, méi·yǒu tā, tǐnèi de yīxìliè shēnglǐ hé shēngwù huàxué fǎnyìng jiù wúfǎ jìnxíng. Shēngmìng yě jiù tíngzhǐ. Yīncǐ, zài duǎn shíqī nèi dòngwù quē shuǐ yào bǐ quēshǎo shíwù gèngjiā wēixiǎn. Shuǐ duì jīntiān de shēngmìng shì rúcǐ zhòngyào, tā duì cuìruò de yuánshǐ shēngmìng, gèng shì jǔzú-qīngzhòng le. Shēngmìng zài hǎiyáng·lǐ dànshēng, jiù bù huì yǒu quē shuǐ zhī yōu.

　　Shuǐ shì yī zhǒng liánghǎo de róngjì. Hǎiyáng zhōng hányǒu xǔduō shēngmìng suǒ bìxū de wújīyán, rú lǜhuànà, lǜhuàjiǎ, tànsuānyán, línsuānyán, háiyǒu róngjiěyǎng. Yuánshǐ shēngmìng kěyǐ háobù fèilì de cóngzhōng xīqǔ tā suǒ xūyào de yuánsù.

　　Shuǐ jùyǒu hěn gāo de rè róngliàng, jiāzhī hǎiyáng hàodà, rènpíng xiàjì lièrì pùshài, dōngjì hánfēng sǎodàng, tā de wēndù biànhuà què bǐjiào xiǎo. Yīncǐ, jùdà de hǎiyáng jiù xiàng shì tiānrán de "wēn xiāng", shì yùnyù yuánshǐ shēngmìng de wēnchuáng.

　　Yángguāng suīrán wéi shēngmìng suǒ bìxū, dànshì yángguāng zhōng de zǐwàixiàn què yǒu èshā yuánshǐ shēngmìng de wēixiǎn. Shuǐ néng yǒuxiào xīshōu zǐwàixiàn, yīn'ér yòu wèi yuánshǐ shēngmìng tígōngle tiānrán de "píngzhàng".

　　Zhè yīqiē dōu shì yuánshǐ shēngmìng déyǐ chǎnshēng hé fāzhǎn de bìyào tiáojiàn. //

Jiéxuǎn zì Tóng Chángliàng 《Hǎiyáng yǔ Shēngmìng》

作品 14 号

读小学的时候，我的外祖母去世了。外祖母生前最疼爱我，我无法排除自己的忧伤，每天在学校的操场上一圈儿又一圈儿地跑着，跑得累倒在地上，扑在草坪上痛哭。

那哀痛的日子，断断续续地持续了很久，爸爸妈妈也不知道如何安慰我。他们知道与其骗我说外祖母睡着了，还不如对我说实话：外祖母永远不会回来了。

"什么是永远不会回来呢?"我问着。

"所有时间里的事物，都永远不会回来。你的昨天过去，它就永远变成昨天，你不能再回到昨天。爸爸以前也和你一样小，现在也不能回到你这么小的童年了；有一天你会长大，你会像外祖母一样老；有一天你度过了你的时间，就永远不会回来了。"爸爸说。

爸爸等于给我一个谜语，这谜语比课本上的"日历挂在墙壁，一天撕去一页，使我心里着急"和"一寸光阴一寸金，寸金难买寸光阴"还让我感到可怕；也比作文本上的"光阴似箭，日月如梭"更让我觉得有一种说不出的滋味。

时间过得那么飞快，使我的小心眼儿里不只是着急，而是悲伤。有一天我放学回家，看到太阳快落山了，就下决心说："我要比太阳更快地回家。"我狂奔回去，站在庭院前喘气的时候，看到太阳//还露着半边脸，我高兴地跳跃起来，那一天我跑赢了太阳。以后我就时常做那样的游戏，有时和太阳赛跑，有时和西北风比快，有时一个暑假才能做完的作业，我十天就做完了；那时我三年级，常常把哥哥五年级的作业拿来做。每一次比赛胜过时间，我就快乐得不知道怎么形容。

如果将来我有什么要教给我的孩子，我会告诉他：假若你一直和时间比赛，你就可以成功!

——节选自(台湾)林清玄《和时间赛跑》

Zuòpǐn 14 Hào

Dú xiǎoxué de shíhou, wǒ de wàizǔmǔ qùshì le. Wàizǔmǔ shēngqián zuì téng'ài wǒ, wǒ wúfǎ páichú zìjǐ de yōushāng, měi tiān zài xuéxiào de cāochǎng •shàng yīquānr yòu yī quānr de pǎozhe, pǎo de lèidǎo zài dì •shàng, pūzài cǎopíng •shàng tòngkū.

Nà āitòng de rìzǐ, duànduàn-xùxù de chíxùle hěn jiǔ, bàba māma yě bù zhī •dào rúhé ānwèi wǒ. Tāmen zhī •dào yǔqí piàn wǒ shuō wàizǔmǔ shuìzháole, hái bùrú duì wǒ shuō shíhuà: Wàizǔmǔ yǒng yuǎn bù huì huí •lái le.

"Shénme shì yǒngyuǎn bù huì huí •lái ne?" Wǒ wènzhe.

"Suǒyǒu shíjiān •lǐ de shìwù, dōu yǒngyuǎn bù huì huí •lái. Nǐ de zuótiān guò •qù, tā jiù yǒngyuǎn biàn chéng zuótiān, nǐ bùnéng zài huídào zuótiān. Bàba yǐqián yě hé nǐ yīyàng xiǎo, xiànzài yě bùnéng huídào nǐ zhème xiǎo de tóngnián le; yǒu yī tiān nǐ huì zhǎngdà, nǐ huì xiàng wàizǔmǔ yīyàng lǎo; yǒu yī tiān nǐ dùguole nǐ de shíjiān, jiù yǒngyuǎn bù huì huí •lái le." Bàba shuō.

Bàba děngyú gěi wǒ yī gè míyǔ, zhè míyǔ bǐ kèběn •shàng de "Rìlì guà zài qiángbì, yī tiān sī •qù yī yè, shǐ wǒ xīn •lǐ zháojí" hé "Yīcùn guāngyīn yī cùn jīn, cùn jīn nán mǎi cùn guāngyīn" hái ràng wǒ gǎndào kěpà; yě bǐ zuòwénběn •shàng de "Guāngyīn sì jiàn, rìyuè rú suō" gèng ràng wǒ jué •dé yǒu yī zhǒng shuō •bùchū de zīwèi.

Shíjiān guò de nàme fēikuài, shǐ wǒ de xiǎo xīnyǎnr •lǐ bù zhǐshì zháojí, háiyǒu bēishāng. Yǒu yī tiān wǒ fàngxué huíjiā, kàndào tài •yáng kuài luòshān le, jiù xià juéxīn shuō: "Wǒ yào bǐ tài •yáng gèng kuài de huíjiā." Wǒ kuángbēn huíqù, zhànzài tíngyuàn qián chuǎngqì de shíhou, kàndào tài •yáng //hái lòuzhe bànbiān liǎn, wǒ gāoxìng de tiàoyuè qǐ •lái, nà yī tiān wǒ pǎoyíngle tài •yáng. Yǐhòu wǒ jiù shícháng zuò nàyàng de yóuxì, yǒushí hé tài •yáng sàipǎo, yǒu shí hé xīběifēng bǐ kuài, yǒushí yī gè shǔjià cái néng zuòwán de zuòyè, wǒ shí tiān jiù zuòwánle; nà shí wǒ sān niánjí, chángcháng bǎ gēge wǔ niánjí de zuòyè ná •lái zuò. Měi yī cì bǐsài shèngguo shíjiān, wǒ jiù kuàilè de bù zhī •dào zěnme xíngróng.

Rúguǒ jiānglái wǒ yǒu shénme yào jiāogěi wǒ de háizi, wǒ huì gàosù tā: jiǎruò nǐ yīzhí hé shíjiān bǐsài, nǐ jiù kěyǐ chénggōng!

Jiéxuǎn zì (Táiwān) Lín Qīngxuán《Hé Shíjiān Sàipǎo》

作品 15 号

三十年代初，胡适在北京大学任教授。讲课时他常常对白话文大加称赞，引起一些只喜欢文言文而不喜欢白话文的学生的不满。

一次，胡适正讲得得意的时候，一位姓魏的学生突然站了起来，生气地问："胡先生，难道说白话文就毫无缺点吗?"胡适微笑着回答说："没有。"那位学生更加激动了："肯定有! 白话文废话太多，打电报用字多，花钱多。"胡适的目光顿时变亮了。轻声地解释说："不一定吧! 前几天有位朋友给我打来电报，请我去政府部门工作，我决定不去，就回电拒绝了。复电是用白话写的，看来也很省字。请同学们根据我这个意思，用文言文写一个回电，看看究竟是白话文省字，还是文言文省字?"胡教授刚说完，同学们立刻认真地写了起来。

十五分钟过去，胡适让同学举手，报告用字的数目，然后挑了一份用字最少的文言电报稿，电文是这样写的：

"才疏学浅，恐难胜任，不堪从命。"白话文的意思是：学问不深，恐怕很难担任这个工作，不能服从安排。

胡适说，这份写得确实不错，仅用了十二个字。但我的白话电报却只用了五个字：

"干不了，谢谢!"

胡适又解释说："干不了"就有才疏学浅、恐难胜任的意思；"谢谢"既//对朋友的介绍表示感谢，又有拒绝的意思。所以，废话多不多，并不看它是文言文还是白话文，只要注意选用字词，白话文是可以比文言文更省字的。

——节选自陈灼主编《实用汉语中级教程》(上)中《胡适的白话电报》

Zuòpǐn 15 Hào

Sānshí niándài chū, Hú Shì zài Běijīng Dàxué rèn jiàoshòu. Jiǎngkè shí tā chángcháng duì báihuàwén dàjiā chēngzàn, yǐnqǐ yīxiē zhǐ xǐhuan wényánwén ér bù xǐhuan báihuàwén de xuésheng de bùmǎn.

Yī cì, Hú Shì zhèng jiǎng de déyì de shíhou, yī wèi xìng Wèi de xuésheng tūrán zhànle qǐ·lái, shēngqì de wèn: "Hú xiānsheng, nándào shuō báihuàwén jiù háowú quēdiǎn ma?" Hú Shì wēixiàozhe huídá shuō: "méi·yǒu." Nà wèi xuésheng gèngjiā jīdòng le: "Kěndìng yǒu! Báihuàwén fèihuà tài duō, dǎ diànbào yòng zì duō, huāqián duō." Hú Shì de mùguāng dùnshí biànliàng le. Qīngshēng de jiěshì shuō: "Bù yīdìng ba! Qián jǐ tiān yǒu wèi péngyou gěi wǒ dǎ·lái diànbào, qǐng wǒ qù zhèngfǔ bùmén gōngzuò, wǒ juédìng bù qù, jiù huídiàn jùjué le. Fùdiàn shì yòng báihuà xiě de, kànlái yě hěn shěng zì. Qǐng tóngxuémen gēnjù wǒ zhège yìsi, yòng wényánwén xiě yī gè huídiàn, kànkan jiūjìng shì báihuàwén shěng zì, hái shì wényánwén shěng zì?" Hú jiàoshòu gāng shuōwán, tóngxuémen lìkè rènzhēn de xiěle qǐ·lái.

Shíwǔ fēnzhōng guò·qù, Hú Shì ràng tóngxué jǔshǒu, bàogào yòng zì de shùmù, ránhòu tiāole yī fèn yòng zì zuì shǎo de wényán diànbàogǎo, diànwén shì zhèyàng xiě de:

"Cáishū-xuéqiǎn, kǒng nán shèngrèn, bùkān cóngmìng." Báihuàwén de yìsi shì: Xuéwen bù shēn, kǒngpà hěn nán dānrèn zhège gōngzuò, bùnéng fúcóng ānpái.

Hú Shì shuō, zhè fèn xiě de quèshí bùcuò, jǐn yòngle shí'èr gè zì. Dàn wǒ de báihuà diànbào què zhǐ yòngle wǔ gè zì:

"Gàn·bù liǎo, xièxie!"

Hú shì yòu jiěshì shuō: "Gàn·bù liǎo" jiù yǒu cáishū-xuéqiǎn、kǒng nán shèngrèn de yìsi; "Xièxie" jì //duì péngyou de jièshào biǎoshì gǎnxiè, yòu yǒu jùjué de yìsi. Suǒyǐ, fèi huà duō·bù duō, bìng bù kàn tā shì wényánwén hái shì báihuàwén, zhǐyào zhùyì xuǎnyòng zìcí, báihuàwén shì kěyǐ bǐ wényánwén gèng shěng zì de.

Jiéxuǎn zì Chén Zhuó Zhǔbiān 《Shíyòng Hànyǔ Zhōngjí Jiàochéng》

（shàng）zhōng 《Hú Shì de Báihuà Diànbào》

作品 16 号

很久以前，在一个漆黑的秋天的夜晚，我泛舟在西伯利亚一条阴森森的河上。船到一个转弯处，只见前面黑黢黢的山峰下面一星火光蓦地一闪。

火光又明又亮，好像就在眼前……

"好啦，谢天谢地!"我高兴地说，"马上就到过夜的地方啦!"

船夫扭头朝身后的火光望了一眼，又不以为然地划起桨来。

"远着呢!"

我不相信他的话，因为火光冲破朦胧的夜色，明明在那儿闪烁。不过船夫是对的，事实上，火光的确还远着呢。

这些黑夜的火光的特点是：驱散黑暗，闪闪发亮，近在眼前，令人神往。乍一看，再划几下就到了……其实却还远着呢……

我们在漆黑如墨的河上又划了很久。一个个峡谷和悬崖，迎面驶来，又向后移去，仿佛消失在茫茫的远方，而火光却依然停在前头，闪闪发亮，令人神往——依然是这么近，又依然是那么远……

现在，无论是这条被悬崖峭壁的阴影笼罩的漆黑的河流，还是那一星明亮的火光，都经常浮现在我的脑际，在这以前和在这以后，曾有许多火光，似乎近在咫尺，不止使我一人心驰神往。可是生活之河却仍然在那阴森森的两岸之间流着，而火光也依旧非常遥远。因此，必须加劲划桨……

然而，火光啊……毕竟……毕竟就//在前头……

——节选自[俄]柯罗连科《火光》，张铁夫译

Zuòpǐn 16 Hào

Hěn jiǔ yǐqián, zài yī gè qīhēi de qiūtiān de yèwǎn, wǒ fàn zhōu zài Xībólìyà yī tiáo yīnsēnsēn de hé·shàng. Chuán dào yī gè zhuǎnwān chǔ, zhǐ jiàn qián·miàn hēiqūqū de shānfēng xià·miàn yī xīng huǒguāng mòdì yī shǎn.

Huǒ guāng yòu míng yòu liàng, hǎoxiàng jiù zài yǎnqián······

"Hǎo la, xiètiān-xièdì!" Wǒ gāoxìng de shuō, "Mǎshàng jiù dào guòyè de dìfang la!"

Chuánfū niǔtóu cháo shēnhòu de huǒguāng wàng le yī yǎn, yòu bùyǐwéirán de huá·qǐ jiǎng·lái.

"Yuǎnzhe ne!"

Wǒ bù xiāngxìn tā de huà, yīn·wèi huǒguāng chōngpò ménglóng de yèsè, míngmíng zài nàr shǎnshuò. Bùguò chuánfū shì duì de, shìshí·shàng, huǒguāng díquè hái yuǎnzhe ne.

Zhèxiē hēiyè de huǒguāng de tèdiǎn shì: Qū sàn hēi'àn, shǎnshǎn fāliàng, jìn zài yǎnqián, lìngrén shénwǎng. Zhà yī kàn, zài huá jǐ xià jiù dào le······Qíshí què hái yuǎnzhe ne······

Wǒmen zài qīhēi rú mò de hé·shàng yòu huále hěn jiǔ. Yīgègè xiágǔ hé xuányá, yíngmiàn shǐ·lái, yòu xiàng hòu yí·qù, fǎng fú xiāoshī zài mángmáng de yuǎnfāng, ér huǒguāng què yīrán tíng zài qiántou, shǎnshǎn fāliàng, lìngrénshénwǎng——yīrán shì zhème jìn, yòu yīrán shì nàme yuǎn······

Xiànzài, wúlùn shì zhè tiáo bèi xuányá qiàobì de yīnyǐng lǒngzhào de qīhēi de héliú, háishì nà yī xīng míngliàng de huǒguāng, dōu jīngcháng fúxiàn zài wǒ de nǎojì, zài zhè yǐqián hé zài zhè yǐhòu, céng yǒu xǔduō huǒguāng, sìhū jìn zài zhǐchǐ, bùzhǐ shǐ wǒ yī rén xīnchí-shénwǎng. Kěshì shēnghuó zhī hé què réngrán zài nà yīnsēnsēn de liǎng'àn zhījiān liúzhe, ér huǒguāng yě yījiù fēicháng yáoyuǎn. Yīncǐ, bìxū jiājìn huá jiǎng······

Rán'ér, huǒguāng a······bìjìng······bìjìng jiù//zài qiántou······

Jiéxuǎn zì[É]Kēluóliánkē《Huǒguāng》, Zhāng Tiěfū yì

作品 17 号

对于一个在北平住惯的人，像我，冬天要是不刮风，便觉得是奇迹；济南的冬天是没有风声的。对于一个刚由伦敦回来的人，像我，冬天要能看得见日光，便觉得是怪事；济南的冬天是响晴的。自然，在热带的地方，日光是永远那么毒，响亮的天气，反有点儿叫人害怕。可是，在北方的冬天，而能有温晴的天气，济南真得算个宝地。

设若单单是有阳光，那也算不了出奇。请闭上眼睛想：一个老城，有山有水，全在天底下晒着阳光，暖和安适地睡着，只等春风来把它们唤醒，这是不是理想的境界？小山整把济南围了个圈儿，只有北边缺着点口儿。这一圈小山在冬天特别可爱，好像是把济南放在一个小摇篮里，它们安静不动地低声地说："你们放心吧，这儿准保暖和。"真的，济南的人们在冬天是面上含笑的。他们一看那些小山，心中便觉得有了着落，有了依靠。他们由天上看到山上，便不知不觉地想起：明天也许就是春天了吧？这样的温暖，今天夜里山草也许就绿起来了吧？就是这点儿幻想不能一时实现，他们也并不着急，因为这样慈善的冬天，干什么还希望别的呢！

最妙的是下点小雪呀。看吧，山上的矮松越发的青黑，树尖儿上顶//着一髻儿白花，好像日本看护妇。山尖儿全白了，给蓝天镶上一道银边。山坡上，有的地方雪厚点儿，有的地方草色还露着；这样，一道儿白，一道儿暗黄，给山们穿上一件带水纹儿的花衣；看着看着，这件花衣好像被风儿吹动，叫你希望看见一点儿更美的山的肌肤。等到快日落的时候，微黄的阳光斜射在山腰上，那点儿薄雪好像忽然害羞，微微露出点儿粉色。就是下小雪吧，济南是受不住大雪的，那些小山太秀气。

——节选自老舍《济南的冬天》

Zuòpǐn 17 Hào

Duìyú yī gè zài Běipíng zhùguàn de rén, xiàng wǒ, dōngtiān yàoshì bù guāfēng, biàn jué·dé shì qíjì; jǐnán de dōngtiān shì méi·yǒu fēngshēngde. Duìyú yī gè gāng yóu Lúndūn huí·lái de rén, xiàng wǒ, dōngtiān yào néng kàn de jiàn rìguāng, biàn jué·dé shì guàishì; Jǐnán de dōngtiān shì xiǎngqíng de. Zìrán, zài rèdài de dìfang, rìguāng yǒngyuǎn shì nàme dú, xiǎngliàng de tiānqì, fǎn yǒudiǎnr jiào rén hàipà. Kěshì, zài běifāng de dōngtiān, ér néng yǒu wēnqíng de tiānqì, Jǐnán zhēn děi suàn gè bǎodì.

Shèruò dāndān shì yǒu yángguāng, nà yě suàn·bùliǎo chūqí. Qǐng bì·shàng yǎnjing xiǎng: Yī gè lǎochéng, yǒu shān yǒu shuǐ, quán zài tiān dǐ·xià shaizhe yángguāng, nuǎnhuo ānshì de shuìzhe, zhǐ děng chūnfēng lái bǎ tāmen huànxǐng, zhè shì·bùshì lǐxiǎng de jìngjiè? Xiǎoshān zhěng bǎ Jǐnán wéile gè quānr, zhǐyǒu běi·biān quēzhe diǎnr kǒur. Zhè yī quān xiǎoshān zài dōngtiān tèbié kě'ài, hǎoxiàng shì bǎ Jǐnán fàng zài yī gè xiǎo yáolán·lǐ, tāmen ānjìng bù dòng de dīshēng de shuō: "Nǐmen fàngxīn ba, zhèr zhǔnbǎo nuǎnhuo." Zhēn de, Jǐnán de rénmen zài dōngtiān shì miàn·shàng hánxiào de. Tā men yī kàn nàxiē xiǎoshān, xīnzhōng biàn jué·dé yǒule zhuóluò, yǒule yīkào. Tā men yóu tiān·shàng kàndào shān·shàng, biàn bùzhī-bùjué de xiǎngqǐ: Míngtiān yěxǔ jiùshì chūntiān le ba? Zhèyàng de wēnnuǎn, jīntiān yè·lǐ shāncǎo yěxǔ jiù lùqǐ·lái le ba? Jiùshì zhè diǎnr huànxiǎng bùnéng yīshí shíxiàn, tāmen yě bìng bù zháojí, yīn·wèi zhè yàng císhàn de dōngtiān, gànshénme hái xīwàng biéde ne!

Zuì miào de shì xià diǎnr xiǎoxuě ya. Kàn ba, shān·shàng de ǎisōng yuèfā de qīnghēi, shùjiānr·shàng dǐng//zhe yī jìr báihuā, hǎoxiàng Rìběn kānhùfù. Shānjiānr quán bái le, gěi lántiān xiāng·shàng yī dào yínbiānr. Shānpō·shàng, yǒude dìfang xuě hòu diǎnr, yǒude dìfang cǎosè hái lòuzhe; zhèyàng, yī dàor bái, yī dàor ànhuáng, gěi shānmen chuān·shàng yī jiàn dài shuǐwénr de huāyī; kànzhe kànzhe, zhè jiàn huāyī hǎoxiàng bèi fēng'ér chuīdòng, jiào nǐ xīwàng kàn·jiàn yīdiǎnr gèng měi de shān de jīfū. Děngdào kuài rìluò de shíhou, wēihuáng de yángguāng xié shè zài shānyāo·shàng, nà diǎnr báo xuě hǎoxiàng hūrán hàixiū, wēiwēi lòuchū diǎnr fěnsè. Jiùshì xià xiǎoxuě ba, Jǐnán shì shòu·bùzhù dàxuě de, nàxiē xiǎoshān tài xiùqì.

Jiéxuǎn zì Lǎo Shě 《Jǐnán de Dōngtiān》

作品 18 号

纯朴的家乡村边有一条河，曲曲弯弯，河中架一弯石桥，弓样的小桥横跨两岸。

每天，不管是鸡鸣晓月，日丽中天，还是月华泻地，小桥都印下串串足迹，洒落串串汗珠。那是乡亲为了追求多棱的希望，兑现美好的遐想。弯弯小桥，不时荡过轻吟低唱，不时露出舒心的笑容。

因而，我稚小的心灵，曾将心声献给小桥：你是一弯银色的新月，给人间普照光辉；你是一把闪亮的镰刀，割刈着欢笑的花果；你是一根晃悠悠的扁担，挑起了彩色的明天！哦，小桥走进我的梦中。

我在飘泊他乡的岁月，心中总涌动着故乡的河水，梦中总看到弓样的小桥。当我访南疆探北国，眼帘闯进座座雄伟的长桥时，我的梦变得丰满了，增添了赤橙黄绿青蓝紫。

三十多年过去，我带着满头霜花回到故乡，第一紧要的便是去看望小桥。

啊！小桥呢？它躲起来了？河中一道长虹，浴着朝霞熠熠闪光。哦，雄浑的大桥敞开胸怀，汽车的呼啸、摩托的笛音、自行车的叮铃，合奏着进行交响乐；南来的钢筋、花布，北往的柑橙、家禽，绘出交流欢悦图……

啊！蜕变的桥，传递了家乡进步的消息，透露了家乡富裕的声音。时代的春风，美好的追求，我蓦地记起儿时唱 // 给小桥的歌，哦，明艳艳的太阳照耀了，芳香甜蜜的花果捧来了，五彩斑斓的岁月拉开了！

我心中涌动的河水，激荡起甜美的浪花。我仰望一碧蓝天，心底轻声呼喊：家乡的桥啊，我梦中的桥！

——节选自郑莹《家乡的桥》

Zuòpǐn 18 Hào

Chúnpǔ de jiāxiāng cūnbiān yǒu yī tiáo hé, qūqū-wānwān, hé zhōng jià yī wān shíqiáo, gōng yàng de xiǎoqiáo héngkuà liǎng'àn.

Měi tiān, bùguǎn shì jī míng xiǎo yuè, rì lì zhōng tiān, háishì yuè huá xié dì, xiǎoqiáo dōu yìnxià chuànchuàn zújì, sǎluò chuànchuàn hànzhū. Nà shì xiāngqīn wèile zhuīqiú duōléng de xīwàng, duìxiàn měihǎo de xiáxiǎng. Wānwān xiǎoqiáo, bùshí dàngguo qīng yín-dīchàng, bùshí lùchū shūxīn de xiàoróng.

Yīn'ér, wǒ zhìxiǎo de xīnlíng, céng jiāng xīnshēng xiàngěi xiǎoqiáo: Nǐ shì yī wān yínsè de xīnyuè, gěi rénjiān pǔzhào guānghuī; nǐ shì yī bǎ shǎnliàng de liándāo, gēyìzhe huānxiào de huāguǒ; nǐ shì yī gēn huàngyōuyōu de biǎndan, tiǎoqǐle cǎisè de míngtiān! O, xiǎoqiáo zǒujìn wǒ de mèng zhōng.

Wǒ zài piāobó tāxiāng de suìyuè, xīnzhōng zǒng yǒngdòngzhe gùxiāng de héshuǐ, mèngzhōng zǒng kàndào gōng yàng de xiǎoqiáo. Dāng wǒ fǎng nánjiāng tàn běiguó, yǎnlián chuǎngjìn zuòzuò xióngwěi de chángqiáo shí, wǒ de mèng biàn dé fēngmǎn le, zēngtiānle chì-chéng-huáng-lǜ-qīng-lán-zǐ.

Sānshí duō nián guò·qù, wǒ dàizhe mǎntóu shuānghuā huídào gùxiāng, dì-yī jǐnyào de biànshì qù kànwàng xiǎoqiáo.

A! Xiǎo qiáo ne? tā duǒ qǐ·lái le? Hé zhōng yī dào chánghóng, yùzhe zháoxiá yìyì shǎnguāng. O, xiónghún de dàqiáo chǎngkāi xiōnghuái, qìchē de hūxiào, mótuō de díyīn, zìxíngchē de dīnglíng, hézòuzhe jìnxíng jiāoxiǎngyuè; nán lái de gāngjīn, huā bù, běi wǎng de gānchéng, jiāqín, huìchū jiāoliú huānyuètú……

A! Tuìbiàn de qiáo, chuándìle jiāxiāng jìnbù de xiāoxi, tòulùle jiāxiāng fùyù de shēngyīn. Shídài de chūnfēng, měihǎo de zhuīqiú, wǒ mòdì jìqǐ érshí chàng //gěi xiǎoqiáo de gē, ò, míngyànyàn de tài·yáng zhàoyào le, fāngxiāng tiánmì de huāguǒ pěnglái le, wǔcǎi bānlán de suì yuè lākāi le!

Wǒ xīnzhōng yǒngdòng de héshuǐ, jīdàng qǐ tiánměi de lànghuā. Wǒ yǎngwàng yī bì lántiān, xīndǐ qīngshēng hūhǎn: Jiāxiāng de qiáo a, wǒ mèng zhōng de qiáo!

Jiéxuǎn zì Zhèng Yíng 《Jiāxiāng de Qiáo》

作品 19 号

三百多年前，建筑设计师莱伊恩受命设计了英国温泽市政府大厅。他运用工程力学的知识，依据自己多年的实践，巧妙地设计了只用一根柱子支撑的大厅天花板。一年以后，市政府权威人士进行工程验收时，却说只用一根柱子支撑天花板太危险，要求莱伊恩再多加几根柱子。

莱伊恩自信只要一根坚固的柱子足以保证大厅安全，他的"固执"惹恼了市政官员，险些被送上法庭。他非常苦恼；坚持自己原先的主张吧，市政官员肯定会另找人修改设计；不坚持吧，又有悖自己为人的准则。矛盾了很长一段时间，莱伊恩终于想出了一条妙计，他在大厅里增加了四根柱子，不过这些柱子并未与天花板接触，只不过是装装样子。

三百多年过去了，这个秘密始终没有被人发现。直到前两年，市政府准备修缮大厅的天花板，才发现莱伊恩当年的"弄虚作假"。消息传出后，世界各国的建筑专家和游客云集，当地政府对此也不加掩饰，在新世纪到来之际，特意将大厅作为一个旅游景点对外开放，旨在引导人们崇尚和相信科学。

作为一名建筑师，莱伊恩并不是最出色的。但作为一个人，他无疑非常伟大。这种//伟大表现在他始终恪守着自己的原则，给高贵的心灵一个美丽的住所，哪怕是遭遇到最大的阻力，也要想办法抵达胜利。

——节选自游宇明《坚守你的高贵》

Zuòpǐn 19 Hào

Sānbǎi duō nián qián, jiànzhù shèjìshī Láiyī'ēn shòumìng shèjìle Yīngguó Wēnzé shìzhèngfǔ dàtīng. Tā yùnyòng gōngchéng lìxué de zhīshi, yījù zìjǐ duōnián de shíjiàn, qiǎomiào de shèjìle zhǐ yòng yī gēn zhùzi zhīchēng de dàtīng tiānhuābǎn. Yī nián yǐhòu, shìzhèngfǔ quánwēi rénshì jìnxíng gōngchéng yànshōu shí, què shuō zhǐ yòng yī gēn zhùzi zhīchēng tiānhuābǎn tài wēixiǎn, yāoqiú Láiyī'ēn zài duō jiā jǐ gēn zhùzi.

Láiyī'ēn zìxìn zhǐyào yī gēn jiāngù de zhùzǐ zúyǐ bǎozhèng dàtīng ānquán, tā de "gùzhi" rěnǎole shìzhèng guānyuán, xiǎnxiē bèi sòng • shàng fǎtíng. Tā fēicháng kǔnǎo; jiānchí zìjǐ yuánxiān de zhǔzhāng ba, shìzhèng guānyuán kěndìng huì lìng zhǎo rén xiūgǎi shèjì; bù jiānchí ba, yòu yǒu bèi zìjǐ wèirén de zhǔnzé. Máodùnle hěn cháng yīduàn shíjiān, Láiyī'ēn zhōngyú xiǎngchūle yī tiáo miàojì, tā zài dàtīng • lǐ zēngjiāle sì gēn zhùzi, bùguò zhèxiē zhùzi bìng wèi yǔ tiānhuābǎn jiēchù, zhǐ • bùguò shì zhuāngzhuang yàngzǐ.

Sānbǎi duō nián guò • qù le, zhège mìmì shǐzhōng méi • yǒu bèi rén fāxiàn. Zhídào qián liǎng nián, shìzhèngfǔ zhǔnbèi xiūshàn dàtīng de tiānhuābǎn, cái fāxiàn Láiyī'ēn dàngnián de "nòngxū-zuòjiǎ". Xiāoxi chuánchū hòu, shìjiè gè guó de jiànzhù zhuānjiā hé yóukè yúnjí, dāngdì zhèngfǔ duìcǐ yě bù jiā yǎnshì, zài xīn shìjì dàolái zhī jì, tèyì jiāng dàtīng zuòwéi yī gè lǚyóu jǐngdiǎn duìwài kāifàng, zhǐ zài yǐndǎo rénmen chóngshàng hé xiāngxìn kēxué.

Zuòwéi yī míng jiànzhùshī, Láiyī'ēn bìng bù shì zuì chūsè de. Dàn zuòwéi yī gè rén, tā wúyí fēicháng wěidà. Zhè zhǒng //wěidà biǎoxiàn zài tā shǐzhōng kèshǒuzhe zìjǐ de yuánzé, gěi gāoguì de xīnlíng yī gè měilì de zhùsuǒ, nǎpà shì zāoyù dào zuì dà de zǔlì, yě yào xiǎng bànfǎ dǐdá shènglì.

Jiéxuǎn zì Yóu Yùmíng 《Jiānshǒu Nǐ de Gāoguì》

作品 20 号

　　自从传言有人在萨文河畔散步时无意发现了金子后，这里便常有来自四面八方的淘金者。他们都想成为富翁，于是寻遍了整个河床，还在河床上挖出很多大坑，希望借助它们找到更多的金子。的确，有一些人找到了，但另外一些人因为一无所得而只好扫兴归去。

　　也有不甘心落空的，便驻扎在这里，继续寻找。彼得·弗雷特就是其中一员。他在河床附近买了一块没人要的土地，一个人默默地工作。他为了找金子，已把所有的钱都押在这块土地上。他埋头苦干了几个月，直到土地全变成了坑坑洼洼，他失望了——他翻遍了整块土地，但连一丁点儿金子都没看见。

　　六个月后，他连买面包的钱都没有了。于是他准备离开这儿到别处去谋生。

　　就在他即将离去的前一个晚上，天下起了倾盆大雨，并且一下就是三天三夜。雨终于停了，彼得走出小木屋，发现眼前的土地看上去好像和以前不一样：坑坑洼洼已被大水冲刷平整，松软的土地上长出一层绿茸茸的小草。

　　"这里没找到金子，"彼得忽有所悟地说，"但这土地很肥沃，我可以用来种花，并且拿到镇上去卖给那些富人，他们一定会买些花装扮他们华丽的客//厅。如果真是这样的话，那么我一定会赚许多钱。有朝一日我也会成为富人……"

　　于是他留了下来。彼得花了不少精力培育花苗，不久田地里长满了美丽鲜艳的各色鲜花。

　　五年以后，彼得终于实现了他的梦想——成了一个富翁。"我是唯一的一个找到真金的人！"他时常不无骄傲地告诉别人，"别人在这儿找不到金子后便远远地离开，而我的'金子'是在这块土地里，只有诚实的人用勤劳才能采集到。"

——节选自陶猛译《金子》

Zuòpǐn 20 Hào

Zìcóng chuányán yǒu rén zài Sàwén hépàn sànbù shí wúyì fāxiànle jīnzi hòu, zhè•lǐ biàn cháng yǒu láizì sìmiàn-bāfāng de táojīnzhě. Tāmen dōu xiǎng chéngwéi fùwēng, yúshì xúnbiànle zhěnggè héchuáng, hái zài héchuáng•shàng wāchū hěnduō dàkēng, xīwàng jièzhù tāmen zhǎodào gèng duō de jīnzi. Díquè, yǒu yīxiē rén zhǎodào le, dàn lìngwài yīxiē rén yīn•wèi yīwú-suǒdé ér zhǐhǎo sǎoxìng guīqù.

Yě yǒu bù gānxīn luòkōng de, biàn zhùzhā zài zhè•lǐ, jìxù xúnzhǎo. Bǐdé Fúléitè jiùshì qízhōng yī yuán. Tā zài héchuáng fùjìn mǎile yī kuài méi rén yào de tǔdì, yī gè rén mòmò de gōngzuò. Tā wèile zhǎo jīnzi, yǐ bǎ suǒyǒu de qián dōu yā zài zhè kuài tǔdì•shàng. Tā máitóu-kǔgànle jǐ gè yuè, zhídào tǔdì quán biànchéngle kēngkēng-wāwā, tā shīwàng le ——tā fānbiànle zhěngkuài tǔdì, dàn lián yī dīngdiǎnr jīnzǐ dōu méi kàn•jiàn.

Liù gè yuè hòu, tā lián mǎi miànbāo de qián dōu méi•yǒu le. Yúshì tā zhǔnbèi líkāi zhèr dào biéchù qù móushēng.

Jiù zài tā jíjiāng líqù de qián yī gè wǎnshang, tiān xiàqǐle qīngpén-dàyǔ, bìngqiě yīxià jiùshì sān tiān sān yè. Yǔ zhōngyú tíng le, Bǐdé zǒuchū xiǎo mùwū, fāxiàn yǎnqián de tǔdì kàn shàng•qù hǎoxiàng hé yǐqián bù yīyàng, kēngkēng-wāwā yǐ bèi dàshuǐ chōngshuā píngzhěng, sōngruǎn de tǔdì•shàng zhǎngchū yī céng lǜróngróng de xiǎocǎo.

"Zhè•lǐ méi zhǎodào jīnzi," Bǐdé hū yǒu suǒ wù de shuō, "Dàn zhè tǔdì hěn féiwò, wǒ kěyǐ yònglái zhòng huā, bìngqiě nádào zhèn•shàng qù màigěi nàxiē fùrén, tāmen yīdìng huì mǎi xiē huā zhuāngbàn tāmen huálì de kè//tīng. Rúguǒ zhēn shì zhèyàng de huà, nàme wǒ yīdìng huì zhuàn xǔduō qián, yǒuzhāo-yīrì wǒ yě huì chéngwéi fùrén……"

Yúshì tā liú le xià•lái. Bǐdé huā le bù shǎo jīnglì péi yù huāmiáo, bùjiǔ tiándì •lǐ zhǎngmǎnle měilì jiāoyàn de gè sè xiānhuā.

Wǔ nián yǐhòu, Bǐdé zhōngyú shíxiànle tā de mèngxiǎng——chéngle yī gè fùwēng. "Wǒ shì wéiyī de yī gè zhǎodào zhēnjīn de rén!" Tā shícháng bùwú jiāo'ào de gàosù bié•rén, "Bié•rén zài zhèr zhǎo•bùdào jīnzi hòu biàn yuǎnyuǎn de líkāi, ér wǒ de'jīnzi'shì zài zhè kuài tǔdì•lǐ, zhǐyǒu chéng•shí de rén yòng qínláo cáinéng cǎijí dào."

Jiéxuǎn zì Táo Měng yì《Jīnzi》

作品 21 号

我在加拿大学习期间遇到过两次募捐，那情景至今使我难以忘怀。

一天，我在渥太华的街上被两个男孩子拦住去路。他们十来岁，穿得整整齐齐，每人头上戴着个做工精巧、色彩鲜艳的纸帽，上面写着"为帮助患小儿麻痹的伙伴募捐。"其中的一个，不由分说就坐在小凳上给我擦起皮鞋来，另一个则彬彬有礼地发问："小姐，您是哪国人？喜欢渥太华吗？""小姐，在你们国家有没有小孩儿患小儿麻痹？谁给他们医疗费？"一连串的问题，使我这个有生以来头一次在众目睽睽之下让别人擦鞋的异乡人，从近乎狼狈的窘态中解脱出来。我们像朋友一样聊起天儿来……

几个月之后，也是在街上。一些十字路口处或车站坐着几位老人。他们满头银发，身穿各种老式军装，上面布满了大大小小形形色色的徽章、奖章，每人手捧一大束鲜花，有水仙、石竹、玫瑰及叫不出名字的，一色雪白。匆匆过往的行人纷纷止步，把钱投进这些老人身旁的白色木箱内，然后向他们微微鞠躬，从他们手中接过一朵花。我看了一会儿，有人投一两元，有人投几百元，还有人掏出支票填好后投进木箱。那些老军人毫不注意人们捐多少钱，一直不//停地向人们低声道谢。同行的朋友告诉我，这是为纪念二次大战中参战的勇士，募捐救济残废军人和烈士遗孀，每年一次；认捐的人可谓踊跃，而且秩序井然，气氛庄严。

有些地方，人们还耐心地排着队。我想，这是因为他们都知道：正是这些老人们的流血牺牲换来了包括他们信仰自由在内的许许多多。

我两次把那微不足道的一点儿钱捧给他们，只想对他们说声"谢谢"。

——节选自青白《捐诚》

Zuòpǐn 21 Hào

Wǒ zài jiānádà xué xí qījiān yùdàoguo liǎng cì mùjuān, nà qíngjǐng zhìjīn shǐ wǒ nányǐ-wànghuái.

Yī tiān, wǒ zài Wòtàihuá de jiē•shàng bèi liǎng gè nánháizi lánzhù qùlù. Tāmen shí lái suì, chuān de zhěngzhěng-qíqí, měi rén tóu•shàng dàizhe gè zuògōng jīngqiǎo、sècǎi xiānyàn de zhǐmào, shàng•miàn xiězhe "Wéi bāngzhù huàn xiǎo'ér mábì de huǒbàn mùjuān". Qízhōng de yī gè, bùyóu-fēnshuō jiù zuò zài xiǎodèng•shàng gěi wǒ cā•qǐ píxié•lái, lìng yī gè zé bīnbīn-yǒulǐ de fāwèn: "Xiǎo•jiě, nín shì nǎ guó rén? Xǐhuan Wòtàihuá ma?" "Xiǎo•jiě, zài nǐmen guójiā yǒu méi•yǒu xiǎoháir huàn xiǎo'ér mábì? Shuí gěi tāmen yīliáofèi?" Yīliánchuàn de wèntí, shǐ wǒ zhège yǒushēng-yǐlái tóu yī cì zài zhòngmù-kuíkuí zhīxià ràng bié•rén cā xié de yìxiāngrén, cóng jìnhū lángbèi de jiǒngtài zhōng jiětuō chū•lái. Wǒmen xiàng péngyou yīyàng liáo•qǐ tiānr•lái……

Jǐ gè yuè zhīhòu, yě shì zài jiē•shàng. Yīxiē shízì lùkǒuchù huò chēzhàn zuòzhe jǐ wèi lǎorén. Tāmen mǎntóu yínfà, shēn chuān gè zhǒng lǎoshì jūnzhuāng, shàng•miàn bùmǎnle dàdà-xiǎoxiǎo xíngxíng-sèsè de huīzhāng、jiǎngzhāng, měi rén shǒu pěng yī dà shù xiānhuā. Yǒu shuǐxiān、shízhú、méi•guī jí jiào•bùchū míngzi de, yīsè xuěbái. Cōngcōng guòwǎng de xíngrén fēnfēn zhǐbù, bǎ qián tóujìn zhèxiē lǎorén shēnpáng de báisè mùxiāng nèi, ránhòu xiàng tāmen wēiwēi jūgōng, cóng tāmen shǒu zhōng jiēguo yī duǒ huā. Wǒ kànle yīhuìr, yǒu rén tóu yī-liǎng yuán, yǒu rén tóu jǐbǎi yuán, hái yǒu rén tāochū zhīpiào tiánhǎo hòu tóujìn mùxiāng. Nàxiē lǎojūnrén háobù zhùyì rénmen juān duō•shǎo qián, yīzhí bù//tíng de xiàng rénmen dīshēng dàoxiè. Tóngxíng de péngyou gàosu wǒ, zhè shì wéi jìniàn Er Cì Dàzhàn zhōng cānzhàn de yǒngshì, mùjuān jiùjì cánfèi jūnrén hé lièshì yíshuāng, měinián yī cì; rèn juān de rén kěwèi yǒngyuè, érqiě zhìxù jǐngrán, qì•fēn zhuāngyán. Yǒuxiē dìfang, rénmen hái nàixīn de páizhe duì. Wǒ xiǎng, zhè shì yīn•wèi tāmen dōu zhī•dào: Zhèng shì zhèxiē lǎorénmen de liúxiě xīshēng huànláile bāokuò tāmen xìnyǎng zìyóu zài nèi de xǔxǔ-duōduō.

Wǒ liǎng cì bǎ nà wēibùzúdào de yīdiǎnr qián pěnggěi tāmen, zhī xiǎng duì tāmen shuō shēng "xièxie".

Jiéxuǎn zì Qīng Bái《Juān Chéng》

作品 22 号

没有一片绿叶，没有一缕炊烟，没有一粒泥土，没有一丝花香，只有水的世界，云的海洋。

一阵台风袭过，一只孤单的小鸟无家可归，落到被卷到洋里的木板上，乘流而下，姗姗而来，近了，近了……

忽然，小鸟张开翅膀，在人们头顶盘旋了几圈儿，"噗啦"一声落到了船上。许是累了？还是发现了"新大陆"？水手撵它它不走，抓它，它乖乖地落在掌心。可爱的小鸟和善良的水手结成了朋友。

瞧，它多美丽，娇巧的小嘴，啄理着绿色的羽毛，鸭子样的扁脚，呈现出春草的鹅黄。水手们把它带到舱里，给它"搭铺"，让它在船上安家落户，每天，把分到的一塑料筒淡水匀给它喝，把从祖国带来的鲜美的鱼肉分给它吃，天长日久，小鸟和水手的感情日趋笃厚。清晨，当第一束阳光射进舷窗时，它便敞开美丽的歌喉，唱啊唱，嘤嘤有韵，宛如春水淙淙。人类给它以生命，它毫不悭吝地把自己的艺术青春奉献给了哺育它的人。可能都是这样？艺术家们的青春只会献给尊敬他们的人。

小鸟给远航生活蒙上了一层浪漫色调。返航时，人们爱不释手，恋恋不舍地想把它带到异乡。可小鸟憔悴了，给水，不喝！喂肉，不吃！油亮的羽毛失去了光泽。是啊，我//们有自己的祖国，小鸟也有它的归宿，人和动物都是一样啊，哪儿也不如故乡好！

慈爱的水手们决定放开它，让它回到大海的摇篮去，回到蓝色的故乡去。离别前，这个大自然的朋友与水手们留影纪念。它站在许多人的头上，肩上，掌上，胳膊上，与喂养过它的人们，一起融进那蓝色的画面……

——节选自王文杰《可爱的小鸟》

Zuòpǐn 22 Hào

Méi·yǒu yī piàn lǜyè, méi·yǒu yī lǚ chuīyān, méi·yǒu yī lì nítǔ, méi·yǒu yī sī huāxiāng, zhǐyǒu shuǐ de shìjiè, yún de hǎiyáng.

Yī zhèn táifēng xíguò, yī zhī gūdān de xiǎoniǎor wújiā-kěguī, luòdào bèi juǎndào yáng·lǐ de mùbǎn·shàng, chéng liú ér xià, shānshān ér lái, jìn le, jìn le……

Hūrán, xiǎoniǎo zhāngkāi chìbǎng, zài rénmen tóudǐng pánxuánle jǐ quānr, "pūlā" yī shēng luòdàole chuán·shàng. Xǔ shì lèi le? Háishì fāxiànle "xīn dàlù"? Shuǐshǒu niǎn tā tā bù zǒu, zhuā tā, tā guāiguāi de luò zài zhǎngxīn. Kě'ài de xiǎoniǎo hé shànliáng de shuǐshǒu jiéchéngle péngyou.

Qiáo, tā duō měilì, jiāoqiǎo de xiǎozuǐ, zhuólǐzhe lǜsè de yǔmáo, yāzi yàng de biǎnjiǎo, chéngxiàn chū chūncǎo de éhuáng. Shuǐshǒumen bǎ tā dàidào cāng·lǐ, gěi tā "dā pù", ràng tā zài chuán·shàng ānjiā-luòhù, měi tiān, bǎ fēndào de yī sùliàotǒng dànshuǐ yúngěi tā hē, bǎ cóng zǔguó dài·lái de xiānměi de yúròu fēngěi tā chī, tiāncháng-rìjiǔ, xiǎoniǎo hé shuǐshǒu de gǎnqíng rìqū dǔhòu. Qīngchén, dāng dì-yī shù yángguāng shèjìn xiánchuāng shí, tā biàn chǎngkāi měilì de gēhóu, chàng a chàng, yīngyīng-yǒuyùn, wǎnrú chūnshuǐ cóngcóng. Rénlèi gěi tā yǐ shēngmìng, tā háobù qiānlìn de bǎ zìjǐ de yìshù qīngchūn fèngxiàn gěile bǔyù tā de rén. Kěnéng dōu shì zhèyàng? Yìshùjiāmen de qīngchūn zhǐ huì xiànggěi zūnjìng tāmen de rén.

Xiǎoniǎo gěi yuǎnháng shēnghuó méng·shàngle yī céng làngmàn sèdiào, Fǎnháng shí, rénmen àibùshìshǒu, liànliàn-bùshě de xiǎng bǎ tā dàidào yìxiāng. Kě xiǎoniǎo qiáocuì le, gěi shuǐ, bù hē! Wèi ròu, bù chī! Yóuliàng de yǔmáo shīqùle guāngzé. Shì a, wǒ//men yǒu zìjǐ de zǔguó, xiǎoniǎo yě yǒu tā de guīsù, rén hé dòngwù dōu shì yīyàng a, nǎr yě bùrú gùxiāng hǎo!

Cí'ài de shuǐshǒumen juédìng fàngkāi tā, ràng tā huídào dàhǎi de yáolán ·qù, huídào lánsè de gùxiāng·qù. Líbié qián, zhège dàzìrán de péngyou yǔ shuǐshǒumen liúyǐng jìniàn. Tā zhàn zài xǔduō rén de tóu·shàng, jiān·shàng, zhǎng·shàng, gēbo·shàng, yǔ wèiyǎngguo tā de rénmen, yīqǐ róngjìn nà lánsè de huàmiàn……

Jiéxuǎn zì Wáng Wénjié《Kě'ài de Xiǎoniǎo》

作品 23 号

纽约的冬天常有大风雪，扑面的雪花不但令人难以睁开眼睛，甚至呼吸都会吸入冰冷的雪花。有时前一天晚上还是一片晴朗，第二天拉开窗帘，却已经积雪盈尺，连门都推不开了。

遇到这样的情况，公司、商店常会停止上班，学校也通过广播，宣布停课。但令人不解的是，惟有公立小学，仍然开放。只见黄色的校车，艰难地在路边接孩子，老师则一大早就口中喷着热气，铲去车子前后的积雪，小心翼翼地开车去学校。

据统计，十年来纽约的公立小学只因为超级暴风雪停过七次课。这是多么令人惊讶的事。犯得着在大人都无须上班的时候让孩子去学校吗？小学的老师也太倒霉了吧？

于是，每逢大雪而小学不停课时，都有家长打电话去骂。妙的是，每个打电话的人，反应全一样——先是怒气冲冲地责问，然后满口道歉，最后笑容满面地挂上电话。原因是，学校告诉家长：

在纽约有许多百万富翁，但也有不少贫困的家庭。后者白天开不起暖气，供不起午餐，孩子的营养全靠学校里免费的中饭，甚至可以多拿些回家当晚餐。学校停课一天，穷孩子就受一天冻，挨一天饿，所以老师们宁愿自己苦一点儿，也不能停课。//

或许有家长会说：何不让富裕的孩子在家里，让贫穷的孩子去学校享受暖气和营养午餐呢？

学校的答复是：我们不愿让那些穷苦的孩子感到他们是在接受救济，因为施舍的最高原则是保持受施者的尊严。

——节选自（台湾）刘墉《课不能停》

Zuòpǐn 23 Hào

Niǔyuē de dōngtiān cháng yǒu dà fēngxuě, pūmiàn de xuěhuā bùdàn lìng rén nányǐ zhēngkāi yǎnjing, shènzhì hūxī dōu huì xīrù bīnglěng de xuěhuā. Yǒushí qián yī tiān wǎnshang háishì yī piàn qínglǎng, dì-èr tiān lākāi chuānglián, què yǐ•jīng jīxuě yíng chǐ, lián mén dōu tuī•bùkāi le.

Yùdào zhèyàng de qíngkuàng, gōngsī, shāngdiàn cháng huì tíngzhǐ shàngbān, xuéxiào yě tōngguò guǎngbō, xuān bù tíng kè. Dàn lìng rén bùjiě de shì, wéi yǒu gōnglì xiǎoxué, réngrán kāifàng. Zhǐ jiàn huángsè de xiǎochē, jiānnán de zài lùbiān jiē háizi, lǎoshī zé yīdàzǎo jiù kǒuzhōng pēnzhe rèqì, chǎnqù chēzi qiánhòu de jīxuě, xiǎoxīn-yìyì de kāichē qù xuéxiào.

Jù tǒngjì, shí nián lái Niǔyuē de gōnglì xiǎoxué zhī yīn•wèi chāojí bàofēngxuě tíngguo qī cì kè. Zhè shì duōme lìng rén jīngyà de shì. Fànde zháo zài dàrén dōu wúxū shàngbān de shíhou ràng háizi qù xuéxiào ma? Xiǎoxué de lǎoshī yě tài dǎoméile ba?

Yúshì, měiféng dàxuě ér xiǎoxué bù tíngkè shí, dōu yǒu jiāzhǎng dǎ diànhuà qù mà. Miào de shì, měi gè dǎ diànhuà de rén, fǎnyìng quán yī yàng——xiān shì nùqì-chōngchōng de zéwèn, ránhòu mǎnkǒu dàoqiàn, zuìhòu xiàoróng mǎnmiàn de guà•shàng diànhuà. Yuányīn shì, xuéxiào gàosu jiāzhǎng:

Zài Niǔyuē yǒu xǔduō bǎiwàn fùwēng, dàn yě yǒu bùshǎo pínkùn de jiātíng. Hòuzhě bái•tiān kāi•bùqǐ nuǎnqì, gòng•bùqǐ wǔcān, háizi de yíngyǎng quán kào xuéxiào•lǐ miǎnfèi de zhōngfàn, shènzhì kěyǐ duō ná xiē huíjiā dàng wǎncān, xuéxiào tíngkè yī tiān, qióng háizi jiù shòu yī tiān dòng, ái yī tiān è, suǒyǐ lǎoshīmen nìngyuàn zìjǐ kǔ yīdiǎnr, yě bù néng tíngkè. //

Huòxǔ yǒu jiāzhǎng huì shuō: Hé bù ràng fùyù de háizi zài jiā•lǐ, ràng pínqióng de háizi qù xuéxiào xiǎngshòu nuǎnqì hé yíngyǎng wǔcān ne?

Xuéxiào de dá•fù shì: Wǒmen bùyuàn ràng nàxiē qióngkǔ de háizi gǎndào tāmen shì zài jiēshòu jiùjì, yīn•wèi shīshě de zuìgāo yuánzé shì bǎochí shòushīzhě de zūnyán.

Jiéxuǎn zì(Táiwān)Liú Yōng《Kè Bùnéng Tíng》

作品 24 号

十年，在历史上不过是一瞬间。只要稍加注意，人们就会发现：在这一瞬间里，各种事物都悄悄经历了自己的千变万化。

这次重新访日，我处处感到亲切和熟悉，也在许多方面发觉了日本的变化。就拿奈良的一个角落来说吧，我重游了为之感受很深的唐招提寺，在寺内各处匆匆走了一遍，庭院依旧，但意想不到还看到了一些新的东西。其中之一，就是近几年从中国移植来的"友谊之莲"。

在存放鉴真遗像的那个院子里，几株中国莲昂然挺立，翠绿的宽大荷叶正迎风而舞，显得十分愉快。开花的季节已过，荷花朵朵已变为莲蓬累累。莲子的颜色正在由青转紫，看来已经成熟了。

我禁不住想："因"已转化为"果"。

中国的莲花开在日本，日本的樱花开在中国，这不是偶然。我希望这样一种盛况延续不衰。可能有人不欣赏花，但决不会有人欣赏落在自己面前的炮弹。

在这些日子里，我看到了不少多年不见的老朋友，又结识了一些新朋友。大家喜欢涉及的话题之一，就是古长安和古奈良。那还用得着问吗，朋友们缅怀过去，正是瞩望未来。瞩目于未来的人们必将获得未来。

我不例外，也希望一个美好的未来。

为//了中日人民之间的友谊，我将不浪费今后生命的每一瞬间。

——节选自严文井《莲花和樱花》

Zuòpǐn 24 Hào

　　Shí nián, zài lìshǐ • shàng bùguò shì yī shùnjiān. Zhǐyào shāo jiā zhùyì, rénmen jiù huì fāxiàn: Zài zhè yī shùnjiān • lǐ, gè zhǒng shìwù dōu qiāoqiāo jīnglìle zìjǐ de qiānbiàn-wànhuà.

　　Zhè cì chóngxīn fǎng Rì, wǒ chùchù gǎndào qīnqiè hé shú • xī, yě zài xǔduō fāngmiàn fājuéle Rìběn de biànhuà. Jiù ná Nàiliáng de yī gè jiǎoluò lái shuō ba, wǒ chóngyóule wéi zhī gǎnshòu hěn shēn de Táng Zhāotísì, zài sìnèi gè chù cōngcōng zǒule yī biàn, tíngyuàn yījiù, dàn yìxiǎngbùdào hái kàndàole yīxiē xīn de dōngxi. Qízhōng zhīyī, jiùshì jìn jǐ nián cóng Zhōngguó yízhí lái de "yǒuyì zhī lián".

　　Zài cúnfàng Jiànzhēn yíxiàng de nàge yuànzi • lǐ, jǐ zhū Zhōngguó lián ángrán tǐnglì, cuìlǜ de kuāndà héyè zhèng yíngfēng ér wǔ, xiǎn • dé shífēn yúkuài. Kāihuā de jìjié yǐ guò, héhuā duǒduǒ yǐ biàn wéi liánpéng léiléi. Liánzǐ de yánsè zhèngzài yóu qīng zhuǎn zǐ, kàn • lái yǐ • jīng chéngshú le.

　　Wǒ jīn • bùzhù xiǎng: "Yīn" yǐ zhuǎnhuà wéi "guǒ".

　　Zhōngguó de liánhuā kāi zài Rìběn, Rìběn de yīnghuā kāi zài Zhōngguó, zhè bù shì ǒurán. Wǒ xīwàng zhèyàng yī zhǒng shèngkuàng yánxù bù shuāi. Kěnéng yǒu rén bù xīnshǎng huā, dàn jué bùhuì yǒu rén xīnshǎng luò zài zìjǐ miànqián de pàodàn.

　　Zài zhèxiē rìzi • lǐ, wǒ kàndàole bùshǎo duō nián bù jiàn de lǎopéngyou, yòu jiéshíle yīxiē xīn péngyou. Dàjiā xǐhuān shèjí de huàtí zhīyī, jiùshì gǔ Cháng'ān hé gǔ Nàiliáng. Nà hái yòngdezháo wèn ma, péngyoumen miǎnhuái guòqù, zhèngshì zhǔwàng wèilái. Zhǔmù yú wèilái de rénmen bìjiāng huòdé wèilái.

　　Wǒ bù lìwài, yě xīwàng yī gè měihǎo de wèilái.

　　Wèi // le Zhōng-Rì rénmín zhījiān de yǒuyì, wǒ jiāng bù làngfèi jīnhòu shēngmìng de měi yī shùnjiān.

Jiéxuǎn zì Yán Wénjǐng 《Liánhuā hé Yīnghuā》

作品 25 号

梅雨潭闪闪的绿色招引着我们，我们开始追捉她那离合的神光了。揪着草，攀着乱石，小心探身下去，又鞠躬过了一个石穹门，便到了汪汪一碧的潭边了。

瀑布在襟袖之间，但是我的心中已没有瀑布了。我的心随潭水的绿而摇荡。那醉人的绿呀！仿佛一张极大极大的荷叶铺着，满是奇异的绿呀。我想张开两臂抱住她，但这是怎样一个妄想啊。

站在水边，望到那面，居然觉着有些远呢！这平铺着、厚积着的绿，着实可爱。她松松地皱缬着，像少妇拖着的裙幅；她滑滑的明亮着，像涂了"明油"一般，有鸡蛋清那样软，那样嫩；她又不杂些尘滓，宛然一块温润的碧玉，只清清的一色——但你却看不透她！

我曾见过北京什刹海拂地的绿杨，脱不了鹅黄的底子，似乎太淡了。我又曾见过杭州虎跑寺近旁高峻而深密的"绿壁"，丛叠着无穷的碧草与绿叶的，那又似乎太浓了。其余呢，西湖的波太明了，秦淮河的也太暗了。可爱的，我将什么来比拟你呢？我怎么比拟得出呢？大约潭是很深的，故能蕴蓄着这样奇异的绿；仿佛蔚蓝的天融了一块在里面似的，这才这般的鲜润啊。

那醉人的绿呀！我若能裁你以为带，我将赠给那轻盈的//舞女，她必能临风飘举了。我若能挹你以为眼，我将赠给那善歌的盲妹，她必明眸善睐了。我舍不得你，我怎舍得你呢？我用手拍着你，抚摩着你，如同一个十二三岁的小姑娘。我又掬你入口，便是吻着她了。我送你一个名字，我从此叫你"女儿绿"，好吗？

第二次到仙岩的时候，我不禁惊诧于梅雨潭的绿了。

——节选自朱自清《绿》

Zuòpǐn 25 Hào

Méiyǔtán shǎnshǎn de lǜsè zhāoyǐnzhe wǒmen, wǒmen kāishǐ zhuīzhuō tā nà líhé de shénguāng le. Jiūzhe cǎo, pānzhe luànshí, xiǎo • xīn tànshēn xià • qù, yòu jūgōng guòle yī gè shíqióngmén, biàn dàole wāngwāng yī bì de tán biān le.

Pùbù zài jīnxiù zhījiān, dànshì wǒ de xīnzhōng yǐ méi • yǒu pùbù le. Wǒ de xīn suí tánshuǐ de lǜ ér yáodàng. Nà zuìrén de lǜ ya! Fǎngfú yī zhāng jí dà jí dà de héyè pūzhe, mǎnshì qíyì de lǜ ya. Wǒ xiǎng zhāngkāi liǎngbì bàozhù tā, dàn zhè shì zěnyàng yī gè wàngxiǎng ā.

Zhàn zài shuǐbiān, wàngdào nà • miàn, jūrán juézhe yǒu xiē yuǎn ne! Zhè píngpūzhe、hòujīzhe de lǜ, zhuóshí kě'ài. Tā sōngsōng de zhòuxiézhe, xiàng shàofù tuōzhe de qúnfú; tā huáhuá de míngliàngzhe, xiàng túle "míngyóu" yìbān, yǒu jīdànqīng nàyàng ruǎn, nàyàng nèn; tā yòu bù zá xiē chénzǐ, wǎnrán yī kuài wēnrùn de bìyù, zhǐ qīngqīng de yī sè——dàn nǐ què kàn • bù tòu tā!

Wǒ céng jiànguo Běijīng Shíchàhǎi fúdì de lǜyáng, tuō • bùliǎo éhuáng de dǐzi, sìhū tài dàn le. Wǒ yòu céng jiànguo Hángzhōu Hǔpàosì jìnpáng gāojùn ér shēnmì de "lǜbì", cóngdiézhe wúqióng de bìcǎo yǔ lǜyè de, nà yòu sìhū tài nóng le. Qíyú ne, Xīhú de bō tài míng le, Qínhuái Hé de yě tài àn le. Kě'ài de, wǒ jiāng shénme lái bǐnǐ nǐ ne? Wǒ zěnme bǐnǐ de chū ne? Dàyuē tán shì hěn shēn de, gù néng yùnxùzhe zhèyàng qíyì de lǜ; fǎngfú wèilán de tiān róngle yī kuài zài lǐ • miàn shìde, zhè cái zhèbān de xiānrùn a.

Nà zuìrén de lǜ ya! Wǒ ruò néng cái nǐ yǐ wéi dài, wǒ jiāng zènggěi nà qīngyíng de// wǔnǚ, tā bìnéng línfēng piāojǔ le. Wǒ ruò néng yì nǐ yǐ wéi yǎn, wǒ jiāng zènggěi nà shàn gē de mángmèi, tā bì míngmóu-shànlài le. Wǒ shě • bù • dé nǐ, wǒ zěn shě • dé nǐ ne? Wǒ yòng shǒu pāizhe nǐ, fǔmózhe nǐ, rútóng yī gè shí'èr-sān suì de xiǎogūniang. Wǒ yòu jū nǐ rùkǒu, biànshì wěnzhe tā le. Wǒ sòng nǐ yī gè míngzi, wǒ cóngcǐ jiào nǐ "nǚ'érlǜ", hǎo ma?

Dì-èr cì dào Xiānyán de shíhou, wǒ bùjīn jīngchà yú Méiyǔtán de lǜ le.

Jiéxuǎn zì Zhū Zìqīng 《Lǜ》

作品 26 号

我们家的后园有半亩空地，母亲说："让它荒着怪可惜的，你们那么爱吃花生，就开辟出来种花生吧。"我们姐弟几个都很高兴，买种，翻地，播种，浇水，没过几个月，居然收获了。

母亲说："今晚我们过一个收获节，请你们父亲也来尝尝我们的新花生，好不好？"我们都说好。母亲把花生做成了好几样食品，还吩咐就在后园的茅亭里过这个节。

晚上天色不太好，可是父亲也来了，实在很难得。

父亲说："你们爱吃花生吗？"

我们争着答应："爱！"

"谁能把花生的好处说出来？"

姐姐说："花生的味美。"

哥哥说："花生可以榨油。"

我说："花生的价钱便宜，谁都可以买来吃，都喜欢吃。这就是它的好处。"

父亲说："花生的好处很多，有一样最可贵：它的果实埋在地里，不像桃子、石榴、苹果那样，把鲜红嫩绿的果实高高地挂在枝头上，使人一见就生爱慕之心。你们看它矮矮地长在地上，等到成熟了，也不能立刻分辨出来它有没有果实，必须挖出来才知道。"

我们都说是，母亲也点点头。

父亲接下去说："所以你们要像花生，它虽然不好看，可是很有用，不是外表好看而没有实用的东西。"

我说："那么，人要做有用的人，不要做只讲体面，而对别人没有好处的人了。"//

父亲说："对。这是我对你们的希望。"

我们谈到夜深才散。花生做的食品都吃完了，父亲的话却深深地印在我的心上。

——节选自许地山《落花生》

Zuòpǐn 26 Hào

Wǒmen jiā de hòuyuán yǒu bàn mǔ kòngdì, mǔ·qīn shuō: "Ràng tā huāngzhe guài kěxī de, nǐmen nàme ài chī huāshēng, jiù kāipì chū·lái zhòng huāshēng ba."Wǒmen jiě-dì jǐ gè dōu hěn gāoxìng, mǎizhǒng, fāndì, bōzhǒng, jiāoshuǐ, méi guò jǐ gè yuè, jūrán shōuhuò le.

Mǔ·qīn shuō: "Jīnwǎn wǒmen guò yī gè shōuhuòjié, qǐng nǐmen fù·qīn yě lái chángchang wǒmen de xīn huāshēng, hǎo·bù hǎo?"Wǒmen dōu shuō hǎo. Mǔ·qīn bǎ huāshēng zuòchéngle hǎo jǐ yàng shípǐn, hái fēnfù jiù zài hòuyuán de máotíng·lǐ guò zhège jié.

Wǎnshang tiānsè bù tài hǎo, kěshì fù·qīn yě lái le, shízài hěn nándé.

Fù·qīn shuō: "Nǐmen ài chī huāshēng ma?"

Wǒmen zhēngzhe dāying: "Ai!"

"Shéi néng bǎ huāshēng de hǎo·chù shuō chū·lái?"

Jiějie shuō: "Huāshēng de wèir měi."

Gēge shuō: "Huāshēng kěyǐ zhàyóu."

Wǒ shuō: "Huāshēng de jià·qián piányi, shéi dōu kěyǐ mǎi·lái chī, dōu xǐhuan chī. Zhè jiùshì tā de hǎo·chù."

Fù·qīn shuō: "Huāshēng de hǎo·chù hěn duō, yǒu yī yàng zuì kěguì: Tā de guǒshí mái zài dì·lǐ, bù xiàng táozi、shíliu、píngguǒ nàyàng, bǎ xiānhóng nènlǜ de guǒshí gāogāo de guà zài zhītóu·shàng, shǐ rén yī jiàn jiù shēng àimù zhī xīn. Nǐmen kàn tā ǎi'ǎi de zhǎng zài dì·shàng, děngdào chéngshú le, yě bùnéng lìkè fēnbiàn chū·lái tā yǒu méi·yǒu guǒshí, bìxū wā chū·lái cái zhī·dào."

Wǒmen dōu shuō shì, mǔ·qīn yě diǎndiǎn tóu.

Fù·qīn jiē xià·qù shuō: "Suǒyǐ nǐmen yào xiàng huāshēng, tā suīrán bù hǎokàn, kěshì hěn yǒuyòng, bù shì wàibiǎo hǎokàn ér méi·yǒu shíyòng de dōngxi."

Wǒ shuō: "Nàme, rén yào zuò yǒuyòng de rén, bùyào zuò zhǐ jiǎng tǐ·miàn, ér duì bié·rén méi·yǒu hǎo·chù de rén le."//

Fù·qīn shuō: "Duì. Zhè shì wǒ duì nǐmen de xīwàng."

Wǒmen tándào yè shēn cái sàn. Huāshēng zuò de shípǐn dōu chīwán le, fù·qīn de huà què shēnshēn de yìn zài wǒ de xīn·shàng.

Jiéxuǎn zì Xǔ Dìshān《Luòhuāshēng》

作品 27 号

我打猎归来，沿着花园的林阴路走着。狗跑在我前边。

突然，狗放慢脚步，蹑足潜行，好像嗅到了前边有什么野物。

我顺着林阴路望去，看见了一只嘴边还带黄色、头上生着柔毛的小麻雀。风猛烈地吹打着林阴路上的白桦树，麻雀从巢里跌落下来，呆呆地伏在地上，孤立无援地张开两只羽毛还未丰满的小翅膀。

我的狗慢慢向它靠近。忽然，从附近一棵树上飞下一只黑胸脯的老麻雀，像一颗石子似的落到狗的跟前。老麻雀全身倒竖着羽毛，惊恐万状，发出绝望、凄惨的叫声，接着向露出牙齿、大张着的狗嘴扑去。

老麻雀是猛扑下来救护幼雀的。它用身体掩护着自己的幼儿……但它整个小小的身体因恐怖而战栗着，它小小的声音也变得粗暴嘶哑，它在牺牲自己！

在它看来，狗该是多么庞大的怪物啊！然而，它还是不能站在自己高高的、安全的树枝上……一种比它的理智更强烈的力量，使它从那儿扑下身来。

我的狗站住了，向后退了退……看来，它也感到了这种力量。

我赶紧唤住惊慌失措的狗，然后我怀着崇敬的心情，走开了。

是啊，请不要见笑。我崇敬那只小小的、英勇的鸟儿，我崇敬它那种爱的冲动和力量。

爱，我想，比//死和死的恐惧更强大。只有依靠它，依靠这种爱，生命才能维持下去，发展下去。

——节选自［俄］屠格涅夫《麻雀》，巴金译

Zuòpǐn 27 Hào

Wǒ dǎliè guīlái, yánzhe huāyuán de línyīnlù zǒuzhe. Gǒu pǎo zài wǒ qián•biān.

Tūrán, gǒu fàngmàn jiǎobù, nièzú-qiánxíng, hǎoxiàng xiùdàole qián•biān yǒu shénme yěwù.

Wǒ shùnzhe línyīnlù wàng•qù, kàn•jiànle yī zhī zuǐ biān hái dài huángsè, tóu•shàng shēngzhe róumáo de xiǎo máquè. Fēng měngliè de chuīdǎzhe línyīnlù •shàng de báihuàshù, máquè cóng cháo•lǐ diēluò xià•lái, dāidāi de fú zài dì •shàng, gūlì wúyuán de zhāngkāi liǎng zhī yǔmáo hái wèi fēngmǎn de xiǎo chìbǎng.

Wǒ de gǒu mànmàn xiàng tā kàojìn. Hūrán, cóng fùjìn yī kē shù•shàng fēi •xià yī zhī hēi xiōngpú de lǎo máquè, xiàng yī kē shízǐ shìde luòdào gǒu de gēn •qián. Lǎo máquè quánshēn dǎoshùzhe yǔmáo, jīngkǒng-wànzhuàng, fāchū juéwàng, qīcǎn de jiàoshēng, jiēzhe xiàng lòuchū yáchǐ, dà zhāngzhe de gǒuzuǐ pū•qù.

Lǎo máquè shì měng pū xià•lái jiùhù yòuquè de. Tā yòng shēntǐ yǎnhùzhe zìjǐ de yòu'ér……Dàn tā zhěnggè xiǎoxiǎo de shēntǐ yīn kǒngbù ér zhànlìzhe, tā xiǎoxiǎo de shēngyīn yě biànde cūbào sīyǎ, tā zài xīshēng zìjǐ!

Zài tā kànlái, gǒu gāi shì gè duōme pángdà de guàiwu a! Rán'ér, tā háishì bùnéng zhàn zài zìjǐ gāogāo de, ānquán de shùzhī•shàng……Yī zhǒng bǐ tā de lǐzhì gèng qiángliè de lì•liàng, shǐ tā cóng nàr pū•xià shēn•lái.

Wǒ de gǒu zhànzhù le, xiàng hòu tuìle tuì……kànlái, tā yě gǎndàole zhè zhǒng lì•liàng.

Wǒ gǎnjǐn huànzhù jīnghuāng-shīcuò de gǒu, ránhòu wǒ huáizhe chóngjìng de xīnqíng, zǒukāi le.

Shì a, qǐng bùyào jiànxiào. Wǒ chóngjìng nà zhī xiǎoxiǎo de, yīngyǒng de niǎor, wǒ chóngjìng tā nà zhǒng ài de chōngdòng hé lì•liàng.

Ai, Wǒ xiǎng, bǐ//sǐ hé sǐ de kǒngjù gèng qiángdà. Zhǐyǒu yīkào tā, yīkào zhè zhǒng ài, shēngmìng cái néng wéichí xià•qù, fāzhǎn xià•qù.

Jiéxuǎn zì[É]Túgénièfū《Máquè》, Bā Jīn yì

作品 28 号

那年我六岁。离我家仅一箭之遥的小山坡旁，有一个早已被废弃的采石场，双亲从来不准我去那儿，其实那儿风景十分迷人。

一个夏季的下午，我随着一群小伙伴偷偷上那儿去了。就在我们穿越了一条孤寂的小路后，他们却把我一个人留在原地，然后奔向"更危险的地带"了，

等他们走后，我惊慌失措地发现，再也找不到要回家的那条孤寂的小道了。像只无头的苍蝇，我到处乱钻，衣裤上挂满了芒刺。太阳已经落山，而此时此刻，家里一定开始吃晚餐了，双亲正盼着我回家……想着想着，我不由得背靠着一棵树，伤心地呜呜大哭起来……

突然，不远处传来了声声柳笛。我像找到了救星，急忙循声走去。一条小道边的树桩上坐着一位吹笛人，手里还正削着什么。走近细看，他不就是被大家称为"乡巴佬儿"的卡廷吗？

"你好，小家伙儿，"卡廷说，"看天气多美，你是出来散步的吧？"

我怯生生地点点头，答道："我要回家了。"

"请耐心等上几分钟，"卡廷说，"瞧，我正在削一支柳笛，差不多就要做好了，完工后就送给你吧！"

卡廷边削边不时把尚未成形的柳笛放在嘴里试吹一下。没过多久，一支柳笛便递到我手中。我俩在一阵阵清脆悦耳的笛音//中，踏上了归途……

当时，我心中只充满感激，而今天，当我自己也成了祖父时，却突然领悟到他用心之良苦！那天当他听到我的哭声时，便判定我一定迷了路，但他并不想在孩子面前扮演"救星"的角色，于是吹响柳笛以便让我能发现他，并跟着他走出困境！卡廷先生以乡下人的纯朴，保护了一个小男孩强烈的自尊。

——节选自唐若水译《迷途笛音》

Zuòpǐn 28 Hào

Nànián wǒ liù suì. Lí wǒ jiā jǐn yī jiàn zhī yáo de xiǎo shānpō páng, yǒu yī gè zǎo yǐ bèi fèiqì de cǎishíchǎng, shuāngqīn cónglái bùzhǔn wǒ qù nàr, qíshí nàr fēngjǐng shífēn mírén.

Yī gè xiàjì de xiàwǔ, wǒ suízhe yī qún xiǎohuǒbànr tōutōu shàng nàr qù le. Jiù zài wǒmen chuānyuèle yī tiáo gūjì de xiǎolù hòu, tāmen què bǎ wǒ yī gè rén liú zài yuán dì, ránhòu bēnxiàng "gèng wēixiǎn de dìdài" le.

Děng tāmen zǒuhòu, wǒ jīnghuāng-shīcuò de fāxiàn, zài yě zhǎo·bùdào yào huíjiā de nà tiáo gūjì de xiǎodào le. Xiàng zhī wú tóu de cāngying, wǒ dàochù luàn zuān, yīkù·shàng guàmǎnle mángcì. Tài·yáng yǐ·jīng luò shān, ér cǐshí cǐkè, jiā·lǐ yīdìng kāishǐ chī wǎncān le, shuāngqīn zhèng pànzhe wǒ huí jiā…… Xiǎngzhe xiǎngzhe, wǒ bùyóudé bèi kàozhe yī kē shù, shāngxīn de wūwū dàkū qǐ·lái……

Tūrán, bù yuǎnchù chuán·láile shēngshēng liǔdí. Wǒ xiàng zhǎodàole jiùxīng, jímáng xúnshēng zǒuqù. Yī tiáo xiǎodào biān de shùzhuāng·shàng zuòzhe yī wèi chuīdí rén, shǒu·lǐ hái zhèng xiāozhe shénme. Zǒujìn xì kàn, tā bù jiùshì bèi dàjiā chēng wéi "xiāngbalǎor" de Kǎtíng ma?

"Nǐ hǎo, xiǎojiāhuor," Kǎtíng shuō, "kàn tiānqì duō měi, nǐ shì chū·lái sànbù de ba?"

Wǒ qièshēngshēng de diǎndiǎn tóu, dádào: "Wǒ yào huíjiā le."

"Qǐng nàixīn děng·shàng jǐ fēnzhōng," Kǎtíng shuō, "Qiáo, wǒ zhèngzài xiāo yī zhī liǔdí, chà·bùduō jiù yào zuòhǎo le, wángōng hòu jiù sònggěi nǐ ba!"

Kǎtíng biān xiāo biān bùshí bǎ shàng wèi chéngxíng de liǔdí fàng zài zuǐ·lǐ shìchuī yīxià. Méi guò duōjiǔ, yī zhī liǔdí biàn dìdào wǒ shǒu zhōng. Wǒ liǎ zài yī zhènzhèn qīngcuì yuè'ěr de díyīn//zhōng, tà·shàng le guītú……

Dāngshí, wǒ xīnzhōng zhǐ chōngmǎn gǎn·jī, ér jīntiān, dāng wǒ zìjǐ yě chéngle zǔfù shí, què tūrán lǐngwù dào tā yòngxīn zhī liángkǔ! Nà tiān dāng tā tīngdào wǒ de kūshēng shí, biàn pàndìng wǒ yīdìng míle lù, dàn tā bìng bù xiǎng zài háizi miànqián bànyǎn "jiùxīng" de juésè, yúshì chuīxiǎng liǔdí yǐbiàn ràng wǒ néng fāxiàn tā, bìng gēnzhe tā zǒuchū kùnjìng! Jiù zhèyàng, Kǎtíng xiānsheng yǐ xiāngxiàrén de chúnpǔ, bǎohùle yī gè xiǎonánháir qiángliè de zìzūn.

Jiéxuǎn zì Táng Ruòshuǐ yì 《Mítú Díyīn》

作品 29 号

在浩瀚无垠的沙漠里，有一片美丽的绿洲，绿洲里藏着一颗闪光的珍珠。这颗珍珠就是敦煌莫高窟。它坐落在我国甘肃省敦煌市三危山和鸣沙山的怀抱中。

鸣沙山东麓是平均高度为十七米的崖壁。在一千六百多米长的崖壁上，凿有大小洞窟七百余个，形成了规模宏伟的石窟群。其中四百九十二个洞窟中，共有彩色塑像两千一百余尊，各种壁画共四万五千多平方米。莫高窟是我国古代无数艺术匠师留给人类的珍贵文化遗产。

莫高窟的彩塑，每一尊都是一件精美的艺术品。最大的有九层楼那么高，最小的还不如一个手掌大。这些彩塑个性鲜明，神态各异。有慈眉善目的菩萨，有威风凛凛的天王，还有强壮勇猛的力士……

莫高窟壁画的内容丰富多彩，有的是描绘古代劳动人民打猎、捕鱼、耕田、收割的情景，有的是描绘人们奏乐、舞蹈、演杂技的场面，还有的是描绘大自然的美丽风光。其中最引人注目的是飞天。壁画上的飞天，有的臂挎花篮，采摘鲜花；有的反弹琵琶，轻拨银弦；有的倒悬身子，自天而降；有的彩带飘拂，漫天遨游；有的舒展着双臂，翩翩起舞。看着这些精美动人的壁画，就像走进了//灿烂辉煌的艺术殿堂。

莫高窟里还有一个面积不大的洞窟——藏经洞。洞里曾藏有我国古代的各种经卷、文书、帛画、刺绣、铜像等共六万多件。由于清朝政府腐败无能，大量珍贵的文物被外国强盗掠走。仅存的部分经卷，现在陈列于北京故宫等处。

莫高窟是举世闻名的艺术宝库。这里的每一尊彩塑、每一幅壁画、每一件文物，都是中国古代人民智慧的结晶。

——节选自小学《语文》第六册中《莫高窟》

Zuòpǐn 29 Hào

Zài hàohàn wúyín de shāmò·lǐ, yǒu yī piàn měilì de lǜzhōu, lǜzhōu·lǐ cángzhe yī kē shǎnguāng de zhēnzhū. Zhè kē zhēnzhū jiùshì Dūnhuáng Mògāokū. Tā zuòluò zài wǒguó Gānsù Shěng Dūnhuáng Shì Sānwēi Shān hé Míngshā Shān de huáibào zhōng.

Míngshā Shān dōnglù shì píngjūn gāodù wéi shíqī mǐ de yábì. Zài yīqiān liùbǎi duō mǐ cháng de yábì·shàng, záo yǒu dàxiǎo dòngkū qībǎi yú gè, xíngchéngle guīmó hóngwěi de shíkūqún. Qízhōng sìbǎi jiǔshí'èr gè dòngkū zhōng, gòng yǒu cǎisè sùxiàng liǎngqiān yībǎi yú zūn, gè zhǒng bìhuà gòng sìwàn wǔqiān duō píngfāngmǐ. Mògāokū shì wǒguó gǔdài wúshù yìshù jiàngshī liúgěi rénlèi de zhēnguì wénhuà yíchǎn.

Mògāokū de cǎisù, měi yī zūn dōu shì yī jiàn jīngměi de yìshùpǐn. Zuì dà de yǒu jiǔ céng lóu nàme gāo, zuì xiǎo de hái bùrú yī gè shǒuzhǎng dà. Zhèxiē cǎisù gèxìng xiānmíng, shéntài-gèyì. Yǒu címéi-shànmù de pú·sà, yǒu wēifēng-lǐnlǐn de tiānwáng, háiyǒu qiángzhuàng yǒngměng de lìshì……

Mògāokū bìhuà de nèiróng fēngfù-duōcǎi, yǒude shì miáohuì gǔdài láodòng rénmín dǎliè、bǔyú、gēngtián、shōugē de qíngjǐng, yǒude shì miáohuì rénmen zòuyuè、wǔdǎo、yǎn zájì de chǎngmiàn, hái yǒude shì miáohuì dàzìrán de měilì fēngguāng. Qízhōng zuì yǐnrén-zhùmù de shì fēitiān. Bìhuà·shàng de fēitiān, yǒude bì kuà huālán, cǎizhāi xiānhuā; yǒude fǎn tán pí·pá, qīng bō yínxián; yǒude dǎo xuán shēnzi, zì tiān ér jiàng; yǒude cǎidài piāofú, màntiān áo yóu; yǒude shūzhǎnzhe shuāngbì, piānpiān-qǐwǔ. Kànzhe zhèxiē jīngměi dòngrén de bìhuà, jiù xiàng zǒujìnle//cànlàn huīhuáng de yìshù diàntáng.

Mògāokū·lǐ háiyǒu yī gè miànjī bù dà de dòngkū——cángjīngdòng. Dòng·lǐ céng cángyǒu wǒguó gǔdài de gè zhǒng jīngjuàn、wénshū、bóhuà、cìxiù、tóngxiàng děng gòng liùwàn duō jiàn. Yóuyú Qīngcháo zhèngfǔ fǔbài wúnéng, dàliàng zhēnguì de wénwù bèi wàiguó qiángdào lüèzǒu. Jǐncún de bùfēn jīngjuàn, xiànzài chénliè yú Běijīng Gùgōng děng chù.

Mògāokū shì jǔshì-wénmíng de yìshù bǎokù. Zhè·lǐ de měi yī zūn cǎisù、měi yī fú bìhuà、měi yī jiàn wénwù, dōu shì Zhōngguó gǔdài rénmín zhìhuì de jiéjīng.

Jiéxuǎn zì Xiǎoxué《Yǔwén》dì-liù cè zhōng《Mògāokū》

作品 30 号

其实你在很久以前并不喜欢牡丹，因为它总被人作为富贵膜拜。后来你目睹了一次牡丹的落花，你相信所有的人都会为之感动：一阵清风徐来，娇艳鲜嫩的盛期牡丹忽然整朵整朵地坠落，铺撒一地绚丽的花瓣。那花瓣落地时依然鲜艳夺目，如同一只奉上祭坛的大鸟脱落的羽毛，低吟着壮烈的悲歌离去。

牡丹没有花谢花败之时，要么烁于枝头，要么归于泥土，它跨越萎顿和衰老，由青春而死亡，由美丽而消遁。它虽美却不吝惜生命，即使告别也要展示给人最后一次的惊心动魄。

所以在这阴冷的四月里，奇迹不会发生。任凭游人扫兴和诅咒，牡丹依然安之若素。它不苟且、不俯就、不妥协、不媚俗，甘愿自己冷落自己。它遵循自己的花期自己的规律，它有权利为自己选择每年一度的盛大节日。它为什么不拒绝寒冷？

天南海北的看花人，依然络绎不绝地涌入洛阳城。人们不会因牡丹的拒绝而拒绝它的美。如果它再被贬谪十次，也许它就会繁衍出十个洛阳牡丹城。

于是你在无言的遗憾中感悟到，富贵与高贵只是一字之差。同人一样，花儿也是有灵性的，更有品位之高低。品位这东西为气为魂为//筋骨为神韵，只可意会。你叹服牡丹卓尔不群之姿，方知品位是多么容易被世人忽略或是漠视的美。

——节选自张抗抗《牡丹的拒绝》

Zuòpǐn 30 Hào

Qíshí nǐ zài hěn jiǔ yǐqián bìng bù xǐhuan mǔ•dān. Yīn•wèi tā zǒng bèi rén zuòwéi fùguì móbài. Hòulái nǐ mùdǔle yī cì mǔ•dān de luòhuā, nǐ xiāngxìn suǒyǒu de rén dōu huì wéi zhī gǎndòng: Yī zhèn qīngfēng xúlái, jiāoyàn xiānnèn de shèngqī mǔ•dān hūrán zhěng duǒ zhěng duǒ de zhuìluò, pùsǎ yīdì xuànlì de huābàn. Nà huābàn luòdì shí yīrán xiānyàn duómù, rútóng yī zhī bèi fèng•shàng jìtán de dànniǎo tuōluò de yǔmáo, dīyínzhe zhuàngliè de bēigē líqù.

Mǔ•dān méi•yǒu huāxiè-huābài zhī shí, yàome shuòyú zhītóu, yàome guīyú nítǔ, tā kuàyuè wěidùn hé shuāilǎo, yóu qīngchūn ér sǐwáng, yóu měilì ér xiāodùn. Tā suī měi què bù lìnxī shēngmìng, jíshǐ gàobié yě yào zhǎnshì gěi rén zuìhòu yī cì jīngxīn-dòngpò.

Suǒyǐ zài zhè yīnlěng de sìyuè•lǐ, qíjì bù huì fāshēng. Rènpíng yóurén sǎoxīng hé zǔzhòu, mǔ•dān yīrán ānzhī-ruòsù. Tā bù gǒuqiě、bù fǔjiù、bù tuǒxié、bù mèisú, gānyuàn zìjǐ lěngluò zìjǐ. Tā zūnxún zìjǐ de huāqī zìjǐ de guīlù, tā yǒu quánlì wèi zìjǐ xuǎnzé měinián yī dù de shèngdà jiérì. Tā wèishénme bù jùjué hánlěng?

Tiānnán-hǎiběi de kàn huā rén, yīrán luòyì-bùjué de yǒngrù Luòyáng Chéng. Rénmen bù huì yīn mǔ•dān de jùjué ér jùjué tā de měi. Rúguǒ tā zài bèi biǎnzhé shí cì, yěxǔ tā jiùhuì fányǎn chū shí gè Luòyáng mǔ•dān chéng.

Yúshì nǐ zài wúyán de yíhàn zhōng gǎnwù dào, fùguì yǔ gāoguì zhǐshì yī zì zhī chā. Tóng rén yīyàng, huā'ér yě shì yǒu língxìng de, gèng yǒu pǐnwèi zhī gāodī. Pǐnwèi zhě dōngxi wéi qì wéi hún wéi//jīngǔ wéi shényùn, zhǐ kě yìhuì. Nǐ tànfú mǔ•dān zhuó'ěr-bùqún zhī zī, fāng zhī pǐnwèi shì duōme róng•yì bèi shìrén hūlüè huò shì mòshì de měi.

Jiéxuǎn zì Zhāng Kàngkàng《Mǔ•dān de Jùjué》

作品 31 号

森林涵养水源，保持水土，防止水旱灾害的作用非常大。据专家测算，一片十万亩面积的森林，相当于一个两百万立方米的水库，这正如农谚所说的："山上多栽树，等于修水库。雨多它能吞，雨少它能吐。"

说起森林的功劳，那还多得很。它除了为人类提供木材及许多种生产、生活的原料之外，在维护生态环境方面也是功劳卓著。它用另一种"能吞能吐"的特殊功能孕育了人类。因为地球在形成之初，大气中的二氧化碳含量很高，氧气很少，气温也高，生物是难以生存的。大约在四亿年之前，陆地才产生了森林。森林慢慢将大气中的二氧化碳吸收，同时吐出新鲜氧气，调节气温：这才具备了人类生存的条件，地球上才最终有了人类。

森林，是地球生态系统的主体，是大自然的总调度室，是地球的绿色之肺。森林维护地球生态环境的这种"能吞能吐"的特殊功能是其他任何物体都不能取代的。然而，由于地球上的燃烧物增多，二氧化碳的排放量急剧增加，使得地球生态环境急剧恶化，主要表现为全球气候变暖，水分蒸发加快，改变了气流的循环，使气候变化加剧，从而引发热浪、飓风、暴雨、洪涝及干旱。

为了//使地球的这个"能吞能吐"的绿色之肺恢复健壮，以改善生态环境，抑制全球变暖，减少水旱等自然灾害，我们应该大力造林、护林，使每一座荒山都绿起来。

——节选自《中考语文课外阅读试题精选》中《"能吞能吐"的森林》

Zuòpǐn 31 Hào

Sēnlín hányǎng shuǐyuán, bǎochí shuǐtǔ, fángzhǐ shuǐhàn zāihài de zuòyòng fēicháng dà. Jù zhuānjiā cèsuàn, yī piàn shíwàn mǔ miànjī de sēnlín, xiāngdāngyú yī gè liǎngbǎi wàn lìfāngmǐ de shuǐkù, zhè zhèng rú nóngyàn suǒ shuō de: "Shān•shàng duō zāi shù, děngyú xiū shuǐkù. Yǔ duō tā néng tūn, yǔ shǎo tā néng tǔ."

Shuōqǐ sēnlín de gōng•láo, nà hái duō de hěn. Tā chúle wèi rénlèi tígōng mùcái jí xǔduō zhǒng shēngchǎn、shēnghuó de yuánliào zhīwài, zài wéihù shēngtài huánjìng fāngmiàn yě shì gōng•láo zhuózhù. Tā yòng lìng yī zhǒng "néngtūn-néngtǔ"de tèshū gōngnéng yùnyùle rénlèi. Yīn•wèi dìqiú zài xíngchéng zhīchū, dàqì zhōng de èryǎnghuàtàn hánliàng hěn gāo, yǎngqì hěn shǎo, qìwēn yě gāo, shēngwù shì nányǐ shēngcún de. Dàyuē zài sìyì nián zhīqián, lùdì cái chǎnshēngle sēnlín. Sēnlín mànmàn jiāng dàqì zhōng de èryǎnghuàtàn xīshōu, tóngshí tǔ•chū xīn•xiān yǎngqì, tiáojié qìwēn: Zhè cái jùbèile rénlèi shēngcún de tiáojiàn, dìqiú•shàng cái zuìzhōng yǒule rénlèi.

Sēnlín, shì dìqiú shēngtài xìtǒng de zhǔtǐ, shì dàzìrán de zǒng diàodùshì, shì dìqiú de lǜsè zhī fèi. Sēnlín wéihù dìqiú shēngtài huánjìng de zhè zhǒng "néngtūn-néngtǔ" de tèshū gōngnéng shì qítā rènhé wùtǐ dōu bùnéng qǔdài de. Rán'ér, yóuyú dìqiú•shàng de ránshāowù zēngduō, èryǎnghuàtàn de páifàngliàng jíjù zēngjiā, shǐ•dé dìqiú shēngtài huánjìng jíjù èhuà, zhǔyào biǎoxiàn wéi quánqiú qìhòu biàn nuǎn, shuǐfèn zhēngfā jiākuài, gǎibiànle qìliú de xúnhuán, shǐ qìhòu biànhuà jiājù, cóng'ér yǐnfā rèlàng、jùfēng、bàoyǔ、hónglào jí gànhàn.

Wèile//shǐ dìqiú de zhègè"néngtūn-néngtǔ"de lǜsè zhī fèi huīfù jiànzhuàng, yǐ gǎishàn shēngtài huánjìng, yìzhì quánqiú biàn nuǎn, jiǎnshǎo shuǐhàn děng zìrán zāihài, wǒmen yīnggāi dàlì zàolín、hùlín, shǐ měi yī zuò huāngshān dōu lǜqǐ•lái.

Jiéxuǎn zì《Zhōngkǎo Yǔwén Kèwài Yuèdú Shìtí Jīngxuǎn》
zhōng《"Néngtūn-Néngtǔ"de Sēnlín》

作品 32 号

朋友即将远行。

暮春时节，又邀了几位朋友在家小聚。虽然都是极熟的朋友，却是终年难得一见，偶尔电话里相遇，也无非是几句寻常话。一锅小米稀饭，一碟大头菜，一盘自家酿制的泡菜，一只巷口买回的烤鸭，简简单单，不像请客，倒像家人团聚。

其实，友情也好，爱情也好，久而久之都会转化为亲情。

说也奇怪，和新朋友会谈文学、谈哲学、谈人生道理等等，和老朋友却只话家常，柴米油盐，细细碎碎，种种琐事。很多时候，心灵的契合已经不需要太多的言语来表达。

朋友新烫了个头，不敢回家见母亲，恐怕惊骇了老人家，却欢天喜地来见我们，老朋友颇能以一种趣味性的眼光欣赏这个改变。

年少的时候，我们差不多都在为别人而活，为苦口婆心的父母活，为循循善诱的师长活，为许多观念、许多传统的约束力而活。年岁逐增，渐渐挣脱外在的限制与束缚，开始懂得为自己活，照自己的方式做一些自己喜欢的事，不在乎别人的批评意见，不在乎别人的诋毁流言，只在乎那一份随心所欲的舒坦自然。偶尔，也能够纵容自己放浪一下，并且有一种恶作剧的窃喜。

就让生命顺其自然，水到渠成吧，犹如窗前的//乌桕，自生自落之间，自有一份圆融丰满的喜悦。春雨轻轻落着，没有诗，没有酒，有的只是一份相知相属的自在自得。

夜色在笑语中渐渐沉落，朋友起身告辞，没有挽留，没有送别，甚至也没有问归期。

已经过了大喜大悲的岁月，已经过了伤感流泪的年华，知道了聚散原来是这样的自然和顺理成章，懂得这点，便懂得珍惜每一次相聚的温馨，离别便也欢喜。

——节选自（台湾）杏林子《朋友和其他》

Zuòpǐn 32 Hào

Péngyou jíjiāng yuǎnxíng.

Mùchūn shíjié, yòu yāole jǐ wèi péngyou zài jiā xiǎojù. Suīrán dōu shì jí shú de péngyou, què shì zhōngnián nándé yī jiàn, ǒu'ěr diànhuà • lǐ xiāngyù, yě wúfēi shì jǐ jù xúnchánghuà. Yī guō xiǎomǐ xīfàn, yī dié dàtóucài, yī pán zìjiā niàngzhì de pàocài, yī zhī xiàngkǒu mǎihuí de kǎoyā, jiǎnjiǎn-dāndān, bù xiàng qǐngkè, dǎo xiàng jiārén tuánjù.

Qíshí, yǒuqíng yě hǎo, àiqíng yě hǎo, jiǔ'érjiǔzhī dōu huì zhuǎnhuà wéi qīnqíng.

Shuō yě qíguài, hé xīn péngyou huì tán wénxué、tán zhéxué、tán rénshēng dào • lǐ děngděng, hé lǎo péngyou què zhǐ huà jiācháng, chái-mǐ-yóu-yán, xìxì-suìsuì, zhǒngzhǒng suǒshì. Hěn duō shíhou, xīnlíng de qìhé yǐ • jīng bù xūyào tài duō de yán yǔ lái biǎodá.

Péngyou xīn tàngle gè tóu, bùgǎn huíjiā jiàn mǔ • qīn, kǒngpà jīnghàile lǎo • rén • jiā, què huāntiān-xǐdì lái jiàn wǒmen, lǎo péngyou pō néng yǐ yī zhǒng qùwèixìng de yǎnguāng xīnshǎng zhège gǎibiàn.

Niánshǎo de shíhou, wǒmen chà • bùduō dōu zài wèi bié • rén ér huó, wèi kǔkǒu-póxīn de fùmǔ huó, wèi xúnxún-shànyòu de shīzhǎng huó, wèi xǔduō guānniàn、xǔduō chuántǒng de yuēshùlì ér huó. Niánsuì zhú zēng, jiànjiàn zhèngtuō wàizài de xiànzhì yǔ shùfù, kāishǐ dǒng • dé wèi zìjǐ huó, zhào zìjǐ de fāngshì zuò yīxiē zìjǐ xǐhuan de shì, bù zàihu bié • rén de pīpíng yì • jiàn, bù zàihu bié • rén de dǐhuǐ liúyán, zhǐ zàihu nà yī fèn suíxīn-suǒyù de shūtan zìrán. Ǒu'ěr, yě nénggòu zòngróng zìjǐ fànglàng yīxià, bìngqiě yǒu yī zhǒng èzuòjù de qièxǐ.

Jiù ràng shēngmìng shùn qí zìrán, shuǐdào-qúchéng ba, yóurú chuāng qián de//wūjiù, zìshēng-zìluò zhījiān, zì yǒu yī fèn yuánróng fēngmǎn de xǐyuè. Chūnyǔ qīngqīng luòzhe, méi • yǒu shī, méi • yǒu jiǔ, yǒude zhǐshì yī fèn xiāng zhī xiāng shǔ de zìzài zìdé.

Yèsè zài xiàoyǔ zhōng jiànjiàn chénluò, péngyou qǐshēn gàocí, méi • yǒu wǎnliú, méi • yǒu sòngbié, shènzhì yě méi • yǒu wèn guīqī.

Yǐ • jīng guòle dàxǐ-dàbēi de suìyuè, yǐ • jīng guòle shānggǎn liúlèi de niánhuá, zhī • dàole jù-sàn yuánlái shì zhèyàng de zìrán hé shùnlǐ-chéngzhāng, dǒng • dé zhè diǎn, biàn dǒngdé zhēnxī měi yī cì xiāngjù de wēnxīn, líbié biàn yě huānxǐ.

Jiéxuǎn zì（Táiwān）Xìng Línzǐ《Péngyou hé Qítā》

作品 33 号

我们在田野散步：我，我的母亲，我的妻子和儿子。

母亲本不愿出来的。她老了，身体不好，走远一点儿就觉得很累。我说，正因为如此，才应该多走走。母亲信服地点点头，便去拿外套。她现在很听我的话，就像我小时候很听她的话一样。

这南方初春的田野，大块小块的新绿随意地铺着，有的浓，有的淡，树上的嫩芽也密了，田里的冬水也咕咕地起着水泡。这一切都使人想着一样东西——生命。

我和母亲走在前面，我的妻子和儿子走在后面。小家伙突然叫起来："前面是妈妈和儿子，后面也是妈妈和儿子。"我们都笑了。

后来发生了分歧：母亲要走大路，大路平顺；我的儿子要走小路，小路有意思。不过，一切都取决于我。我的母亲老了，她早已习惯听从她强壮的儿子；我的儿子还小，他还习惯听从他高大的父亲；妻子呢，在外面，她总是听我的。一霎时我感到了责任的重大。我想找一个两全的办法，找不出；我想拆散一家人，分成两路，各得其所，终不愿意。我决定委屈儿子，因为我伴同他的时日还长。我说："走大路。"

但是母亲摸摸孙儿的小脑瓜，变了主意："还是走小路吧。"她的眼随小路望去：那里有金色的菜花，两行整齐的桑树，//尽头一口水波粼粼的鱼塘。"我走不过去的地方，你就背着我。"母亲对我说。

这样，我们在阳光下，向着那菜花、桑树和鱼塘走去。到了一处，我蹲下来，背起了母亲；妻子也蹲下来，背起了儿子。我和妻子都是慢慢地，稳稳地，走得很仔细，好像我背上的同她背上的加起来，就是整个世界。

——节选自莫怀戚《散步》

Zuòpǐn 33 Hào

Wǒmen zài tiányě sànbù：Wǒ, wǒ de mǔ•qīn, wǒ de qī•zǐ hé érzi.

Mǔ•qīn běn bùyuàn chū•lái de. Tā lǎo le, shēntǐ bù hǎo, zǒu yuǎn yīdiǎnr jiù jué•dé hěn lèi. Wǒ shuō, zhèng yīn•wèi rúcǐ, cái yīnggāi duō zǒuzou. Mǔ•qīn xìnfú de diǎndiǎn tóu, biàn qù ná wàitào. Tā xiànzài hěn tīng wǒ de huà, jiù xiàng wǒ xiǎoshíhou hěn tīng tā de huà yīyàng.

Zhè nánfāng chūchūn de tiányě, dàkuài xiǎokuài de xīnlù suíyì de pūzhe, yǒude nóng, yǒude dàn, shù•shàng de nènyá yě mì le, tián•lǐ de dōngshuǐ yě gūgū de qǐzhe shuǐpào. Zhè yīqiē dōu shǐ rén xiǎngzhe yī yàng dōngxi——shēngmìng.

Wǒ hé mǔ•qīn zǒu zài qián•miàn, wǒ de qī•zǐ hé érzi zǒu zài hòu•miàn. Xiǎojiāhuor tūrán jiào qǐ•lái：“qián•miàn shì māma hé érzi, hòu•miàn yě shì māma hé érzi. ”Wǒmen dōu xiào le.

Hòulái fāshēngle fēnqí：Mǔ•qīn yào zǒu dàlù, dàlù píngshùn；Wǒ de érzǐ yào zǒu xiǎolù, xiǎolù yǒu yìsi. Bùguò, yīqiè dōu qǔjuéyú wǒ. Wǒ de mǔ•qīn lǎo le, tā zǎoyǐ xíguàn tīngcóng tā qiángzhuàng de érzǐ；Wǒ de érzǐ hái xiǎo, tā hái xíguàn tīngcóng tā gāodà de fù•qīn；qī•zǐ ne, zài wài•miàn, tā zǒngshì tīng wǒ de. Yīshàshí wǒ gǎndàole zérèn de zhòngdà. Wǒ xiǎng zhǎo yī gè liǎngquán de bànfǎ, zhǎo bù chū；wǒ xiǎng chāisàn yī jiā rén, fēnchéng liǎng lù, gèdé-qísuǒ, zhōng bù yuàn•yì. Wǒ juédìng wěiqū érzǐ, yīn•wèi wǒ bàntóng tā de shírì hái cháng. Wǒ shuō：“Zǒu dàlù. ”

Dànshì mǔ•qīn mōmo sūn'ér de xiǎo nǎoguār, biànle zhǔyi：“háishì zǒu xiǎolù ba. ”Tā de yǎn suí xiǎolù wàng•qù：Nà•lǐ yǒu jīnsè de càihuā, liǎng háng zhěngqí de sāngshù, //jìntóu yī kǒu shuǐbō línlín de yútáng. “Wǒ zǒu bù guò•qù de dìfang, nǐ jiù bēizhe wǒ. ”Mǔ•qīn duì wǒ shuō.

Zhèyàng, wǒmen zài yángguāng•xià, xiàngzhe nà càihuā、sāngshù hé yútáng zǒu•qù. Dàole yī chù, wǒ dūn xià•lái, bēiqǐle mǔ•qīn, qī•zǐ yě dūn xià•lái, bēiqǐle érzi. Wǒ hé qī•zǐ dōu shì mànmàn de, wěnwěn de, zǒu de hěn zǐxì, hǎoxiàng wǒ bèi•shàng de tóng tā bèi•shàng de jiā qǐ•lái, jiùshì zhěnggè shìjiè.

Jiéxuǎn zì Mò Huáiqī《Sànbù》

教师普通话口语技能训练教程

作品 34 号

地球上是否真的存在"无底洞"？按说地球是圆的，由地壳、地幔和地核三层组成，真正的"无底洞"是不应存在的，我们所看到的各种山洞、裂口、裂缝，甚至火山口也都只是地壳浅部的一种现象。然而中国一些古籍却多次提到海外有个深奥莫测的无底洞。事实上地球上确实有这样一个"无底洞"。

它位于希腊亚各斯古城的海滨。由于濒临大海，大涨潮时，汹涌的海水便会排山倒海般地涌入洞中，形成一股湍湍的急流。据测，每天流入洞内的海水量达三万多吨。奇怪的是，如此大量的海水灌入洞中，却从来没有把洞灌满。曾有人怀疑，这个"无底洞"，会不会就像石灰岩地区的漏斗、竖井、落水洞一类的地形。然而从二十世纪三十年代以来，人们就做了多种努力企图寻找它的出口，却都是枉费心机。

为了揭开这个秘密，一九五八年美国地理学会派出一支考察队，他们把一种经久不变的带色染料溶解在海水中，观察染料是如何随着海水一起沉下去。接着又察看了附近海面以及岛上的各条河、湖，满怀希望地寻找这种带颜色的水，结果令人失望。难道是海水量太大把有色水稀释得太淡，以致无法发现？//

至今谁也不知道为什么这里的海水会没完没了地"漏"下去，这个"无底洞"的出口又在哪里，每天大量的海水究竟都流到哪里去了？

——节选自罗伯特·罗威尔《神秘的"无底洞"》

Zuòpǐn 34 Hào

Dìqiú·shàng shìfǒu zhēn de cúnzài "wúdǐdòng"? Ānshuō dìqiú shì guán de, yóu dìqiào、dìmàn hé dìhé sān céng zǔchéng, zhēnzhèng de "wúdǐdòng" shì bù yīng cúnzài de, wǒmen suǒ kàndào de gè zhǒng shāndòng、lièkǒu、lièfèng, shènzhì huǒshānkǒu yě dōu zhǐshì dìqiào qiǎnbù de yī zhǒng xiànxiàng. Rán'ér zhōngguó yīxiē gǔjí què duō cì tídào hǎiwài yǒu gè shēn'ào-mòcè de wúdǐdòng. Shìshí·shàng dìqiú·shàng quèshí yǒu zhèyàng yī gè "wúdǐdòng".

Tā wèiyú Xīlà Yàgèsī gǔchéng de hǎibīn. Yóuyú bīnlín dàhǎi, dà zhǎngcháo shí, xiōngyǒng de hǎishuǐ biàn huì páishān-dǎohǎi bān de yǒngrù dòng zhōng, xíngchéng yī gǔ tuántuān de jíliú. Jù cè, měi tiān liúrù dòng nèi de hǎishuǐliàng dá sānwàn duō dūn. Qíguài de shì, rúcǐ dàliàng de hǎishuǐ guànrù dòng zhōng, què cónglái méi·yǒu bǎ dòng guànmǎn. Céng yǒu rén huáiyí, zhège "wúdǐdòng", huì·bùhuì jiù xiàng shíhuīyán dìqū de lòudǒu、shùjǐng、luòshuǐdòng yīlèi de dìxíng. Rán'ér cóng èrshí shìjì sānshí niándài yǐlái, rénmen jiù zuòle duō zhǒng nǔlì qǐtú xúnzhǎo tā de chūkǒu, què dōu shì wǎngfèi-xīnjī.

Wèile jiēkāi zhège mìmì, yī jiǔ wǔ bā nián Měiguó Dìlǐ Xuéhuì pàichū yī zhī kǎochéduì, tāmen bǎ yī zhǒng jīngjiǔ-bùbiàn de dài sè rǎnliào róngjiě zài hǎishuǐ zhōng, guānchá rǎnliào shì rúhé suízhe hǎishuǐ yīqǐ chén xià·qù. Jiēzhe yòu chákànle fùjìn hǎimiàn yǐjí dǎo·shàng de gè tiáo hé、hú, mǎnhuái xīwàng de qù xúnzhǎo zhè zhǒng dài yánsè de shuǐ, jiéguǒ lìng rén shīwàng. Nándào shì hǎishuǐliàng tài dà bǎ yǒusèshuǐ xīshì de tài dàn, yǐ zhì wúfǎ fāxiàn? //

Zhìjīn shéi yě bù zhī·dào wèishénme zhè·lǐ de hǎishuǐ méiwán-méiliǎo de "lòu" xià·qù, zhège "wúdǐdòng" de chūkǒu yòu zài nǎ·lǐ? měi tiān dàliàng de hǎishuǐ jiūjìng dōu liúdào nǎ·lǐ qù le?

Jiéxuǎn zì Luóbótè Luówēi'ěr 《Shénmì de "Wúdǐdòng"》

作品 35 号

我在俄国见到的景物再没有比托尔斯泰墓更宏伟、更感人的。

完全按照托尔斯泰的愿望，他的坟墓成了世间最美的，给人印象最深刻的坟墓。它只是树林中的一个小小的长方形土丘，上面开满鲜花——没有十字架，没有墓碑，没有墓志铭，连托尔斯泰这个名字也没有。

这位比谁都感到受自己的声名所累的伟人，却像偶尔被发现的流浪汉，不为人知的士兵，不留名姓地被人埋葬了。谁都可以踏进他最后的安息地，围在四周稀疏的木栅栏是不关闭的——保护列夫·托尔斯泰得以安息的没有任何别的东西，惟有人们的敬意；而通常，人们却总是怀着好奇，去破坏伟人墓地的宁静。

这里，逼人的朴素禁锢住任何一种观赏的闲情，并且不容许你大声说话。风儿俯临，在这座无名者之墓的树木之间飒飒响着，和暖的阳光在坟头嬉戏；冬天，白雪温柔地覆盖这片幽暗的圭土地。无论你在夏天或冬天经过这儿，你都想象不到，这个小小的、隆起的长方体里安放着一位当代最伟大的人物。

然而，恰恰是这座不留姓名的坟墓，比所有挖空心思用大理石和奢华装饰建造的坟墓更扣人心弦。在今天这个特殊的日子//里，到他的安息地来的成百上千人中间，没有一个有勇气，哪怕仅仅从这幽暗的土丘上摘下一朵花留作纪念。人们重新感到，世界上再没有比托尔斯泰最后留下的、这座纪念碑式的朴素坟墓，更打动人心的了。

——节选自［奥］茨威格《世间最美的坟墓》，张厚仁译

Zuòpǐn 35 Hào

Wǒ zài Éguó jiàndào de jǐngwù zài méi·yǒu bǐ Tuō'ěrsītài mù gèng hóngwěi、gèng gǎnrén de.

Wánquán ànzhào Tuō'ěrsītài de yuànwàng, tā de fénmù chéngle shìjiān zuì měi de、gěi rén yìnxiàng zuì shēnkè de fénmù. Tā zhǐshì shùlín zhōng de yī gè xiǎoxiǎo de chángfāngxíng tǔqiū, shàng·miàn kāimǎn xiānhuā——méi·yǒu shízìjià, méi·yǒu mùbēi, méi·yǒu mùzhìmíng, lián Tuō'ěrsītài zhège míng zi yě méi·yǒu.

Zhè wèi bǐ shéi dōu gǎndào shòu zìjǐ de shēngmìng suǒ lèi de wěirén, jiù xiàng ǒu'ěr bèi fāxiàn de liúlànghàn, bù wéi rén zhī de shìbīng, bù liú míng xìng de bèi rén máizàng le. Shéi dōu kěyǐ tàjìn tā zuìhòu de ānxīdì, wéi zài sìzhōu xīshū de mù zhàlan shì bù guānbì de——bǎohù Lièfū Tuō'ěrsītài déyǐ ānxī de méi·yǒu rènhé biéde dōngxi, wéiyǒu rénmen de jìngyì; ér tōngcháng, rénmen què zǒngshì huáizhe hàoqí, qù pòhuài wěirén mùdì de níngjìng.

Zhè·lǐ, bīrén de pǔsù jìngù zhù rènhé yī zhǒng guānshǎng de xiánqíng, bìngqiě bù róngxǔ nǐ dàshēng shuōhuà. Fēng'ér fǔ lín, zài zhè zuò wúmíngzhě zhī mù de shùmù zhījiān sàsà xiǎngzhe, hénuǎn de yángguāng zài féntóu xīxì; dōngtiān, báixuě wēnróu de fùgài zhè piàn yōu'àn de guītǔdì. Wúlùn nǐ zài xiàtiān huò dōngtiān jīngguò zhèr, nǐ dōu xiǎngxiàng bù dào, zhège xiǎoxiǎo de、lóngqǐ de chángfāngtǐ·lǐ ānfàngzhe yī wèi dāngdài zuì wěidà de rénwù.

Rán'ér, qiàqià shì zhè zuò bù liú xìngmíng de fénmù, bǐ suǒyǒu wākōng xīnsi yòng dàlǐshí hé shēhuá zhuāngshì jiànzào de fénmù gèng kòurénxīnxián. Zài jīntiān zhège tèshū de rìzi//·lǐ, dào tā de ānxīdì lái de chéng bǎi shàng qiān rén zhōngjiān, méi·yǒu yī gè yǒu yǒngqì, nǎpà jǐnjǐn cóng zhè yōu'àn de tǔqiū·shàng zhāixià yī duǒ huā liúzuò jìniàn. Rénmen chóngxīn gǎndào, shìjiè·shàng zài méi·yǒu bǐ Tuō'ěrsītài zuìhòu liúxià de、zhè zuò jìniànbēi shì de pǔsù fénmù, gèng dǎdòng rénxīn de le.

Jiéxuǎn zì[Ào]Cíwēigé《Shìjiān Zuì Měi de Fénmù》, Zhāng Hòurén yì

作品 36 号

　　我国的建筑，从古代的宫殿到近代的一般住房，绝大部分是对称的，左边怎么样，右边怎么样。苏州园林可绝不讲究对称，好像故意避免似的。东边有了一个亭子或者一道回廊，西边决不会来一个同样的亭子或者一道同样的回廊。这是为什么？我想，用图画来比方，对称的建筑是图案画，不是美术画，而园林是美术画，美术画要求自然之趣，是不讲究对称的。

　　苏州园林里都有假山和池沼。

　　假山的堆叠，可以说是一项艺术而不仅是技术。或者是重峦叠嶂，或者是几座小山配合着竹子花木，全在乎设计者和匠师们生平多阅历，胸中有丘壑，才能使游览者攀登的时候忘却苏州城市，只觉得身在山间。

　　至于池沼，大多引用活水。有些园林池沼宽敞。就把池沼作为全园的中心，其他景物配合着布置。水面假如成河道模样，往往安排桥梁。假如安排两座以上的桥梁，那就一座一个样，决不雷同。

　　池沼或河道的边沿很少砌齐整的石岸，总是高低屈曲任其自然。还在那儿布置几块玲珑的石头，或者种些花草。这也是为了取得从各个角度看都成一幅画的效果。池沼里养着金鱼或各色鲤鱼，夏秋季节荷花或睡莲开//放，游览者看"鱼戏莲叶间"，又是入画的一景。

——节选自叶圣陶《苏州园林》

Zuòpǐn 36 Hào

Wǒguó de jiànzhù, cóng gǔdài de gōngdiàn dào jìndài de yìbān zhùfáng, jué dà bùfen shì duìchèn de, zuǒ•biān zěnmeyàng, yòu•biān zěnmeyàng. Sūzhōu yuánlín kě juébù jiǎng•jiū duìchèn, hǎoxiàng gùyì bìmiǎn shìde. Dōng•biān yǒule yī gè tíngzi huòzhě yī dào huíláng, xī•biān juébù huì lái yī gè tóngyàng de tíngzi huòzhě yī dào tóngyàng de huíláng. Zhè shì wèishénme? Wǒ xiǎng, yòng túhuà lái bǐfang, duìchèn de jiànzhù shì tú'ànhuà, bù shì měishùhuà, ér yuánlín shì měishùhuà, měishùhuà yāoqiú zìrán zhī qù, shì bù jiǎng•jiū duìchèn de.

Sūzhōu yuánlín•lǐ dōu yǒu jiǎshān hé chízhǎo.

Jiǎshān de duīdié, kěyǐ shuō shì yī xiàng yìshù ér bùjǐn shì jìshù. Huòzhě shì chòngluán-diézhàng, huòzhě shì jǐ zuò xiǎoshān pèihézhe zhúzi huāmù, quán zàihu shèjìzhě hé jiàngshīmen shēngpíng duō yuèlì, xiōng zhōng yǒu qiūhè, cái néng shǐ yóulǎnzhě pāndēng de shíhou wàngquè Sūzhōu chéngshì, zhǐ juéde shēn zài shān jiān.

Zhìyú chízhǎo, dàduō yǐnyòng huóshuǐ. Yǒuxiē yuánlín chízhǎo kuān•chǎng, jiù bǎ chízhǎo zuòwéi quán yuán de zhōngxīn, qítā jǐngwù pèihézhe bùzhì. Shuǐmiàn jiǎrú chéng hédào múyàng, wǎngwǎng ānpái qiáoliáng. Jiǎrú ānpái liǎng zuò yǐshàng de qiáoliáng, nà jiù yī zuò yī gè yàng, jué bù léitóng.

Chízhǎo huò hédào de biānyán hěn shǎo qì qízhěng de shí'àn, zǒngshì gāodī qūqū rèn qí zìrán. Hái zài nàr bùzhì jǐ kuài línglóng de shítou, huòzhě zhòng xiē huācǎo. Zhè yě shì wèile qǔdé cóng gègè jiǎodù kàn dōu chéng yī fú huà de xiàoguǒ. Chízhǎo•lǐ yǎngzhe jīnyú huò gè sè lǐyú, xià-qiū jìjié héhuā huò shuǐlián kāi//fàng, yóulǎnzhě kàn"yú xì lián yè jiān", yòu shì rù huà de yī jǐng.

Jiéxuǎn zì Yè Shèngtáo《Sūzhōu Yuánlín》

187

作品 37 号

　　一位访美中国女作家，在纽约遇到一位卖花的老太太。老太太穿着破旧，身体虚弱，但脸上的神情却是那样祥和兴奋。女作家挑了一朵花说："看起来，你很高兴。"老太太面带微笑地说："是的，一切都这么美好，我为什么不高兴呢?""对烦恼，你倒真能看得开。"女作家又说了一句。没料到，老太太的回答更令女作家大吃一惊："耶稣在星期五被钉上十字架时，是全世界最糟糕的一天，可三天后就是复活节。所以，当我遇到不幸时，就会等待三天，这样一切就恢复正常了。"

　　"等待三天"，多么富于哲理的话语，多么乐观的生活方式。它把烦恼和痛苦抛下，全力去收获快乐。

　　沈从文在"文革"期间，陷入了非人的境地。可他毫不在意，他在咸宁时给他的表侄、画家黄永玉写信说："这里的荷花真好，你若来……"身陷苦难却仍为荷花的盛开欣喜赞叹不已，这是一种趋于澄明的境界，一种旷达洒脱的胸襟，一种面临磨难坦荡从容的气度，一种对生活童子般的热爱和对美好事物无限向往的生命情感。

　　由此可见，影响一个人快乐的，有时并不是困境及磨难，而是一个人的心态。如果把自己浸泡在积极、乐观、向上的心态中，快乐必然会//占据你的每一天。

——节选自《态度创造快乐》

Zuòpǐn 37 Hào

Yī wèi fǎng Měi Zhōngguó nǚzuòjiā, zài Niǔyuē yùdào yī wèi mài huā de lǎotàitai. Lǎotàitai chuānzhuó pòjiù, shēntǐ xūruò, dàn liǎn•shàng de shénqíng què shì nàyàng xiánghé xīngfèn. Nǚzuòjiā tiāole yī duǒ huā shuō: "Kàn qǐ•lái, nǐ hěn gāoxìng. "Lǎotàitai miàn dài wēixiào de shuō: "Shìde, yīqiè dōu zhème měihǎo, wǒ wèishénme bù gāoxìng ne?" "Duì fánnǎo, nǐ dào zhēn néng kàndekāi. "Nǚzuòjiā yòu shuōle yī jù. Méi liàodào, lǎotàitai de huídá gèng lìng nǚzuòjiā dàchī-yījīng: "Yēsū zài xīngqīwǔ bèi dìng•shàng shízìjià shí, shì quán shìjiè zuì zāogāo de yī tiān, kě sān tiān hòu jiùshì Fùhuójié. Suǒyǐ, dāng wǒ yùdào bùxìng shí, jiù huì děngdài sān tiān, zhèyàng yīqiè jiù huīfù zhèngcháng le. "

"Děngdài sān tiān", duōme fùyú zhélǐ de huàyǔ, duōme lèguān de shēnghuó fāngshì. Tā bǎ fánnǎo hé tòngkǔ pāo•xià, quánlì qù shōuhuò kuàilè.

Shěn Cóngwén zài "wén-gé" qījiān, xiànrùle fēirén de jìngdì. Kě tā háobù zàiyì, tā zài Xiánníng shí gěi tā de biǎozhí、huàjiā Huáng Yǒngyù xiěxìn shuō: "Zhè•lǐ de héhuā zhēn hǎo, nǐ ruò lái……" Shěn xiàn kǔnàn què réng wèi héhuā de shèngkāi xīnxǐ zàntàn bùyǐ, zhè shì yī zhǒng qūyú chéngmíng de jìngjiè, yī zhǒng kuàngdá sǎ•tuō de xiōngjīn, yī zhǒng miànlín mónàn tǎndàng cóngróng de qìdù, yī zhǒng duì shēnghuó tóngzǐ bān de rè'ài hé duì měihǎo shìwù wúxiàn xiàngwǎng de shēngmìng qínggǎn.

Yóucǐ-kějiàn, yǐngxiǎng yī gè rén kuàilè de, yǒushí bìng bù shì kùnjìng jí mónàn, ér shì yī gè rén de xīntài. Rúguǒ bǎ zìjǐ jìn pào zài jījí、lèguān、xiàngshàng de xīntài zhōng, kuàilè bìrán huì//zhànjù nǐ de měi yī tiān.

Jiéxuǎn zì《Tài•dù Chuàngzào Kuàilè》

作品 38 号

泰山极顶看日出，历来被描绘成十分壮观的奇景。有人说：登泰山而看不到日出，就像一出大戏没有戏眼，味儿终究有点寡淡。

我去爬山那天，正赶上个难得的好天，万里长空，云彩丝儿都不见。素常，烟雾腾腾的山头，显得眉目分明。同伴们都欣喜地说："明天早晨准可以看见日出了。"我也是抱着这种想头，爬上山去。

一路从山脚往上爬，细看山景，我觉得挂在眼前的不是五岳独尊的泰山，却像一幅规模惊人的青绿山水画，从下面倒展开来。在画卷中最先露出的是山根底那座明朝建筑岱宗坊，慢慢地便现出王母池、斗母宫、经石峪。山是一层比一层深，一叠比一叠奇，层层叠叠，不知还会有多深多奇，万山丛中，时而点染着极其工细的人物。王母池旁的吕祖殿里有不少尊明塑，塑着吕洞宾等一些人，姿态神情是那样有生气，你看了，不禁会脱口赞叹说："活啦。"

画卷继续展开，绿阴森森的柏洞露面不太久，便来到对松山。两面奇峰对峙着，满山峰都是奇形怪状的老松，年纪怕都有上千岁了，颜色竟那么浓，浓得好像要流下来似的。来到这儿，你不妨权当一次画里的写意人物，坐在路旁的对松亭里，看看山色，听听流//水和松涛。

一时间，我又觉得自己不仅是在看画卷，却又像是在零零乱乱翻着一卷历史稿本。

——节选自杨朔《泰山极顶》

Zuòpǐn 38 Hào

Tài Shān jí dǐng kàn rìchū, lìlái bèi miáohuì chéng shífēn zhuàngguān de qíjǐng. Yǒu rén shuō: Dēng Tài Shān ér kàn•bùdào rìchū, jiù xiàng yī chū dàxì méi•yǒu xìyǎn, wèir zhōngjiū yǒu diǎnr guǎdàn.

Wǒ qù páshān nà tiān, zhèng gǎn•shàng gè nándé de hǎotiān, wànlǐ chángkōng, yúncaisīr dōu bù jiàn. Sùcháng, yānwù téngténg de shāntóu, xiǎn•dé méi•mù fēnmíng. Tóngbànmen dōu xīnxǐ de shuō: "Míngtiān zǎo•chén zhǔn kěyǐ kàn•jiàn rìchū le." Wǒ yě shì bàozhe zhè zhǒng xiǎngtou, pá•shàng shān•qù.

Yīlù cóng shānjiǎo wǎngshàng pá, xì kàn shānjǐng, wǒ jué•dé guà zài yǎnqián de bù shì Wǔ Yuè dú zūn de Tài Shān, què xiàng yī fú guīmó jīngrén de qīnglù shānshuǐhuà, cóng xià•miàn dào zhǎn kāi•lái. Zài huàjuàn zhōng zuì xiān lòuchū de shì shāngēnr dǐ nà zuò Míngcháo jiànzhù Dàizōngfāng, mànmàn de biàn xiànchū Wángmǔchí、Dòumǔgōng、Jīngshíyù. Shān shì yī céng bǐ yī céng shēn, yī dié bǐ yī dié qí, céngcéng-diédié, bù zhī hái huì yǒu duō shēn duō qí. Wàn shān cóng zhōng, shí'ér diǎnrǎnzhe jíqí gōngxì de rénwù. Wángmǔchí páng de Lǚzǔdiàn•lǐ yǒu bùshǎo zūn míngsù, sùzhe Lǚ Dòngbīn děng yīxiē rén, zītài shénqíng shì nàyàng yǒu shēngqì, nǐ kàn le, bùjīn huì tuōkǒu zàntàn shuō: "Huó la."

Huàjuàn jìxù zhǎnkāi, lǜyīn sēnsēn de Bǎidòng lòumiàn bù tài jiǔ, biàn láidào Duìsōngshān. Liǎngmiàn qífēng duìzhìzhe, mǎn shānfēng dōu shì qíxíng-guàizhuàng de lǎosōng, niánjì pà dōu yǒu shàng qiān suì le, yánsè jìng nàme nóng, nóng dé hǎoxiàng yào liú xià•lái shìde. Láidào zhèr, nǐ bùfáng quándāng yī cì huà•lǐ de xiěyì rénwù, zuò zài lùpáng de Duìsōngtíng•lǐ, kànkan shānsè, tīngting liú//shuǐ hé sōngtāo.

Yī shíjiān, wǒ yòu jué•dé zìjǐ bùjǐn shì zài kàn huàjuàn, què yòu xiàng shì zài línglíng-luànluàn fānzhe yī juàn lìshǐ gǎoběn.

Jiéxuǎn zì Yáng Shuò《Tài Shān Jí Dǐng》

191

作品 39 号

育才小学校长陶行知在校园看到学生王友用泥块砸自己班上的同学，陶行知当即喝止了他，并令他放学后到校长室去。无疑，陶行知是要好好教育这个"顽皮"的学生。那么他是如何教育的呢？

放学后，陶行知来到校长室，王友已经等在门口准备挨训了。可一见面，陶行知却掏出一块糖果送给王友，并说："这是奖给你的，因为你按时来到这里，而我却迟到了。"王友惊疑地接过糖果。

随后，陶行知又掏出一块糖果放到他手里，说："这第二块糖果也是奖给你的，因为当我不让你再打人时，你立即就住手了，这说明你很尊重我，我应该奖你。"王友更惊疑了，他眼睛睁得大大的。

陶行知又掏出第三块糖果塞到王友手里，说："我调查过了，你用泥块砸那些男生，是因为他们不守游戏规则，欺负女生；你砸他们，说明你很正直善良，且有批评不良行为的勇气，应该奖励你啊！"王友感动极了，他流着眼泪后悔地喊道："陶……陶校长你打我两下吧！我砸的不是坏人，而是自己的同学啊……"

陶行知满意地笑了，他随即掏出第四块糖果递给王友，说："为你正确地认识错误，我再奖给你一块糖果，只可惜我只有这一块糖果了。我的糖果//没有了，我看我们的谈话也该结束了吧！"说完，就走出了校长室。

——节选自《教师博览·百期精华》中《陶行知的"四块糖果"》

Zuòpǐn 39 Hào

Yùcái Xiǎoxué xiàozhǎng Táo Xíngzhī zài xiàoyuán kàndào xuésheng Wáng Yǒu yòng níkuàir zá zìjǐ bān•shàng de tóngxué, Táo Xíngzhī dāngjí hèzhǐle tā, bìng lìng tā fàngxué hòu dào xiàozhǎngshì qù. Wúyí, Táo Xíngzhī shì yào hǎohǎo jiàoyù zhège"wánpí"de xuésheng. Nàme tā shì rúhé jiàoyù de ne?

Fàngxué hòu, Táo Xíngzhī láidào xiàozhǎngshì, Wáng Yǒu yǐ•jīng děng zài ménkǒu zhǔnbèi āi xùn le. Kě yī jiànmiàn, Táo Xíngzhī què tāochū yī kuài tángguǒ sònggěi Wáng Yǒu, bìng shuō: "Zhè shì jiǎnggěi nǐ de, yīn•wèi nǐ ànshí láidào zhè•lǐ, ér wǒ què chídào le."Wáng Yǒu jīngyí de jiēguo tángguǒ.

Suíhòu, Táo Xíngzhī yòu tāochū yī kuài tángguǒ fàngdào tā shǒu•lǐ, shuō: "Zhè dì-èr kuài tángguǒ yě shì jiǎnggěi nǐ de, yīn•wèi dāng wǒ bùràng nǐ zài dǎrén shí, nǐ lìjí jiù zhùshǒu le, zhè shuōmíng nǐ hěn zūnzhòng wǒ, wǒ yīnggāi jiǎng nǐ."Wáng Yǒu gèng jīngyí le, tā yǎnjīng zhēng de dàdà de.

Táo Xíngzhī yòu tāochū dì-sān kuài tángguǒ sāidào Wáng Yǒu shǒu•lǐ, shuō: "Wǒ diàocháguo le, nǐ yòng níkuài zá nàxiē nánshēng, shì yīn•wèi tāmen bù shǒu yóuxì guīzé, qīfu nǚshēng; nǐ zá tāmen, shuōmíng nǐ hěn zhèngzhí shànliáng, qiě yǒu pīpíng bùliáng xíngwéi de yǒngqì, yīnggāi jiǎnglì nǐ a!"Wáng Yǒu gǎndòng jí le, tā liúzhe yǎnlèi hòuhuǐ de hǎndào: "Táo……Táo xiàozhǎng, nǐ dǎ wǒ liǎng xià ba! Wǒ zá de bù shì huàirén, ér shì zìjǐ de tóngxué a……"

Táo Xíngzhī mǎnyì de xiào le, tā suíjí tāochū dì-sì kuài tángguǒ dìgěi Wáng Yǒu, shuō : "Wèi nǐ zhèngquè de rènshi cuò•wù, wǒ zài jiǎnggěi nǐ yī kuài tángguǒ, zhǐ kěxī wǒ zhǐyǒu zhè yī kuài tángguǒ le. Wǒ de tángguǒ//méi•yǒu le, wǒ kàn wǒmen de tánhuà yě gāi jiéshù le ba!" Shuōwán, jiù zǒuchūle xiàozhǎngshì.

Jiéxuǎn zì《Jiàoshī Bólǎn•Bǎiqī Jīnghuá》
zhōng《Táo Xíngzhī de"Sì Kuài Tángguǒ"》

作品 40 号

享受幸福是需要学习的，当它即将来临的时刻需要提醒。人可以自然而然地学会感官的享乐，却无法天生地掌握幸福的韵律。灵魂的快意同器官的舒适像一对孪生兄弟，时而相傍相依，时而南辕北辙。

幸福是一种心灵的震颤。它像会倾听音乐的耳朵一样，需要不断地训练。

简而言之，幸福就是没有痛苦的时刻。它出现的频率并不像我们想像的那样少。人们常常只是在幸福的金马车已经驶过去很远时，才拣起地上的金鬃毛说，原来我见过它。

人们喜爱回味幸福的标本，却忽略它披着露水散发清香的时刻。那时候我们往往步履匆匆，瞻前顾后不知在忙着什么。

世上有预报台风的，有预报蝗灾的，有预报瘟疫的，有预报地震的。没有人预报幸福。

其实幸福和世界万物一样，有它的征兆。

幸福常常是朦胧的，很有节制地向我们喷洒甘霖。你不要总希望轰轰烈烈的幸福，它多半只是悄悄地扑面而来。你也不要企图把水龙头拧得更大，那样它会很快地流失。你需要静静地以平和之心，体验它的真谛。

幸福绝大多数是朴素的。它不会像信号弹似的，在很高的天际闪烁红色的光芒。它披着本色的外衣，亲//切温暖地包裹起我们。

幸福不喜欢喧嚣浮华，它常常在暗淡中降临。贫困中相濡以沫的一块糕饼，患难中心心相印的一个眼神，父亲一次粗糙的抚摸，女友一张温馨的字条……这都是千金难买的幸福啊。像一粒粒缀在旧绸子上的红宝石，在凄凉中愈发熠熠夺目。

——节选自毕淑敏《提醒幸福》

Zuòpǐn 40 Hào

Xiǎngshòu xìngfú shì xūyào xuéxí de, dāng tā jíjiāng láilín de shíkè xūyào tíxǐng. Rén kěyǐ zìrán'érrán de xuéhuì gǎnguān de xiǎnglè, què wúfǎ tiānshēng de zhǎngwò xìngfú de yùnlǜ. Línghún de kuàiyì tóng qìguān de shūshì xiàng yī duì luánshēng xiōngdì, shí'ér xiāngbàng-xiāngyī, shí'ér nányuán-běizhé.

Xìngfú shì yī zhǒng xīnlíng de zhènchàn. Tā xiàng huì qīngtīng yīnyuè de ěrduo yīyàng, xūyào bùduàn de xùnliàn.

Jiǎn'éryánzhī, xìngfú jiùshì méi·yǒu tòngkǔ de shíkè. Tā chūxiàn de pínlǜ bìng bù xiàng wǒmen xiǎngxiàng de nàyàng shǎo. Rénmen chángcháng zhǐshì zài xìngfú de jīn mǎchē yǐ·jīng shǐ guò·qù hěn yuǎn shí, cái jiǎnqǐ dì·shàng de jīn zōngmáo shuō, yuánlái wǒ jiànguò tā.

Rénmen xǐ'ài huíwèi xìngfú de biāoběn, què hūlüè tā pīzhe lù·shuǐ sànfā qīngxiāng de shíkè. Nà shíhou wǒmen wǎngwǎng bùlǚ cōngcōng, zhānqián-gùhòu bù zhī zài mángzhe shénme.

Shì·shàng yǒu yù·bào táifēng de, yǒu yùbào huángzāi de, yǒu yùbào wēnyì de, yǒu yùbào dìzhèn de. Méi·yǒu rén yùbào xìngfú.

Qíshí xìngfú hé shìjiè wànwù yīyàng, yǒu tā de zhēngzhào.

Xìngfú chángcháng shì ménglóng de, hěn yǒu jiézhì de xiàng wǒmen pēnsǎ gānlín. Nǐ bùyào zǒng xīwàng hōnghōng-lièliè de xìngfú, tā duōbàn zhǐshì qiāoqiāo de pūmiàn ér lái. Nǐ yě bùyào qǐtú bǎ shuǐlóngtóu nǐng dé gèng dà, nàyàng tā huì hěn kuài de liúshī. Nǐ xūyào jìngjìng de yǐ pínghé zhī xīn, tǐyàn tā de zhēndì.

Xìngfú jué dà duōshù shì pǔsù de. Tā bù huì xiàng xìnhàodàn shìde, zài hěn gāo de tiānjì shǎnshuò hóngsè de guāngmáng. Tā pīzhe běnsè de wàiyī, qīn// qiè wēnnuǎn de bāoguǒqǐ wǒmen.

Xìngfú bù xǐhuan xuānxiāo fúhuá, tā chángcháng zài àndàn zhōng jiànglín. Pínkùn zhōng xiāngrúyǐmò de yī kuài gāobǐng, huànnàn zhōng xīnxīn-xiāngyìn de yī gè yǎnshén, fù·qīn yī cì cūcāo de fǔmō, nǔyǒu yī zhāng wēnxīn de zìtiáo……Zhè dōu shì qiānjīn nán mǎi de xìngfú a. Xiàng yī lìlì zhuì zài jiù chóuzǐ·shàng de hóngbǎoshí, zài qīliáng zhōng yùfā yìyì duómù.

Jiéxuǎn zì Bì Shūmǐn《Tíxǐng Xìngfú》

作品 41 号

在里约热内卢的一个贫民窟里，有一个男孩子，他非常喜欢足球，可是又买不起，于是就踢塑料盒，踢汽水瓶，踢从垃圾箱里拣来的椰子壳。他在胡同里踢，在能找到的任何一片空地上踢。

有一天，当他在一处干涸的水塘里猛踢一个猪膀胱时，被一位足球教练看见了。他发现这个男孩儿踢得很像是那么回事，就主动提出要送给他一个足球。小男孩儿得到足球后踢得更卖劲了。不久，他就能准确地把球踢进远处随意摆放的一个水桶里。

圣诞节到了，孩子的妈妈说："我们没有钱买圣诞礼物送给我们的恩人，就让我们为他祈祷吧。"

小男孩儿跟随妈妈祈祷完毕，向妈妈要了一把铲子便跑了出去。他来到一座别墅前的花园里，开始挖坑。

就在他快要挖好坑的时候，从别墅里走出一个人来，问小孩儿在干什么，孩子抬起满是汗珠的脸蛋儿，说："教练，圣诞节到了，我没有礼物送给您，我愿给您的圣诞树挖一个树坑。"

教练把小男孩儿从树坑里拉上来，说，我今天得到了世界上最好的礼物。明天你就到我的训练场去吧。

三年后，这位十七岁的男孩儿在第六届足球锦标赛上独进二十一球，为巴西第一次捧回了金杯。一个原来不//为世人所知的名字——贝利，随之传遍世界。

——节选自刘燕敏《天才的造就》

Zuòpǐn 41 Hào

Zài Lǐyuērènèilú de yī gè pínmínkū•lǐ, yǒu yī gè nánháizi, tā fēicháng xǐhuan zúqiú, kěshì yòu mǎi•bùqǐ, yúshì jiù tī sùliàohé, tī qìshuǐpíng, tī cóng lājīxiāng•lǐ jiǎnlái de yēzikér. Tā zài hútòng•lǐ tī, zài néng zhǎodào de rènhé yī piàn kōngdì•shàng tī.

Yǒu yī tiān, dāng tā zài yī chù gānhé de shuǐtáng•lǐ měng tī yī gè zhū pángguāng shí, bèi yī wèi zúqiú jiàoliàn kàn•jiàn le. Tā fāxiàn zhège nánháir tī de hěn xiàng shì nàme huí shì, jiù zhǔdòng tíchū sònggěi tā yī gè zúqiú. Xiǎonánháir dédào zúqiú hòu tī de gèng màijìnr le. Bùjiǔ, tā jiù néng zhǔnquè de bǎ qiú tījìn yuǎnchù suíyì bǎifàng de yī gè shuǐtǒng•lǐ.

Shèngdànjié dào le, háizi de māma shuō: "Wǒmen méi•yǒu qián mǎi shèngdàn lǐwù sònggěi wǒmen de ēnrén, jiù ràng wǒmen wéi tā qídǎo ba."

Xiǎonánháir gēnsuí māma qídǎo wánbì, xiàng māma yàole yī bǎ chǎnzi biàn pǎole chū•qù. Tā láidào yī zuò biéshù qián de huāyuán•lǐ, kāishǐ wā kēng.

Jiù zài tā kuài yào wāhǎo de shíhou, cóng biéshù•lǐ zǒuchū yī gè rén•lái, wèn xiǎohái zài gàn shénme, háizi táiqǐ mǎn shì hànzhū de liǎndànr, shuō: "Jiàoliàn, Shèngdànjié dào le, wǒ méi•yǒu lǐwù sònggěi nín, wǒ yuàn gěi nín de shèngdànshù wā yī gè shùkēng.

Jiàoliàn bǎ xiǎonánháir cóng shùkēng•lǐ lā shàng•lái, shuō, wǒ jīntiān dédàole shìjiè•shàng zuìhǎo de lǐwù. Míngtiān nǐ jiù dào wǒ de xùnliànchǎng qù ba.

Sān nián hòu, zhè wèi shíqī suì de nánháir zài dì-liù jiè zúqiú jǐnbiāosài •shàng dú jìn èrshíyī qiú, wèi Bāxī dì-yī cì pěnghuíle jīnbēi. Yī gè yuánlái bù// wéi shìrén suǒ zhī de míngzi——Bèilì, suí zhī chuánbiàn shìjiè.

Jiéxuǎn zì Liú Yànmǐn《Tiāncái de Zàojiù》

作品 42 号

　　记得我十三岁时，和母亲住在法国东南部的耐斯城。母亲没有丈夫，也没有亲戚，够清苦的，但她经常能拿出令人吃惊的东西，摆在我面前。她从来不吃肉，一再说自己是素食者。然而有一天，我发现母亲正仔细地用一小块碎面包擦那给我煎牛排用的油锅。我明白了她称自己为素食者的真正原因。

　　我十六岁时，母亲成了耐斯市美蒙旅馆的女经理。这时，她更忙碌了。一天，她瘫在椅子上，脸色苍白，嘴唇发灰。马上找来医生，做出诊断：她摄取了过多的胰岛素。直到这时我才知道母亲多年一直对我隐瞒的疾痛——糖尿病。

　　她的头歪向枕头一边，痛苦地用手抓挠胸口。床架上方，则挂着一枚我一九三二年赢得耐斯市少年乒乓球冠军的银质奖章。

　　啊，是对我的美好前途的憧憬支撑着她活下去，为了给她那荒唐的梦至少加一点真实的色彩，我只能继续努力，与时间竞争，直至一九三八年我被征入空军。巴黎很快失陷，我辗转调到英国皇家空军。刚到英国就接到了母亲的来信。这些信是由在瑞士的一个朋友秘密地转到伦敦，送到我手中的。

　　现在我要回家了，胸前佩带着醒目的绿黑两色的解放十字绶//带，上面挂着五六枚我终身难忘的勋章，肩上还佩带着军官肩章。到达旅馆时，没有一个人跟我打招呼。原来，我母亲在三年半以前就已经离开人间了。

　　在她死前的几天中，她写了近二百五十封信，把这些信交给她在瑞士的朋友，请这个朋友定时寄给我。就这样，在母亲死后的三年半的时间里，我一直从她身上吸取着力量和勇气——这使我能够继续战斗到胜利那一天。

——节选自［法］罗曼·加里《我的母亲独一无二》

Zuòpǐn 42 Hào

Jì·dé wǒ shísān suì shí, hé mǔ·qīn zhù zài Fǎguó dōngnánbù de Nàisī Chéng. Mǔ·qīn méi·yǒu zhàng·fu, yě méi·yǒu qīnqi, gòu qīngkǔ de, dàn tā jīngcháng néng ná·chū lìng rén chījīng de dōngxi, bǎi zài wǒ miànqián. Tā cónglái bù chīròu, yīzài shuō zìjǐ shì sùshízhě. Rán'ér yǒu yī tiān, wǒ fāxiàn mǔ·qīn zhèng zǐxì de yòng yī xiǎo kuài suì miànbāo cā nà gěi wǒ jiān niúpái yòng de yóuguō. Wǒ míngbaile tā chēng zìjǐ wéi sùshízhě de zhēnzhèng yuányīn.

Wǒ shíliù suì shí, mǔ·qīn chéngle Nàisī Shì Měiméng lǚguǎn de nǚ jīnglǐ. Zhèshí, tā gèng mánglù le. Yī tiān, tā tān zài yǐzǐ·shàng, liǎnsè cāngbái, zuǐchún fā huī. Mǎshàng zhǎolái yīshēng, zuò·chū zhěnduàn: Tā shèqǔle guòduō de yídàosù. Zhídào zhèshí wǒ cái zhī·dào mǔ·qīn duōnián yīzhí duì wǒ yǐnmán de jítòng——tángniàobìng.

Tā de tóu wāixiàng zhěntou yībiān, tòngkǔ de yòng shǒu zhuānao xiōngkǒu. Chuángjià shàngfāng, zé guàzhe yī méi wǒ yī jiǔ sān èr nián yíngdé Nàisī Shì shàonián pīngpāngqiú guànjūn de yínzhì jiǎngzhāng.

A, shì duì wǒ de měihǎo qiántú de chōngjǐng zhīchēngzhe tā huó xià·qù, wèile gěi tā nà huāng·táng de mèng zhìshǎo jiā yīdiǎnr zhēnshí de sècǎi, wǒ zhǐnéng jìxù nǔlì, yǔ shíjiān jìngzhēng, zhízhì yī jiǔ sān bā nián wǒ bèi zhēng rù kōngjūn. Bālí hěn kuài shīxiàn, wǒ zhǎnzhuǎn diàodào Yīngguó Huángjiā Kōngjūn. Gāng dào Yīngguó jiù jiēdàole mǔ·qīn de láixìn. Zhèxiē xìn shì yóu zài Ruìshì de yī gè péngyou mìmì de zhuǎndào Lúndūn, sòngdào wǒ shǒuzhōng de.

Xiànzài wǒ yào huíjiā le, xiōngqián pèidàizhe xǐngmù de lǜ-hēi liǎng sè de jiěfàng shízì shòu//dài, shàng·miàn guàzhe wǔ-liù méi wǒ zhōngshēn nánwàng de xūnzhāng, jiān·shàng hái pèidàizhe jūnguān jiānzhāng. Dàodá lǚguǎn shí, méi·yǒu yī gè rén gēn wǒ dǎ zhāohu. Yuánlái, wǒ mǔ·qīn zài sān nián bàn yǐqián jiù yǐ·jīng líkāi rénjiān le.

Zài tā sǐ qián de jǐ tiān zhōng, tā xiěle jìn èrbǎi wǔshí fēng xìn, bǎ zhèxiē xìn jiāogěi tā zài Ruìshì de péngyou, qǐng zhège péngyou dìngshí jì gěi wǒ. Jiù zhèyàng, zài mǔ·qīn sǐ hòu de sān nián bàn de shíjiān·lǐ, wǒ yīzhí cóng tā shēn·shàng xīqǔzhe lì·liàng hé yǒngqì——zhè shǐ wǒ nénggòu jìxù zhàndòu dào shènglì nà yī tiān.

Jiéxuǎn zì[Fǎ]Luómàn Jiālǐ《Wǒ de Mǔ·qīn Dúyīwú'èr》

作品 43 号

　　生活对于任何人都非易事，我们必须有坚韧不拔的精神。最要紧的，还是我们自己要有信心。我们必须相信，我们对每一件事情都具有天赋的才能，并且，无论付出任何代价，都要把这件事完成。当事情结束的时候，你要能问心无愧地说："我已经尽我所能了。"

　　有一年的春天，我因病被迫在家里休息数周。我注视着我的女儿们所养的蚕正在结茧，这使我很感兴趣。望着这些蚕执著地、勤奋地工作，我感到我和它们非常相似。像它们一样，我总是耐心地把自己的努力集中在一个目标上。我之所以如此，或许是因为有某种力量在鞭策着我——正如蚕被鞭策着去结茧一般。

　　近五十年来，我致力于科学研究，而研究，就是对真理的探讨。我有许多美好快乐的记忆。少女时期我在巴黎大学，孤独地过着求学的岁月；在后来献身科学的整个时期，我丈夫和我专心致志，像在梦幻中一般，坐在简陋的书房里艰辛地研究，后来我们就在那里发现了镭。

　　我永远追求安静的工作和简单的家庭生活。为了实现这个理想，我竭力保持宁静的环境，以免受人事的干扰和盛名的拖累。

　　我深信，在科学方面我们有对事业而不是//对财富的兴趣。我的惟一奢望是在一个自由国家中，以一个自由学者的身份从事研究工作。

　　我一直沉醉于世界的优美之中，我所热爱的科学也不断增加它崭新的远景。我认定科学本身就具有伟大的美。

——节选自［波兰］玛丽·居里《我的信念》，剑捷译

Zuòpǐn 43 Hào

Shēnghuó duìyú rènhé rén dōu fēi yì shì，wǒmen bìxū yǒu jiānrèn-bùbá de jīngshén. Zuì yàojǐn de，háishì wǒmen zìjǐ yào yǒu xìnxīn. Wǒmen bìxū xiāngxìn，wǒmen duì měi yī jiàn shìqing dōu jùyǒu tiānfù de cáinéng，bìngqiě，wúlùn fùchū rènhé dàijià，dōu yào bǎ zhè jiàn shì wánchéng. Dāng shìqing jiéshù de shíhou，nǐ yào néng wènxīn-wúkuì de shuō：" Wǒ yǐ·jīng jìn wǒ suǒ néng le. "

Yǒu yī nián de chūntiān，wǒ yīn bìng bèipò zài jiā·lǐ xiūxi shù zhōu. Wǒ zhùshìzhe wǒ de nǚ'érmen suǒ yǎng de cán zhèngzài jié jiǎn，zhè shǐ wǒ hěn gǎn xìngqù. Wàngzhe zhèxiē cán zhízhuó de、qínfèn de gōngzuò，wǒ gǎndào wǒ hé tāmen fēicháng xiāngsì. Xiàng tāmen yīyàng，wǒ zǒngshì nàixīn de bǎ zìjǐ de nǔlì jízhōng zài yī gè mùbiāo·shàng. Wǒ zhīsuǒyǐ rúcǐ，huòxǔ shì yīn·wèi yǒu mǒu zhǒng lì·liàng zài biāncèzhe wǒ——zhèng rú cán bèi biāncèzhe qù jié jiǎn yībān.

Jìn wǔshí nián lái，wǒ zhìlìyú kēxué yánjiū，ér yánjiū，jiùshì duì zhēnlǐ de tàntǎo. Wǒ yǒu xǔduō měihǎo kuàilè de jìyì. Shàonǚ shíqī wǒ zài Bālí Dàxué，gūdú de guòzhe qiúxué de suìyuè；zài hòulái xiànshēn kēxué de zhěnggè shíqī，wǒ zhàngfu hé wǒ zhuānxīn-zhìzhì，xiàng zài mènghuàn zhōng yībān，zuò zài jiǎnlòu de shūfáng·lǐ jiānxīn de yánjiū，hòulái wǒmen jiù zài nà·lǐ fāxiàn le léi.

Wǒ yǒngyuǎn zhuīqiú ānjìng de gōngzuò hé jiǎndān de jiātíng shēnghuó. Wèile shíxiàn zhège lǐxiǎng，wǒ jiélì bǎochí níngjìng de huánjìng，yǐmiǎn shòu rénshì de gānrǎo hé shèngmíng de tuōlěi.

Wǒ shēnxìn，zài kēxué fāngmiàn wǒmen yǒu duì shìyè ér bù shì//duì cáifù de xìngqù. Wǒ de wéiyī shēwàng shì zài yī gè zìyóu guójiā zhōng，yǐ yī gè zìyóu xuézhě de shēn·fèn cóngshì yánjiū gōngzuò.

Wǒ yīzhí chénzuì yú shìjiè de yōuměi zhīzhōng，wǒ suǒ rè'ài de kēxué yě bùduàn zēngjiā tā zhǎnxīn de yuǎnjǐng. Wǒ rèndìng kēxué běnshēn jiù jùyǒu wěidà de měi.

Jiéxuǎn zì[Bōlán]Mǎlì Jūlǐ《Wǒ de Xìnniàn》，Jiàn Jié yì

作品 44 号

我为什么非要教书不可？是因为我喜欢当教师的时间安排表和生活节奏。七、八、九三个月给我提供了进行回顾、研究、写作的良机，并将三者有机融合，而善于回顾、研究和总结正是优秀教师素质中不可缺少的成分。

干这行给了我多种多样的"甘泉"去品尝，找优秀的书籍去研读，到"象牙塔"和实际世界里去发现。教学工作给我提供了继续学习的时间保证，以及多种途径、机遇和挑战。

然而，我爱这一行的真正原因，是爱我的学生。学生们在我的眼前成长、变化。当教师意味着亲历"创造"过程的发生——恰似亲手赋予一团泥土以生命，没有什么比目睹它开始呼吸更激动人心的了。

权利我也有了：我有权利去启发诱导，去激发智慧的火花，去问费心思考的问题，去赞扬回答的尝试，去推荐书籍，去指点迷津。还有什么别的权利能与之相比呢？

而且，教书还给我金钱和权利之外的东西，那就是爱心。不仅有对学生的爱，对书籍的爱，对知识的爱，还有教师才能感受到的对"特别"学生的爱。这些学生，有如冥顽不灵的泥块，由于接受了老师的炽爱才勃发了生机。

所以，我爱教书，还因为，在那些勃发生机的"特//别"学生身上，我有时发现自己和他们呼吸相通，忧乐与共。

——节选自[美]彼得·基·贝得勒《我为什么当教师》

Zuòpǐn 44 Hào

Wǒ wèishénme fēi yào jiāoshū bùkě? Shì yīn·wèi wǒ xǐhuan dāng jiàoshī de shíjiān ānpáibiǎo hé shēnghuó jiézòu. Qī、bā、jiǔ sān gè yuè gěi wǒ tígōngle jìnxíng huígù、yánjiū、xiězuò de liángjī, bìng jiāng sānzhě yǒujī rónghé, ér shànyú huígù、yánjiū hé zǒngjié zhèngshì yōuxiù jiàoshī sùzhì zhōng bùkě quēshǎo de chéng·fèn.

Gàn zhè háng gěile wǒ duōzhǒng-duōyàng de "gānquán" qù pǐncháng, zhǎo yōuxiù de shūjí qù yándú, dào "xiàngyátǎ" hé shíjì shìjiè·lǐ qù fāxiàn. Jiàoxué gōngzuò gěi wǒ tígōngle jìxù xuéxí de shíjiān bǎozhèng, yǐjí duōzhǒng tújìng、jīyù hé tiǎozhàn.

Rán'ér, wǒ ài zhè yī háng de zhēnzhèng yuányīn, shì ài wǒ de xuésheng. Xuéshengmen zài wǒ de yǎnqián chéngzhǎng、biànhuà. Dāng jiàoshī yìwèizhe qīnlì "chuàngzào" guòchéng de fāshēng——qiàsì qīnshǒu fùyǔ yī tuán nítǔ yǐ shēngmìng, méi·yǒu shénme bǐ mùdǔ tā kāishǐ hūxī gèng jīdòng rénxīn de le.

Quánlì wǒ yě yǒu le: Wǒ yǒu quánlì qù qǐfā yòudǎo, qù jīfā zhìhuì de huǒhuā, qù wèn fèixīn sīkǎo de wèntí, qù zànyáng huídá de chángshì, qù tuījiàn shūjí, qù zhǐdiǎn míjīn. Háiyǒu shénme biéde quánlì néng yǔ zhī xiāng bǐ ne?

Erqiě, jiāoshū hái gěi wǒ jīnqián hé quánlì zhīwài de dōngxi, nà jiùshì àixīn. Bùjǐn yǒu duì xuésheng de ài, duì shūjí de ài, duì zhīshi de ài, háiyǒu jiàoshī cái néng gǎnshòudào de duì "tèbié" xuésheng de ài. Zhèxiē xuésheng, yǒurú míngwán-bùlíng de níkuài, yóu yú jiēshòule lǎoshī de chì'ài cái bófāle shēngjī.

Suǒyǐ, wǒ ài jiāoshū, hái yīn·wèi, zài nàxiē bófā shēngjī de "tè//bié" xuésheng shēn·shàng, wǒ yǒushí fāxiàn zìjǐ hé tāmen hūxī xiāngtōng, yōulè yǔ gòng.

Jiéxuǎn zì [Měi] Bǐdé Jī Bèidélè《Wǒ Wèishénme Dāng Jiàoshī》

作品 45 号

　　中国西部我们通常是指黄河与秦岭相连一线以西，包括西北和西南的十二个省、市、自治区。这块广袤的土地面积为五百四十六万平方公里，占国土总面积的百分之五十七；人口二点八亿，占全国总人口的百分之二十三。

　　西部是华夏文明的源头。华夏祖先的脚步是顺着水边走的：长江上游出土过元谋人牙齿化石，距今约一百七十万年；黄河中游出土过蓝田人头盖骨，距今约七十万年。这两处古人类都比距今约五十万年的北京猿人资格更老。

　　西部地区是华夏文明的重要发源地，秦皇汉武以后，东西方文化在这里交汇融合，从而有了丝绸之路的驼铃声声，佛院深寺的暮鼓晨钟。敦煌莫高窟是世界文化史上的一个奇迹，它在继承汉晋艺术传统的基础上，形成了自己兼收并蓄的恢宏气度，展现出精美绝伦的艺术形式和博大精深的文化内涵。秦始皇兵马俑、西夏王陵、楼兰古国、布达拉宫、三星堆、大足石刻等历史文化遗产，同样为世界所瞩目，成为中华文化重要的象征。

　　西部地区又是少数民族及其文化的集萃地，几乎包括了我国所有的少数民族。在一些偏远的少数民族地区，仍保留//了一些久远时代的艺术品种，成为珍贵的"活化石"，如纳西古乐、戏曲、剪纸、刺绣、岩画等民间艺术和宗教艺术。特色鲜明、丰富多彩，犹如一个巨大的民族民间文化艺术宝库。

　　我们要充分重视和利用这些得天独厚的资源优势，建立良好的民族民间文化生态环境，为西部大开发做出贡献。

——节选自《中考语文课外阅读试题精选》中《西部文化和西部开发》

Zuòpǐn 45 Hào

Zhōngguó xībù wǒmen tōngcháng shì zhǐ Huáng Hé yǔ Qín Lǐng xiānglián yī xiàn yǐxī, bāokuò xīběi hé xīnán de shí'èr gè shěng, shì, zìzhìqū. Zhè kuài guǎngmào de tǔdì miànjī wéi wǔbǎi sìshíliù wàn píngfāng gōnglǐ, zhàn guótǔ zǒng miànjī de bǎi fēn zhī wǔshíqī; rénkǒu èr diǎn bā yì, zhàn quánguó zǒng rénkǒu de bǎi fēn zhī èrshísān.

Xībù shì Huáxià wénmíng de yuántóu. Huáxià zǔxiān de jiǎobù shì shùnzhe shuǐbiān zǒu de; Cháng Jiāng shàngyóu chūtǔguo Yuánmóurén yáchǐ huàshí, jù jīn yuē yībǎi qīshí wàn nián; Huáng Hé zhōngyóu chūtǔguo Lántiánrén tóugàigǔ, jù jīn yuē qīshí wàn nián. Zhè liǎng chù gǔ rénlèi dōu bǐ jù jīn yuē wǔshí wàn nián de Běijīng yuánrén zī·gé gèng lǎo.

Xībù dìqū shì Huá Xià wénmíng de zhòngyào fāyuándì. Qínhuáng Hànwǔ yǐhòu, dōng-xīfāng wénhuà zài zhè·lǐ jiāohuì rónghé, cóng'ér yǒule sīchóu zhī lù de tuólíng shēngshēng, fó yuàn shēn sì de mùgǔ-chénzhōng. Dūnhuáng Mògāokū shì shìjiè wénhuàshǐ·shàng de yī gè qíjì, tā zài jìchéng Hàn Jìn yìshù chuántǒng de jīchǔ·shàng, xíngchéngle zìjǐ jiānshōu-bìngxù de huīhóng qìdù, zhǎnxiànchū jīngměi-juélún de yìshù xíngshì hé bódà jīngshēn de wénhuà nèihán. Qínshǐhuáng Bīngmǎyǒng, Xīxià wánglíng, Lóulán gǔguó, Bùdálāgōng, Sānxīngduī, Dàzú shíkè děng lìshǐ wénhuà yíchǎn, tóngyàng wéi shìjiè suǒ zhǔmù, chéngwéi zhōnghuá wénhuà zhòngyào de xiàngzhēng.

Xībù dìqū yòu shì shǎoshù mínzú jíqí wénhuà de jícuìdì, jīhū bāokuòle wǒguó suǒyǒu de shǎoshù mínzú. Zài yīxiē piānyuǎn de shǎoshù mínzú dìqū, réng bǎoliú//le yīxiē jiǔyuǎn shídài de yìshù pǐnzhǒng, chéngwéi zhēnguì de "huó huàshí", rú Nàxī gǔyuè, xìqǔ, jiǎnzhǐ, cìxiù, yánhuà děng mínjiān yìshù hé zōngjiào yìshù. Tèsè xiānmíng, fēngfù-duōcǎi, yóurú yī gè jùdà de mínzú mínjiān wénhuà yìshù bǎokù.

Wǒmen yào chōngfèn zhòngshì hé lìyòng zhèxiē détiān-dúhòu de zīyuán yōushì, jiànlì liánghǎo de mínzú mínjiān wénhuà shēngtài huánjìng, wèi xībù dà kāifā zuòchū gòngxiàn.

Jiéxuǎn zì 《Zhōngkǎo Yǔwén Kèwài Yuèdú Shìtí Jīngxuǎn》
zhōng 《Xībù Wénhuà hé Xībù Kāifā》

作品 46 号

高兴，这是一种具体的被看得到摸得着的事物所唤起的情绪。它是心理的，更是生理的。它容易来也容易去，谁也不应该对它视而不见失之交臂，谁也不应该总是做那些使自己不高兴也使旁人不高兴的事。让我们说一件最容易做也最令人高兴的事吧，尊重你自己，也尊重别人，这是每一个人的权利，我还要说这是每一个人的义务。

快乐，它是一种富有概括性的生存状态、工作状态。它几乎是先验的，它来自生命本身的活力，来自宇宙、地球和人间的吸引，它是世界的丰富、绚丽、阔大、悠久的体现。快乐还是一种力量，是埋在地下的根脉。消灭一个人的快乐比挖掘掉一棵大树的根要难得多。

欢欣，这是一种青春的、诗意的情感。它来自面向着未来伸开双臂奔跑的冲力，它来自一种轻松而又神秘、朦胧而又隐秘的激动，它是激情即将到来的预兆，它又是大雨过后的比下雨还要美妙得多也久远得多的回味……

喜悦，它是一种带有形而上色彩的修养和境界。与其说它是一种情绪，不如说它是一种智慧、一种超拔、一种悲天悯人的宽容和理解，一种饱经沧桑的充实和自信，一种光明的理性，一种坚定//的成熟，一种战胜了烦恼和庸俗的清明澄澈。它是一潭清水，它是一抹朝霞，它是无边的平原，它是沉默的地平线。多一点儿、再多一点儿喜悦吧，它是翅膀，也是归巢。它是一杯美酒，也是一朵永远开不败的莲花。

——节选自王蒙《喜悦》

Zuòpǐn 46 Hào

　　Gāoxìng, zhè shì yī zhǒng jùtǐ de bèi kàndedào mōdezháo de shìwù suǒ huànqǐ de qíng·xù. Tā shì xīnlǐ de, gèng shì shēnglǐ de. Tā róng·yì lái yě róng·yì qù, shéi yě bù yīnggāi duì tā shì'érbùjiàn shīzhījiāobì, shéi yě bù yīnggāi zǒngshì zuò nàxiē shǐ zìjǐ bù gāoxìng yě shǐ pángrén bù gāoxìng de shì. Ràng wǒmen shuō yī jiàn zuì róng·yì zuò yě zuì lìng rén gāoxìng de shì ba, zūnzhòng nǐ zìjǐ, yě zūnzhòng bié·rén, zhè shì měi yī gè rén de quánlì, wǒ háiyào shuō zhè shì měi yī gè rén de yìwù.

　　Kuàilè, tā shì yī zhǒng fùyǒu gàikuòxìng de shēngcún zhuàngtài、gōngzuò zhuàngtài. Tā jīhū shì xiānyàn de, tā láizì shēngmìng běnshēn de huólì, láizì yǔzhòu、dìqiú hé rénjiān de xīyǐn, tā shì shìjiè de fēngfù、xuànlì、kuòdà、yōujiǔ de tǐxiàn. Kuàilè háishì yī zhǒng lì·liàng, shì mái zài dìxià de gēnmài. Xiāomiè yī gè rén de kuàilè bǐ wājué diào yī kē dàshù de gēn yào nán de duō.

　　Huānxīn, zhè shì yī zhǒng qīngchūn de、shīyì de qínggǎn. Tā láizì miànxiàngzhe wèilái shēnkāi shuāngbì bēnpǎo de chōnglì, tā láizì yī zhǒng qīngsōng ér yòu shénmì、ménglóng ér yòu yǐnmì de jīdòng, tā shì jīqíng jíjiāng dàolái de yùzhào, tā yòu shì dàyǔ gòuhòu de bǐ xiàyǔ háiyào měimiào de duō yě jiǔyuǎn dé duō de huíwèi……

　　Xǐyuè, tā shì yī zhǒng dàiyǒu xíng ér shàng sècǎi de xiūyǎng hé jìngjiè. Yǔqí shuō tā shì yī zhǒng qíng·xù, bùrú shuō tā shì yī zhǒng zhìhuì、yī zhǒng chāobá、yī zhǒng bēitiān-mǐnrén de kuānróng hé lǐjiě, yī zhǒng bǎojīng-cāngsāng de chōngshí hé zìxìn, yī zhǒng guāngmíng de lǐxìng, yī zhǒng jiāndìng//de chéngshú, yī zhǒng zhànshèngle fánnǎo hé yōngsú de qīngmíng chéngchè. Tā shì yī tán qīngshuǐ, tā shì yī mǒ zhāoxiá, tā shì wúbiān de píngyuán, tā shì chénmò de dìpíngxiàn. Duō yīdiǎnr, zài duō yīdiǎnr xǐyuè ba, tā shì chìbǎng, yě shì guīcháo. Tā shì yī bēi měijiǔ, yě shì yī duǒ yǒngyuǎn kāi bù bài de liánhuā.

Jiéxuǎn zì Wáng Méng 《Xǐyuè》

作品 47 号

在湾仔，香港最热闹的地方，有一棵榕树，它是最贵的一棵树，不光在香港，在全世界，都是最贵的。

树，活的树，又不卖何言其贵？只因它老，它粗，是香港百年沧桑的活见证，香港人不忍看着它被砍伐，或者被移走，便跟要占用这片山坡的建筑者谈条件：可以在这儿建大楼盖商厦，但一不准砍树，二不准挪树，必须把它原地精心养起来，成为香港闹市中的一景。太古大厦的建设者最后签了合同，占用这个大山坡建豪华商厦的先决条件是同意保护这棵老树。

树长在半山坡上，计划将树下面的成千上万吨山石全部掏空取走，腾出地方来盖楼，把树架在大楼上面，仿佛它原本是长在楼顶上似的。建设者就地造了一个直径十八米、深十米的大花盆，先固定好这棵老树，再在大花盆底下盖楼。光这一项就花了两千三百八十九万港币，堪称是最昂贵的保护措施了。

太古大厦落成之后，人们可以乘滚动扶梯一次到位，来到太古大厦的顶层，出后门，那儿是一片自然景色。一棵大树出现在人们面前，树干有一米半粗，树冠直径足有二十多米，独木成林，非常壮观，形成一座以它为中心的小公园，取名叫"榕圃"。树前面//插着铜牌，说明原由。此情此景，如不看铜牌的说明，绝对想不到巨树根底下还有一座宏伟的现代大楼。

——节选自舒乙《香港：最贵的一棵树》

Zuòpǐn 47 Hào

Zài Wānzǎi, Xiānggǎng zuì rènao de dìfang, yǒu yī kē róngshù, tā shì zuì guì de yī kē shù, bùguāng zài Xiānggǎng, zài quánshìjiè, dōu shì zuì guì de.

Shù, huó de shù, yòu bù mài hé yán qí guì? Zhī yīn tā lǎo, tā cū, shì Xiānggǎng bǎinián cāngsāng de huó jiànzhèng, Xiānggǎngrén bùrěn kànzhe tā bèi kǎnfá, huòzhě bèi yízǒu, biàn gēn yào zhànyòng zhè piàn shānpō de jiànzhùzhě tán tiáojiàn: Kěyǐ zài zhèr jiàn dàlóu gài shāngshà, dàn yī bùzhǔn kǎn shù, èr bùzhǔn nuó shù, bìxū bǎ tā yuándì jīngxīn yǎng qǐ•lái, chéngwéi Xiānggǎng nàoshì zhōng de yī jǐng. Tàigǔ Dàshà de jiànshèzhě zuìhòu qiānle hétong, zhànyòng zhège dà shānpō jiàn háohuá shāngshà de xiānjué tiáojiàn shì tóngyì bǎohù zhè kē lǎoshù.

Shù zhǎng zài bànshānpō•shàng, jìhuà jiāng shù xià•miàn de chéngqiān-shàngwàn dūn shānshí quánbù tāokōng qǔzǒu, téngchū dìfang•lái gài lóu, bǎ shù jià zài dàlóu shàng•miàn, fǎngfú tā yuánběn shì zhǎng zài lóudǐng•shàng shìde. Jiànshèzhě jiùdì zàole yī gè zhíjìng shíbā mǐ、shēn shí mǐ de dà huāpén, xiān gùdìng hǎo zhè kē lǎoshù, zài zài dà huāpén dǐ•xià gài lóu. Guāng zhè yī xiàng jiù huāle liǎngqiān sānbǎi bāshíjiǔ wàn gǎngbì, kānchēng shì zuì ánggguì de bǎohù cuòshī le.

Tàigǔ Dàshà luòchéng zhīhòu, rénmen kěyǐ chéng gǔndòng fútī yī cì dàowèi, láidào Tàigǔ Dàshà de dǐngcéng, chū hòumén, nàr shì yī piàn zìrán jǐngsè. Yī kē dàshù chūxiàn zài rénmen miànqián, shùgàn yǒu yī mǐ bàn cū, shùguān zhíjìng zú yǒu èrshí duō mǐ, dúmù-chénglín, fēicháng zhuàngguān, xíngchéng yī zuò yǐ tā wéi zhōngxīn de xiǎo gōngyuán, qǔ míng jiào "róngpǔ". Shù qián•miàn//chāzhe tóngpái, shuōmíng yuányóu. Cǐqíng cǐjǐng, rú bù kàn tóngpái de shuōmíng, juéduì xiǎng•bùdào jùshùgēn dǐ•xià háiyǒu yī zuò hóngwěi de xiàndài dàlóu.

Jiéxuǎn zì Shū Yǐ 《Xiānggǎng: Zuì guì de Yī kē Shù》

作品 48 号

我们的船渐渐地逼近榕树了：我有机会看清它的真面目：是一棵大树，有数不清的丫枝，枝上又生根，有许多根一直垂到地上，伸进泥土里。一部分树枝垂到水面，从远处看，就像 一棵大树斜躺在水面上一样。

现在正是枝繁叶茂的时节。这棵榕树好像在把它的全部生命力展示给我们看。那么多的绿叶，一簇堆在另一簇的上面，不留一点儿缝隙。翠绿的颜色明亮地在我们的眼前闪耀，似乎每一片树叶上都有一个新的生命在颤动，这美丽的南国的树！

船在树下泊了片刻，岸上很湿，我们没有上去。朋友说这里是"鸟的天堂"，有许多鸟在这棵树上做窝，农民不许人去捉它们。我仿佛听见几只鸟扑翅的声音，但是等到我的眼睛注意地看那里时，我却看不见一只鸟的影子，只有无数的树根立在地上，像许多根木桩。地是湿的，大概涨潮时河水常常冲上岸去。"鸟的天堂"里没有一只鸟，我这样想到。船开了，一个朋友拨着船，缓缓地流到河中间去。

第二天，我们划着船到一个朋友的家乡去，就是那个有山有塔的地方。从学校出发，我们又经过那"鸟的天堂"。

这一次是在早晨，阳光照在水面上，也照在树梢上。一切都//显得非常光明。我们的船也在树下泊了片刻。

起初四周围非常清静。后来忽然起了一声鸟叫。我们把手一拍，便看见一只大鸟飞了起来，接着又看见第二只，第三只。我们继续拍掌，很快地这个树林就变得很热闹了。到处都是鸟声，到处都是鸟影。大的，小的，花的，黑的，有的站在枝上叫，有的飞起来，在扑翅膀。

——节选自巴金《小鸟的天堂》

Zuòpǐn 48 Hào

　　Wǒmen de chuán jiànjiàn de bījìn róngshù le. Wǒ yǒu jī·huì kànqīng tā de zhēn miànmù：Shì yī kē dàshù, yǒu shǔ·bùqīng de yāzhī, zhī·shàng yòu shēnggēn, yǒu xǔduō gēn yīzhí chuídào dì·shàng, shēnjìn nítǔ·lǐ. Yī bùfēn shùzhī chuídào shuǐmiàn, cóng yuǎnchù kàn, jiù xiàng yī kē dàshù xié tǎng zài shuǐmiàn·shàng yīyàng.

　　Xiànzài zhèngshì zhīfán-yèmào de shíjié. Zhè kē róngshù hǎoxiàng zài bǎ tā de quánbù shēngmìnglì zhǎnshì gěi wǒmen kàn. Nàme duō de lǜ yè, yī cù duī zài lìng yī cù de shàng·miàn, bù liú yīdiǎnr fèngxì. Cuìlǜ de yánsè míngliàng de zài wǒmen de yǎnqián shǎnyào, sìhū měi yī piàn shùyè·shàng dōu yǒu yī gè xīn de shēngmìng zài chàndòng, zhè měilì de nánguó de shù!

　　Chuán zài shù·xià bóle piànkè, àn·shàng hěn shī, wǒmen méi·yǒu shàng·qù. Péngyou shuō zhèlǐ shì "niǎo de tiāntáng", yǒu xǔduō niǎo zài zhè kē shù·shàng zuò wō, nóngmín bùxǔ rén qù zhuō tāmen. Wǒ fǎngfú tīng·jiàn jǐ zhī niǎo pū chì de shēngyīn, dànshì děngdào wǒ de yǎnjing zhùyì de kàn nà·lǐ shí, wǒ què kàn·bùjiàn yī zhī niǎo de yǐngzi. Zhǐyǒu wúshù de shùgēn lì zài dì·shàng, xiàng xǔduō gēn mùzhuāng. Dì shì shī de, dàgài zhǎngcháo shí héshuǐ chángcháng chōng·shàng àn·qù. "Niǎo de tiāntáng"·lǐ méi·yǒu yī zhī niǎo, wǒ zhèyàng xiǎngdào. Chuán kāi le, yī gè péngyou bōzhe chuán, huǎnhuǎn de liúdào hé zhōngjiān qù.

　　Dì-èr tiān, wǒmen huázhe chuán dào yī gè péngyou de jiāxiāng qù, jiùshì nàgè yǒu shān yǒu tǎ de dìfang. Cóng xuéxiào chūfā, wǒmen yòu jīngguò nà "niǎo de tiāntáng".

　　Zhè yī cì shì zài zǎo·chén, yángguāng zhào zài shuǐmiàn·shàng, yě zhào zài shùshāo·shàng. Yīqiè dōu//xiǎn·dé fēicháng guāngmíng. Wǒmen de chuán yě zài shù·xià bóle piànkè.

　　Qǐchū sì zhōuwéi fēicháng qīngjìng. Hòulái hūrán qǐle yī shēng niǎojiào. Wǒmen bǎ shǒu yī pāi, biàn kàn·jiàn yī zhī dàniǎo fēile qǐ·lái, jiēzhe yòu kàn·jiàn dì-èr zhī, dì-sān zhī. Wǒmen jìxù pāizhǎng, hěn kuài de zhège shùlín jiù biàn de hěn rènao le. Dàochù dōu shì niǎo shēng, dàochù dōu shì niǎo yǐng. Dà de, xiǎo de, huā de, hēi de, yǒude zhàn zài zhī·shàng jiào, yǒude fēi qǐ·lái, zài pū chìbǎng.

Jiéxuǎn zì Bā Jīn 《Xiǎoniǎo de Tiāntáng》

作品 49 号

有这样一个故事。

有人问：世界上什么东西的气力最大？回答纷纭得很，有的说"象"，有的说"狮"，有人开玩笑似的说：是"金刚"，金刚有多少气力，当然大家全不知道。

结果，这一切答案完全不对，世界上气力最大的，是植物的种子。一粒种子所可以显现出来的力，简直是超越一切。

人的头盖骨，结合得非常致密与坚固，生理学家和解剖学者用尽了一切的方法，要把它完整地分出来，都没有这种力气。后来忽然有人发明了一个方法，就是把一些植物的种子放在要剖析的头盖骨里，给它以温度与湿度，使它发芽。一发芽，这些种子便以可怕的力量，将一切机械力所不能分开的骨骼，完整地分开了。植物种子的力量之大，如此如此。

这，也许特殊了一点儿，常人不容易理解。那么，你看见过笋的成长吗？你看见过被压在瓦砾和石块下面的一棵小草的生长吗？它为着向往阳光，为着达成它的生之意志，不管上面的石块如何重，石与石之间如何狭，它必定要曲曲折折地，但是顽强不屈地透到地面上来。它的根往土壤钻，它的芽往地面挺，这是一种不可抗拒的力，阻止它的石块，结果也被它掀翻，一粒种子的力量之大，//如此如此。

没有一个人将小草叫做"大力士"，但是它的力量之大，的确是世界无比。这种力是一般人看不见的生命力。只要生命存在，这种力就要显现。上面的石块，丝毫不足以阻挡。因为它是一种"长期抗战"的力；有弹性，能屈能伸的力；有韧性，不达目的不止的力。

——节选自夏衍《野草》

Zuòpǐn 49 Hào

　　Yǒu zhèyàng yī gè gùshì.

　　Yǒu rén wèn：Shìjiè•shàng shénme dōngxi de qìlì zuì dà? Huídá fēnyún de hěn，yǒude shuō "xiàng"，yǒude shuō "shī"，yǒu rén kāi wánxiào shìde shuō：shì "Jīngāng"，Jīngāng yǒu duō•shǎo qìlì，dāngrán dàjiā quán bù zhī•dào.

　　Jiéguǒ，zhè yīqiè dá'àn wánquán bù duì，shìjiè•shàng qìlì zuì dà de，shì zhíwù de zhǒngzi. Yī lì zhǒngzi suǒ kěyǐ xiǎnxiàn chū•lái de lì，jiǎnzhí shì chāoyuè yīqiè.

　　Rén de tóugàigǔ，jiéhé de fēicháng zhìmì yǔ jiāngù，shēnglǐxuéjiā hé jiěpōuxuézhě yòngjìnle yīqiè de fāngfǎ，yào bǎ tā wánzhěng de fēn chū•lái，dōu méi•yǒu zhè zhǒng lìqì. Hòulái hūrán yǒu rén fāmíngle yī gè fāngfǎ，jiùshì bǎ yīxiē zhíwù de zhǒngzi fàng zài yào pōuxī de tóugàigǔ•lǐ，gěi tā yǐ wēndù yǔ shīdù，shǐ tā fāyá. Yī fāyá，zhèxiē zhǒngzi biàn yǐ kěpà de lì•liàng，jiāng yīqiè jīxièlì suǒ bùnéng fēnkāi de gǔgé，wánzhěng de fēnkāi le. Zhíwù zhǒngzi de lìliàng zhī dà，rúcǐ rúcǐ.

　　Zhè，yěxǔ tèshūle yīdiǎnr，chángrén bù róng•yì lǐjiě. Nàme，nǐ kàn•jiàn guo sǔn de chéngzhǎng ma? Nǐ kàn•jiànguo bèi yā zài wǎlì hé shíkuài xià•miàn de yī kē xiǎocǎo de shēngzhǎng ma? Tā wèizhe xiàngwǎng yángguāng，wèizhe dáchéng tā de shēng zhī yìzhì，bùguǎn shàng•miàn de shíkuài rúhé zhòng，shí yǔ shí zhījiān rúhé xiá，tā bìdìng yào qūqū-zhézhé de，dànshì wánqiáng-bùqū de tòudào dìmiàn shàng•lái. Tā de gēn wǎng tǔrǎng zuān，tā de yá wǎng dìmiàn tǐng，zhèshì yī zhǒng bùkě kàngjù de lì，zǔzhǐ tā de shíkuài，jiéguǒ yě bèi tā xiānfān，yī lì zhǒngzǐ de lì•liàng zhī dà，//rúcǐ rúcǐ.

　　Méi•yǒu yī gè rén jiāng xiǎo cǎo jiàozuò "dàlìshì"，dànshì tā de lì•liàng zhī dà，díquè shì shìjiè wúbǐ. Zhè zhǒng lì shì yībān rén kàn•bùjiàn de shēngmìnglì. Zhǐyào shēngmìng cúnzài，zhè zhǒng lì jiù yào xiǎnxiàn. Shàng•miàn de shíkuài，sīháo bù zúyǐ zǔdǎng. Yīn•wèi tā shì yī zhǒng "chángqī kàngzhàn"de lì；yǒu tánxìng，néngqū-néngshēn de lì；yǒu rènxìng，bù dá mùdì bù zhǐ de lì.

Jiéxuǎn zì Xià Yǎn《Yěcǎo》

作品 50 号

鹅的吃饭，常常使我们发笑。我们的鹅是吃冷饭的，一日三餐。它需要三样东西下饭：一样是水，一样是泥，一样是草。先吃一口冷饭，次喝一口水，然后再到某地方去吃一口泥及草。大约这些泥和草也有各种滋味，它是依着它的胃口而选定的。这些食料并不奢侈；但它的吃法，三眼一板，丝毫不苟。譬如吃了一口饭，倘水盆偶然放在远处，它一定从容不迫地踏大步走上前去，饮一口水，再踏大步走到一定的地方去吃泥、吃草。吃过泥和草再回来吃饭。这样从容不迫地吃饭，必须有一个人在旁侍候，象饭馆里的堂倌一样。因为附近的狗，都知道我们这位鹅老爷的脾气，每逢它吃饭的时候，狗就躲在篱边窥伺。等它吃过一口饭，踏着方步去喝水、吃泥、吃草的时候，狗就敏捷地跑上来，努力地吃它的饭。没有吃完，鹅老爷偶然早归，伸颈去咬狗，并且厉声叫骂，狗立刻逃往篱边，蹲着静候；看它再吃了一口饭，再走开去喝水、吃草、吃泥的时候，狗又敏捷地跑上来，这回就把它的饭吃完，扬长而去了。等到鹅再来吃饭的时候，饭罐已经空空如也。鹅便昂首大叫，似乎责备人们供养不周。这时我们便替它添饭，并且站着侍候。//

节选自丰子恺《白鹅》

Zuòpǐn 50 Hào

É de chīfàn, chángcháng shǐ wǒmen fāxiào. Wǒmen de é shì chī lěngfàn de, yīrì sāncān. Tā xūyào sānyàng dōngxi xiàfàn: yīyàng shì shuǐ, yīyàng shì ní, yīyàng shì cǎo. Xiānchī yīkǒu lěngfàn, cìhē yīkǒu shuǐ, ránhòu zài dào mǒudìfāng qù chī yīkǒu ní jí cǎo. Dàyuē zhèxiē ní hé cǎo yěyǒu gè zhǒng zīwèi, tā shì yīzhe tā de wèikǒu ér xuǎndìng de. Zhèxiē shíliào bìng bù shēchǐ; dàn tā de chīfǎ, sānyǎnyībǎn, sīháobùgǒu. Pìrú chīle yīkǒu fàn, tǎng shuǐpén ǒurán fàngzài yuǎnchù, tā yīdìng cóngróngbùpò de tà dàbù zǒu shàng qiánqù, yǐn yīkǒu shuǐ, zài tàdàbù zǒudào yīdìng de dìfāng qù chīní、chī cǎo. Chīguò ní hé cǎo zài huílái chīfàn. Zhèyàng cóngróng bùpò de chīfàn, bìxū yǒu yīgèrén zàipáng shìhòu, xiàng fànguǎnlǐ de tángguān yī yàng. Yīnwèi fùjìn de gǒu, dōu zhīdào wǒmen zhèwèi élǎoyé de píqi, měi féng tā chīfàn de shíhòu, gǒu jiù duǒzài líbiān kuīsì. Děng tā chīguò yīkǒufàn, tàzhe fāngbù qù hēshuǐ、chīní、 chīcǎo de shíhòu, gǒu jiù mǐnjié de pǎoshànglái, nǔlì de chī tā de fàn. Méiyǒu chīwán, élǎoyé ǒurán zǎo guī, shēnjǐng qù yǎo gǒu, bìngqiě lìshēngjiàomà, gǒu lìkè táowǎng líbiān, dūnzhe jìnghòu; kàn tā zài chīle yīkǒufàn, zài zǒukāi qù hēshuǐ、chīcǎo、chīní de shíhòu, gǒu yòu mǐnjié de pǎoshànglái, zhèhuí jiù bǎ tā de fàn chī wán, yángchángérqùle. Děngdào é zài lái chīfàn de shíhòu, fànguàn yǐjīng kōngkōngrúyě. É biàn ángshǒu dàjiào, sìhū zébèi rénmen gōngyǎngbùzhōu. Zhèshí wǒmen biàn tì tā tiānfàn, bìngqiě zhànzhe shìhòu. //

Jiéxuǎn zì Fēng Zǐkǎi《Bái É》

作品 51 号

有个塌鼻子的小男孩儿，因为两岁时得过脑炎，智力受损，学习起来很吃力。打个比方，别人写作文能写二三百字，他却只能写三五行。但即便这样的作文，他同样能写得很动人。

那是一次作文课，题目是《愿望》。他极其认真地想了半天，然后极认真地写，那作文极短。只有三句话：我有两个愿望，第一个是，妈妈天天笑眯眯地看着我说："你真聪明，"第二个是，老师天天笑眯眯地看着我说："你一点儿也不笨。"

于是，就是这篇作文，深深地打动了他的老师，那位妈妈式的老师不仅给了他最高分，在班上带感情地朗读了这篇作文，还一笔一画地批道：你很聪明，你的作文写得非常感人，请放心，妈妈肯定会格外喜欢你的，老师肯定会格外喜欢你的，大家肯定会格外喜欢你的。

捧着作文本，他笑了，蹦蹦跳跳地回家了，像只喜鹊。但他并没有把作文本拿给妈妈看，他是在等待，等待着一个美好的时刻。

那个时刻终于到了，是妈妈的生日——一个阳光灿烂的星期天：那天，他起得特别早，把作文本装在一个亲手做的美丽的大信封里，等着妈妈醒来。妈妈刚刚睁眼醒来，他就笑眯眯地走到妈妈跟前说："妈妈，今天是您的生日，我要//送给您一件礼物。"

果然，看着这篇作文，妈妈甜甜地涌出了两行热泪，一把搂住小男孩儿，搂得很紧很紧。

是的，智力可以受损，但爱永远不会。

——节选自张玉庭《一个美丽的故事》

Zuòpǐn 51 Hào

Yǒu gè tā bízi de xiǎonánháir, yīn•wèi liǎng suì shí déguo nǎoyán, zhìlì shòu sǔn, xuéxí qǐ•lái hěn chīlì. Dǎ gè bǐfang, bié•rén xiě zuòwén néng xiě èr-sān bǎi zì, tā què zhǐnéng xiě sān-wǔ háng. Dàn jíbiàn zhèyàng de zuòwén, tā tóngyàng néng xiě de dòngrén.

Nà shì yī cì zuòwénkè, tímù shì《Yuànwàng》. Tā jíqí rènzhēn de xiǎngle bàntiān, ránhòu jí rènzhēn de xiě, nà zuòwén jí duǎn. Zhǐyǒu sān jù huà: Wǒ yǒu liǎng gè yuànwàng, dì-yī gè shì, māma tiāntiān xiàomīmī de kànzhe wǒ shuō: "Nǐ zhēn cōng•míng," dì-èr gè shì, lǎoshī tiāntiān xiàomīmī de kànzhe wǒ shuō: "Nǐ yīdiǎnr yě bù bèn."

Yúshì, jiùshì zhè piān zuòwén, shēnshēn de dǎdòngle tā de lǎoshī, nà wèi māma shì de lǎoshī bùjǐn gěile tā zuì gāo fēn, zài bān•shàng dài gǎnqíng de lǎngdúle zhè piān zuòwén, hái yībǐ-yīhuà de pīdào: Nǐ hěn cōng•míng, nǐ de zuòwén xiě de fēicháng gǎnrén, qǐng fàngxīn, māma kěndìng huì géwài xǐhuan nǐ de, lǎoshī kěndìng huì géwài xǐhuan nǐ de, dàjiā kěndìng huì géwài xǐhuan nǐ de.

Pěngzhe zuòwénběn, tā xiào le, bèngbèng-tiàotiào de huí jiā le, xiàng zhī xǐ•què. Dàn tā bìng méi•yǒu bǎ zuòwénběn nágěi māma kàn, tā shì zài děngdài, děngdàizhe yī gè měihǎo de shíkè.

Nàge shíkè zhōngyú dào le, shì māma de shēng•rì——yī gè yángguāng cànlàn de xīngqītiān: Nà tiān, tā qǐ dé tèbié zǎo, bǎ zuòwénběn zhuāng zài yī gè qīnshǒu zuò de měilì de dà xìnfēng•lǐ, děngzhe māma xǐng•lái. Mā ma gānggāng zhēng yǎn xǐng•lái, tā jiù xiàomīmī de zǒudào māma gēn•qián shuō: "māma, jīntiān shì nín de shēng•rì, wǒ yào//sònggěi nín yī jiàn lǐwù."

Guǒrán, kànzhe zhè piān zuòwén, māma tiántián de yǒngchūle liǎng háng rèlèi, yī bǎ lǒuzhù xiǎonánháir, lǒudé hěn jǐn hěn jǐn.

Shìde, zhìlì kěyǐ shòu sǔn, dàn ài yǒngyuǎn bù huì.

Jiéxuǎn zì Zhāng Yùtíng《Yī gè Měilì de Gùshì》

作品 52 号

　　小学的时候，有一次我们去海边远足，妈妈没有做便饭，给了我十块钱买午餐。好像走了很久，很久，终于到海边了，大家坐下来便吃饭，荒凉的海边没有商店，我一个人跑到防风林外面去，级任老师要大家把吃剩的饭菜分给我一点儿。有两三个男生留下一点儿给我，还有一个女生，她的米饭拌了酱油，很香。我吃完的时候，她笑眯眯地看着我，短头发，脸圆圆的。

　　她的名字叫翁香玉。

　　每天放学的时候，她走的是经过我们家的一条小路，带着一位比她小的男孩儿，可能是弟弟。小路边是一条清澈见底的小溪，两旁竹阴覆盖，我总是远远地跟在她后面，夏日的午后特别炎热，走到半路她会停下来，拿手帕在溪水里浸湿，为小男孩儿擦脸。我也在后面停下来，把肮脏的手帕弄湿了擦脸，再一路远远跟着她回家。

　　后来我们家搬到镇上去了，过几年我也上了中学。有一天放学回家，在火车上，看见斜对面一位短头发、圆圆脸的女孩儿，一身素净的白衣黑裙。我想她一定不认识我了。火车很快到站了，我随着人群挤向门口，她也走近了，叫我的名字。这是她第一次和我说话。

　　她笑眯眯的，和我一起走过月台。以后就没有再见过//她了。

　　这篇文章收在我出版的《少年心事》这本书里。

　　书出版后半年，有一天我忽然收到出版社转来的一封信，信封上是陌生的字迹，但清楚地写着我的本名。

　　信里面说她看到了这篇文章心里非常激动，没想到在离开家乡，漂泊异地这么久之后，会看见自己仍然在一个人的记忆里，她自己也深深记得这其中的每一幕，只是没想到越过遥远的时空，竟然另一个人也深深记得。

——节选自苦伶《永远的记忆》

Zuòpǐn 52 Hào

Xiǎoxué de shíhou, yǒu yī cì wǒmen qù hǎibiān yuǎnzú, māma méi·yǒu zuò biànfàn, gěile wǒ shí kuài qián mǎi wǔcān. Hǎoxiàng zǒule hěn jiǔ, hěn jiǔ, zhōngyú dào hǎibiān le, dàjiā zuò xià·lái biàn chīfàn, huāngliáng de hǎibiān méi·yǒu shāngdiàn, wǒ yī gè rén pǎodào fángfēnglín wài·miàn qù, jírèn lǎoshī yào dàjiā bǎ chīshèng de fàncài fēngěi wǒ yīdiǎnr. Yǒu liǎng-sān gè nánshēng liú·xià yīdiǎnr gěi wǒ, hái yǒu yī gè nǚshēng, tā de mǐfàn bànle jiàngyóu, hěn xiāng. Wǒ chīwán de shíhou, tā xiàomīmī de kànzhe wǒ, duǎn tóufa, liǎn yuányuán de.

Tā de míngzi jiào Wēng Xiāngyù.

Měi tiān fàngxué de shíhou, tā zǒu de shì jīngguò wǒmen jiā de yī tiáo xiǎolù, dàizhe yī wèi bǐ tā xiǎo de nánháir, kěnéng shì dìdi. Xiǎolù biān shì yī tiáo qīngchè jiàn dǐ de xiǎoxī, liǎngpáng zhúyīn fùgài, wǒ zǒngshì yuǎnyuǎn de gēn zài hòu·miàn. Xiàrì de wǔhòu tèbié yánrè, zǒudào bànlù tā huì tíng xià·lái, ná shǒupà zài xīshuǐ·lǐ jìnshī, wèi xiǎonánháir cā liǎn. Wǒ yě zài hòu·miàn tíng xià·lái, bǎ āngzāng de shǒupà nòngshīle cā liǎn, zài yīlù yuǎnyuǎn gēnzhe tā huíjiā.

Hòulái wǒmen jiā bāndào zhèn·shàng qù le, guò jǐ nián wǒ yě shàngle zhōngxué. Yǒu yī tiān fàngxué huíjiā, zài huǒchē·shàng, kàn·jiàn xiéduìmiàn yī wèi duǎn tóufa、yuányuán liǎn de nǚháir, yī shēn sùjìng de bái yī hēi qún. Wǒ xiǎng tā yīdìng bù rènshi wǒ le. Huǒchē hěn kuài dào zhàn le, wǒ suízhe rénqún jǐ xiàng ménkǒu, tā yě zǒujìnle, jiào wǒ de míngzi. Zhè shì tā dì-yī cì hé wǒ shuōhuà.

Tā xiàomīmī de, hé wǒ yīqǐ zǒuguò yuètái. Yǐhòu jiù méi·yǒu zài jiànguo// tā le.

Zhè piān wénzhāng shōu zài wǒ chūbǎn de《Shàonián Xīnshì》zhè běn shū·lǐ.

Shū chūbǎn hòu bàn nián, yǒu yī tiān wǒ hūrán shōudào chūbǎnshè zhuǎnlái de yī fēng xìn, xìnfēng·shàng shì mòshēng de zìjì, dàn qīngchu de xiězhe wǒ běnmíng.

Xìn lǐ·miàn shuō tā kàndàole zhè piān wénzhāng xīn·lǐ fēicháng jīdòng, méi xiǎngdào zài líkāi jiāxiāng, piāobó yìdì zhème jiǔ zhīhòu, huì kàn·jiàn zìjǐ réngrán zài yī gè rén de jìyì·lǐ, tā zìjǐ yě shēnshēn jì·dé zhè qízhōng de měi yī mù, zhǐshì méi xiǎngdào yuèguò yáoyuǎn de shíkōng, jìngrán lìng yī gè rén yě shēnshēn jì·dé.

Jiéxuǎn zì Kǔ Líng《Yǒngyuǎn de Jìyì》

作品 53 号

在繁华的巴黎大街的路旁，站着一个衣衫褴褛、头发斑白、双目失明的老人。他不像其他乞丐那样伸手向过路行人乞讨，而是在身旁立一块木牌，上面写着："我什么也看不见！"街上过往的行人很多，看了木牌上的字都无动于衷，有的还淡淡一笑，便姗姗而去了。

这天中午，法国著名诗人让·彼浩勒也经过这里。他看看木牌上的字，问盲老人："老人家，今天上午有人给你钱吗？"

盲老人叹息着回答："我，我什么也没有得到。"说着，脸上的神情非常悲伤。

让·彼浩勒听了，拿起笔悄悄地在那行字的前面添上了"春天到了，可是"几个字，就匆匆地离开了。

晚上，让·彼浩勒又经过这里，问那个盲老人下午的情况。盲老人笑着回答说："先生，不知为什么，下午给我钱的人多极了！"

让·彼浩勒听了，摸着胡子满意地笑了。

"春天到了，可是我什么也看不见！"这富有诗意的语言，产生这么大的作用，就在于它有非常浓厚的感情色彩。是的，春天是美好的，那蓝天白云，那绿树红花，那莺歌燕舞，那流水人家，怎么不叫人陶醉呢？但这良辰美景，对于一个双目失明的人来说，只是一片漆黑。当人们想到这个盲老人，一生中竟连万紫千红的春天//都不曾看到，怎能不对他产生同情之心呢？

——节选自小学《语文》第六册中《语言的魅力》

Zuòpǐn 53 Hào

Zài fánhuá de Bālí dàjiē de lùpáng, zhànzhe yī gè yīshān lánlǚ, tóufa bānbái, shuāngmù shīmíng de lǎorén. Tā bù xiàng qítā qǐgài nàyàng shēnshǒu xiàng guòlù xíngrén qǐtǎo, ér shì zài shēnpáng lì yī kuài mùpái, shàng·miàn xiězhe: "Wǒ shénme yě kàn·bùjiàn!" Jiē·shàng guòwǎng de xíngrén hěn duō, kànle mùpái·shàng de zì dōu wúdòngyúzhōng, yǒude hái dàndàn yī xiào, biàn shānshān ér qù le.

Zhè tiān zhōngwǔ, Fǎguó zhùmíng shīrén Ràng Bǐhàolè yě jīngguò zhè·lǐ. Tā kànkan mùpái·shàng de zì, wèn máng lǎorén: "Lǎo·rén·jiā, jīntiān shàngwǔ yǒu rén gěi nǐ qián ma?"

Máng lǎorén tànxīzhe huídá: "Wǒ, wǒ shénme yě méi·yǒu dédào." Shuōzhe, liǎn·shàng de shénqíng fēicháng bēishāng.

Ràng Bǐhàolè tīng le, náqǐ bǐ qiāoqiāo de zài nà háng zì de qián·miàn tiān ·shàngle "chūntiān dào le, kěshì" jǐ gè zì, jiù cōngcōng dì líkāi le.

Wǎnshàng, Ràng Bǐhàolè yòu jīngguò zhè·lǐ, wèn nàge máng lǎorén xiàwǔ de qíngkuàng. Máng lǎorén xiàozhe huídá shuō: "Xiānsheng, bù zhī wèishénme, xiàwǔ gěi wǒ qián de rén duō jí le!" Ràng Bǐhàolè tīng le, mōzhe húzi mǎnyì de xiào le.

"Chūntiān dào le, kěshì wǒ shénme yě kàn·bù jiàn!" Zhè fùyǒu shīyì de yǔyán, chǎnshēng zhème dà de zuòyòng, jiù zàiyú tā yǒu fēicháng nónghòu de gǎnqíng sècǎi. Shìde, chūntiān shì měihǎo de, nà lántiān báiyún, nà lǜshù hónghuā, nà yīnggē-yànwǔ, nà liúshuǐ rénjiā, zěnme bù jiào rén táozuì ne? Dàn zhè liángchén měijǐng, duìyú yī gè shuāngmù shīmíng de rén lái shuō, zhǐshì yī piàn qīhēi. Dāng rénmen xiǎngdào zhègè máng lǎorén, yīshēng zhōng jìng lián wànzǐ-qiānhóng de chūntiān//dōu bùcéng kàndào, zěn néng bù duì tā chǎnshēng tóngqíng zhī xīn ne?

Jiéxuǎn zì Xiǎoxué 《Yǔwén》 dì-liù cè zhōng 《Yǔyán de Mèilì》

作品 54 号

有一次，苏东坡的朋友张鹗拿着一张宣纸来求他写一幅字，而且希望他写一点儿关于养生方面的内容。苏东坡思索了一会儿，点点头说："我得到了一个养生长寿古方，药只有四味，今天就赠给你吧。"于是，东坡的狼毫在纸上挥洒起来，上面写着："一曰无事以当贵，二曰早寝以当富，三曰安步以当车，四曰晚食以当肉。"

这哪里有药？张鹗一脸茫然地问。苏东坡笑着解释说，养生长寿的要诀，全在这四句里面。

所谓"无事以当贵"，是指人不要把功名利禄、荣辱过失考虑得太多，如能在情志上潇洒大度，随遇而安，无事以求，这比富贵更能使人终其天年。

"早寝以当富"，指吃好穿好、财货充足，并非就能使你长寿。对老年人来说，养成良好的起居习惯，尤其是早睡早起，比获得任何财富更加宝贵。

"安步以当车"，指人不要过于讲求安逸、肢体不劳，而应多以步行来替代骑马乘车，多运动才可以强健体魄，通畅气血。

"晚食以当肉"，意思是人应该用已饥方食、未饱先止代替对美味佳肴的贪吃无厌。他进一步解释，饿了以后才进食，虽然是粗茶淡饭，但其香甜可口会胜过山珍；如果饱了还要勉强吃，即使美味佳肴摆在眼前也难以//下咽。

苏东坡的四味"长寿药"，实际上是强调了情志、睡眠、运动、饮食四个方面对养生长寿的重要性，这种养生观点即使在今天仍然值得借鉴。

——节选自蒲昭和《赠你四味长寿药》

Zuòpǐn 54 Hào

Yǒu yī cì, Sū Dōngpō de péngyou Zhāng E názhe yī zhāng xuānzhǐ lái qiú tā xiě yī fú zì, érqiě xīwàng tā xiě yīdiǎnr guānyú yǎngshēng fāngmiàn de nèiróng. Sū Dōngpō sīsuǒle yīhuìr, diǎndiǎn tóu shuō: "Wǒ dédàole yī gè yǎngshēng chángshòu gǔfāng, yào zhǐyǒu sì wèi, jīntiān jiù zènggěi nǐ ba." Yúshì, Dōngpō de lángháo zài zhǐ•shàng huīsǎ qǐ•lái, shàng•miàn xiězhe: "Yī yuē wú shì yǐ dàng guì, èr yuē zǎo qǐn yǐ dàng fù, sān yuē ān bù yǐ dàng chē, sì yuē wǎn shí yǐ dàng ròu."

Zhè nǎ•lǐ yǒu yào? Zhāng È yīliǎn mángrán de wèn. Sū Dōngpō xiàozhe jiěshì shuō, yǎngshēng chángshòu de yàojué, quán zài zhè sì jù lǐ•miàn.

Suǒwèi "wú shì yǐ dàng guì", shì zhǐ rén bùyào bǎ gōngmíng lìlù, róngrǔ guòshī kǎolǜ dé tài duō, rú néng zài qíngzhì•shàng xiāosǎ dàdù, suíyù'érān, wú shì yǐ qiú, zhè bǐ fùguì gèng néng shǐ rén zhōng qí tiānnián.

"Zǎo qǐn yǐ dàng fù", zhǐ chīhǎo chuānhǎo, cáihuò chōngzú, bìngfēi jiù néng shǐ nǐ chángshòu. Duì lǎoniánrén lái shuō, yǎngchéng liánghǎo de qǐjū xíguàn, yóuqí shì zǎo shuì zǎo qǐ, bǐ huòdé rènhé cáifù gèngjiā fùguì.

"Ān bù yǐ dàng chē", zhǐ rén bùyào guòyú jiǎngqiú ānyì, zhītǐ bù láo, ér yīng duō yǐ bùxíng lái tìdài qímǎ chéngchē, duō yùndòng cái kěyǐ qiángjiàn tǐpò, tōngchàng qìxuè.

"Wǎn shí yǐ dàng ròu", yìsī shì rén yīnggāi yòng yǐ jī fāng shí, wèi bǎo xiān zhǐ dàitì duì měiwèi jiāyáo de tānchī wú yàn. Tā jìnyī bù jiěshì, èle yǐhòu cái jìnshí, suīrán shì cūchá-dànfàn, dàn qí xiāngtián kěkǒu huì shèngguò shānzhēn; rúguǒ bǎole háiyào miǎnqiǎng chī, jíshǐ měiwèi jiāyáo bǎi zài yǎnqián yě nányǐ//xiàyàn.

Sū Dōngpō de sì wèi "chángshòuyào", shíjì•shàng shì qiángdiàole qíngzhì, shuìmián, yùndòng, yǐnshí sì gè fāngmiàn duì yǎngshēng chángshòu de zhòngyàoxìng, zhè zhǒng yǎngshēng guāndiǎn jíshǐ zài jīntiān réngrán zhí•dé jièjiàn.

Jiéxuǎn zì Pú Zhāohé 《Zèng Nǐ Sì Wèi Chángshòuyào》

作品 55 号

人活着，最要紧的是寻觅到那片代表着生命绿色和人类希望的丛林，然后选一高高的枝头站在那里观览人生，消化痛苦，孕育歌声，愉悦世界！

这可真是一种潇洒的人生态度，这可真是一种心境爽朗的情感风貌。

站在历史的枝头微笑，可以减免许多烦恼。在那里，你可以从众生相所包含的甜酸苦辣、百味人生中寻找你自己；你境遇中的那点儿苦痛，也许相比之下，再也难以占据一席之地；你会较容易地获得从不悦中解脱灵魂的力量，使之不致变得灰色。

人站得高些，不但能有幸早些领略到希望的曙光，还能有幸发现生命的立体的诗篇。每一个人的人生，都是这诗篇中的一个词、一个句子或者一个标点。你可能没有成为一个美丽的词，一个引人注目的句子，一个惊叹号，但你依然是这生命的立体诗篇中的一个音节、一个停顿、一个必不可少的组成部分。这足以使你放弃前嫌，萌生为人类孕育新的歌声的兴致，为世界带来更多的诗意。

最可怕的人生见解，是把多维的生存图景看成平面。因为那平面上刻下的大多是凝固了的历史——过去的遗迹；但活着的人们，活得却是充满着新生智慧的，由//不断逝去的"现在"组成的未来。人生不能像某些鱼类躺着游，人生也不能像某些兽类爬着走，而应该站着向前行，这才是人类应有的生存姿态。

——节选自［美］本杰明·拉什《站在历史的枝头微笑》

Zuòpǐn 55 Hào

Rén huózhe, zuì yàojǐn de shì xúnmì dào nà piàn dàibiǎozhe shēngmìng lǜsè hé rénlèi xīwàng de cónglín, ránhòu xuǎn yī gāogāo de zhītóu zhàn zài nà • lǐ guānlǎn rénshēng, xiāohuà tòngkǔ, yùnyù gēshēng, yúyuè shìjiè!

Zhè kě zhēn shì yī zhǒng xiāosǎ de rénshēng tài • dù, zhè kě zhēn shì yī zhǒng xīnjìng shuǎnglǎng de qínggǎn fēngmào.

Zhàn zài lìshǐ de zhītóu wēixiào, kěyǐ jiǎnmiǎn xǔduō fánnǎo. Zài nà • lǐ, nǐ kěyǐ cóng zhòngshēngxiàng suǒ bāohán de tián-suān-kǔ-là, bǎiwèi rénshēng zhōng xúnzhǎo nǐ zìjǐ, nǐ jìngyù zhōng de nà diǎnr kǔtòng, yěxǔ xiāngbǐ zhīxià, zài yě nányǐ zhànjù yī xí zhī dì, nǐ huì jiào róng • yì de huòdé cóng bùyuè zhōng jiětuō línghún de lì • liàng, shǐ zhī bùzhì biànde huīsè.

Rén zhàn de gāo xiē, bùdàn néng yǒuxìng zǎo xiē lǐnglüè dào xīwàng de shǔguāng, hái néng yǒuxìng fāxiàn shēngmìng de lìtǐ de shīpiān. Měi yī gè rén de rénshēng, dōu shì zhè shīpiān zhōng de yī gè cí、yī gè jùzi huòzhě yī gè biāodiǎn. Nǐ kěnéng méi • yǒu chéngwéi yī gè měilì de cí, yī gè yǐnrén-zhùmù dì jùzi, yī gè jīngtànhào, dàn nǐ yīrán shì zhè shēngmìng de lìtǐ shīpiān zhōng de yī gè yīnjié、yī gè tíngdùn、yī gè bìbùkěshǎo de zǔchéng bùfen. Zhè zúyǐ shǐ nǐ fàngqì qiánxián, méngshēng wèi rénlèi yùnyù xīn de gēshēng de xìngzhì, wèi shìjiè dài • lái gèng duō de shīyì.

Zuì kěpà de rénshēng jiànjiě, shì bǎ duōwéi de shēngcún tújǐng kànchéng píngmiàn. Yīn • wèi nà píngmiàn • shàng kèxià de dàduō shì nínggùle de lìshǐ——guòqù de yíjì; dàn huózhe de rénmen, huó de què shì chōngmǎnzhe xīnshēng zhìhuì de, yóu//bùduàn shìqù de "xiànzài" zǔchéng de wèilái. Rénshēng bùnéng xiàngmǒu xiē yúlèi tǎngzhe yóu, rénshēng yě bùnéng xiàng mǒu xiē shòulèi pázhe zǒu, ér yīnggāi zhànzhe xiàngqián xíng, zhè cái shì rénlèi yīngyǒu de shēngcún zītài.

Jiéxuǎn zì〔Měi〕Běnjiémíng Lāshí《Zhàn Zài Lìshǐ de Zhītóu Wēixiào》

作品 56 号

中国的第一大岛、台湾省的主岛台湾，位于中国大陆架的东南方，地处东海和南海之间，隔着台湾海峡和大陆相望。天气晴朗的时候，站在福建沿海较高的地方，就可以隐隐约约地望见岛上的高山和云朵。

台湾岛形状狭长，从东到西，最宽处只有一百四十多公里；由南至北，最长的地方约有三百九十多公里。地形像一个纺织用的梭子。

台湾岛上的山脉纵贯南北，中间的中央山脉犹如全岛的脊梁。西部为海拔近四千米的玉山山脉，是中国东部的最高峰。全岛约有三分之一的地方是平地，其余为山地。岛内有缎带般的瀑布，蓝宝石似的湖泊，四季常青的森林和果园，自然景色十分优美。西南部的阿里山和日月潭，台北市郊的大屯山风景区，都是闻名世界的游览胜地。

台湾岛地处热带和温带之间，四面环海，雨水充足，气温受到海洋的调剂，冬暖夏凉，四季如春，这给水稻和果木生长提供了优越的条件。水稻、甘蔗、樟脑是台湾的"三宝"。岛上还盛产鲜果和鱼虾。

台湾岛还是一个闻名世界的"蝴蝶王国"。岛上的蝴蝶共有四百多个品种，其中有不少是世界稀有的珍贵品种。岛上还有不少鸟语花香的蝴//蝶谷，岛上居民利用蝴蝶制作的标本和艺术品，远销许多国家。

——节选自《中国的宝岛——台湾》

Zuòpǐn 56 Hào

Zhōngguó de dì-yī dàdǎo、Táiwān shěng de zhǔdǎo Táiwān, wèiyú Zhōngguó dàlùjià de dōngnánfāng, dìchǔ Dōng Hǎi hé Nán Hǎi zhījiān, gézhe Táiwān Hǎixiá hé Dàlù xiāngwàng. Tiānqì qínglǎng de shíhou, zhàn zài Fújiàn yánhǎi jiào gāo de dìfang, jiù kěyǐ yǐnyǐn-yuēyuē de wàng·jiàn dǎo·shàng de gāoshān hé yúnduǒ.

Táiwān Dǎo xíngzhuàng xiácháng, cóng dōng dào xī, zuì kuān chù zhǐyǒu yībǎi sìshí duō gōnglǐ; yóu nán zhì běi, zuì cháng de dìfang yuē yǒu sānbǎi jiǔshí duō gōnglǐ. Dìxíng xiàng yī gè fǎngzhī yòng de suōzǐ.

Táiwān Dǎo·shàng de shānmài zòngguàn nánběi, zhōngjiān de zhōngyāng shānmài yóurú quándǎo de jǐliang. Xībù wéi hǎibá jìn sìqiān mǐ de Yù Shān shānmài, shì Zhōngguó dōngbù de zuì gāo fēng. Quándǎo yuē yǒu sān fēn zhī yī de dìfang shì píngdì, qíyú wéi shāndì. Dǎonèi yǒu duàndài bān de pùbù, lánbǎoshí shìde húpō, sìjì chángqīng de sēnlín hé guǒyuán, zìrán jǐngsè shífēn yōuměi. Xīnánbù de Ālǐ Shān hé Rìyuè Tán, Táiběi shìjiāo de Dàtúnshān fēngjǐngqū, dōu shì wénmíng shìjiè de yóulǎn shèngdì.

Táiwān Dǎo dìchǔ rèdài hé wēndài zhījiān, sìmiàn huán hǎi, yǔshuǐ chōngzú, qìwēn shòudào hǎiyáng de tiáojì, dōng nuǎn xià liáng, sìjì rú chūn, zhè gěi shuǐdào hé guǒmù shēngzhǎng tígōngle yōuyuè de tiáojiàn. Shuǐdào、gānzhe、zhāngnǎo shì Táiwān de "sān bǎo". Dǎo·shàng hái shèngchǎn xiāngguǒ hé yúxiā.

Táiwān Dǎo háishì yī gè wénmíng shìjiè de "húdié wángguó". Dǎo·shàng de húdié gòng yǒu sìbǎi duō gè pǐnzhǒng, qízhōng yǒu bùshǎo shì shìjiè xīyǒu de zhēnguì pǐnzhǒng. Dǎo·shàng háiyǒu bùshǎo niǎoyǔ-huāxiāng de hú//dié gǔ, dǎo·shàng jūmín lìyòng húdié zhìzuò de biāoběn hé yìshùpǐn, yuǎnxiāo xǔduō guójiā.

Jiéxuǎn zì《Zhōngguó de Bǎodǎo——Táiwān》

作品 57 号

对于中国的牛，我有着一种特别尊敬的感情。

留给我印象最深的，要算在田垄上的一次"相遇"。

一群朋友郊游，我领头在狭窄的阡陌上走，怎料迎面来了几头耕牛，狭道容不下人和牛，终有一方要让路。它们还没有走近，我们已经预计斗不过畜牲，恐怕难免踩到田地泥水里．弄得鞋袜又泥又湿了。正踟蹰的时候，带头的一头牛，在离我们不远的地方停下来，抬起头看看，稍迟疑一下，就自动走下田去。一队耕牛，全跟着它离开阡陌，从我们身边经过。

我们都呆了，回过头来，看着深褐色的牛队，在路的尽头消失，忽然觉得自己受了很大的恩惠。

中国的牛，永远沉默地为人做着沉重的工作。在大地上，在晨光或烈日下，它拖着沉重的犁，低头一步又一步，拖出了身后一列又一列松土，好让人们下种。等到满地金黄或农闲时候，它可能还得担当搬运负重的工作；或终日绕着石磨，朝同一方向，走不计程的路。

在它沉默的劳动中，人便得到应得的收成。

那时候，也许，它可以松一肩重担，站在树下，吃几口嫩草。偶尔摇摇尾巴，摆摆耳朵，赶走飞附身上的苍蝇，已经算是它最闲适的生活了。

中国的牛，没有成群奔跑的习//惯，永远沉沉实实的，默默地工作，平心静气。这就是中国的牛！

——节选自小思《中国的牛》

Zuòpǐn 57 Hào

Duìyú Zhōngguó de niú, wǒ yǒu zhe yī zhǒng tèbié zūnjìng de gǎnqíng.

Liúgěi wǒ yìnxiàng zuì shēn de, yào suàn zài tián lǒng•shàng de yī cì "xiāngyù".

Yī qún péngyou jiāoyóu, wǒ lǐngtóu zài xiázhǎi de qiānmò•shàng zǒu, zěnliào yíngmiàn láile jǐ tóu gēngniú, xiádào róng•bùxià rén hé niú, zhōng yǒu yīfāng yào rànglù. Tāmen hái méi•yǒu zǒujìn, wǒmen yǐ•jīng yùjì dòu•bù•guò chùsheng, kǒngpà nánmiǎn cǎidào tiándì níshuǐ•lǐ, nòng de xiéwà yòu ní yòu shī le. Zhèng chíchú de shíhou, dàitóu de yī tóu niú, zài lí wǒmen bùyuǎn de dìfang tíng xià•lái, táiqǐ tóu kànkan, shāo chíyí yīxià, jiù zìdòng zǒu•xià tián qù. Yī duì gēngniú, quán gēnzhe tā líkāi qiānmò, cóng wǒmen shēnbiān jīngguò.

Wǒmen dōu dāi le, huíguo tóu•lái, kànzhe shēnhèsè de niúduì, zài lù de jìntóu xiāoshī, hūrán jué•dé zìjǐ shòule hěn dà de ēnhuì.

Zhōngguó de niú, yǒngyuǎn chénmò de wèi rén zuòzhe chénzhòng de gōngzuò. Zài dàdì•shàng, zài chéngguāng huò lièrì•xià, tā tuōzhe chénzhòng de lí, dītóu yī bù yòu yī bù, tuōchūle shēnhòu yī liè yòu yī liè sōngtǔ, hǎo ràng rénmen xià zhǒng. Děngdào mǎndì jīnhuáng huò nóngxián shíhou, tā kěnéng háiděi dāndāng bānyùn fùzhòng de gōngzuò; huò zhōngrì ràozhe shímó, cháo tóng yī fāngxiàng, zǒu bù jìchéng de lù.

Zài tā chénmò de láodòng zhōng, rén biàn dédào yīng dé de shōucheng.

Nà shíhou, yě xǔ, tā kěyǐ sōng yī jiān zhòngdàn, zhàn zài shù•xià, chī jǐ kǒu nèn cǎo. Ou'ěr yáoyao wěiba, bǎibai ěrduo, gǎnzǒu fēifù shēn•shàng de cāngying, yǐ•jīng suàn shì tā zuì xiánshì de shēnghuó le.

Zhōngguó de niú, méi•yǒu chéngqún bēnpǎo de xí//guàn, yǒngyuǎn chénchén-shíshí de, mòmò de gōng zuò, píngxīn-jìngqì. Zhè jiùshì Zhōngguó de niú!

Jiéxuǎn zì Xiǎo Sī《Zhōngguó de Niú》

作品 58 号

不管我的梦想能否成为事实，说出来总是好玩儿的：

春天，我将要住在杭州。二十年前，旧历的二月初，在西湖我看见了嫩柳与菜花，碧浪与翠竹。由我看到的那点儿春光，已经可以断定，杭州的春天必定会教人整天生活在诗与图画之中。所以，春天我的家应当是在杭州。

夏天，我想青城山应当算作最理想的地方。在那里，我虽然只住过十天，可是它的幽静已拴住了我的心灵。在我所看见过的山水中，只有这里没有使我失望。到处都是绿，目之所及，那片淡而光润的绿色都在轻轻地颤动，仿佛要流入空中与心中似的。这个绿色会像音乐，涤清了心中的万虑。

秋天一定要住北平。天堂是什么样子，我不知道，但是从我的生活经验去判断，北平之秋便是天堂。论天气，不冷不热。论吃的，苹果、梨、柿子、枣儿、葡萄，每样都有若干种。论花草，菊花种类之多，花式之奇，可以甲天下。西山有红叶可见，北海可以划船——虽然荷花已残，荷叶可还有一片清香。衣食住行，在北平的秋天，是没有一项不使人满意的。

冬天，我还没有打好主意，成都或者相当得合适，虽然并不怎样和暖，可是为了水仙，素心腊梅，各色的茶花，仿佛就受一点儿寒//冷，也颇值得去了。昆明的花也多，而且天气比成都好，可是旧书铺与精美而便宜的小吃远不及成都那么多。好吧，就暂这么规定：冬天不住成都便住昆明吧。

在抗战中，我没能发国难财。我想，抗战胜利以后，我必能阔起来。那时候，假若飞机减价，一二百元就能买一架的话，我就自备一架，择黄道吉日慢慢地飞行。

——节选自老舍《住的梦》

Zuòpǐn 58 Hào

　　Bùguǎn wǒ de mèngxiǎng néngfǒu chéngwéi shìshí, shuō chū·lái zǒngshì hǎowánr de:

　　Chūntiān, wǒ jiāng yào zhù zài Hángzhōu. Èrshí nián qián, jiùlì de èryuè chū, zài Xīhú wǒ kàn·jiànle nènliǔ yǔ càihuā, bìlàng yǔ cuìzhú. Yóu wǒ kàndào de nà diǎnr chūnguāng, yǐ·jīng kěyǐ duàndìng, Hángzhōu de chūntiān bìdìng huì jiào rén zhěngtiān shēnghuó zài shī yǔ túhuà zīzhōng. Suǒyǐ, chūntiān wǒ de jiā yīngdāng shì zài Hángzhōu.

　　Xiàtiān, wǒ xiǎng Qīngchéng Shān yīngdāng suànzuò zuì lǐxiǎng de dìfang. Zài nà·lǐ, wǒ suīrán zhǐ zhùguo shí tiān, kěshì tā de yōujìng yǐ shuānzhùle wǒ de xīnlíng. Zài wǒ suǒ kàn·jiànguo de shānshuǐ zhōng, zhǐyǒu zhè·lǐ méi·yǒu shǐ wǒ shīwàng. Dàochù dōu shì lǜ, mù zhī suǒ jí, nà piàn dàn ér guāngrùn de lǜsè dōu zài qīngqīng de chàndòng, fǎngfú yào liúrù kōngzhōng yǔ xīnzhōng shìde. Zhège lǜsè huì xiàng yīnyuè, díqīngle xīnzhōng de wànlǜ.

　　Qiūtiān yīdìng yào zhù Běipíng. Tiāntáng shì shénme yàngzi, wǒ bù zhī·dào, dànshì cóng wǒ de shēnghuó jīngyàn qù pànduàn, Běipíng zhī qiū biàn shì tiāntáng. Lùn tiānqì, bù lěng bù rè. Lùn chīde, píngguǒ、lí、shìzi、zǎor、pú·táo, měi yàng dōu yǒu ruògàn zhǒng. Lùn huācǎo, júhuā zhǒnglèi zhī duō, huā shì zhī qí, kěyǐ jiǎ tiānxià. Xīshān yǒu hóngyè kě jiàn, Běihǎi kěyǐ huáchuán——suīrán héhuā yǐ cán, héyè kě háiyǒu yī piàn qīngxiāng. Yī-shí-zhù-xíng, zài Běipíng de qiūtiān, shì méi·yǒu yī xiàng bù shǐ rén mǎnyì de.

　　Dōngtiān, wǒ hái méi·yǒu dǎhǎo zhǔyi, Chéngdū huòzhě xiāngdāng de héshì, suīrán bìng bù zěnyàng hénuǎn, kěshì wèile shuǐxiān, sù xīn làméi, gè sè de cháhuā, fǎngfú jiù shòu yīdiǎnr hán//lěng, yě pō zhí·dé qù le. Kūnmíng de huā yě duō, érqiě tiānqì bǐ Chéngdū hǎo, kěshì jiù shūpù yǔ jīngměi ér piányi de xiǎochī yuàn·bùjí Chéngdū nàme duō. Hǎo ba, jiù zàn shí zhème guīdìng: Dōngtiān bù zhù Chéngdū biàn zhù Kūnmíng ba.

　　Zài kàngzhàn zhōng, wǒ méinéng fā guónán cái. Wǒ xiǎng, kàngzhàn shènglì yǐhòu, wǒ bì néng kuò qǐ·lái. Nà shíhou, jiǎruò fēijī jiǎnjià, yī-èr bǎi yuán jiù néng mǎi yī jià de huà, wǒ jiù zìbèi yī jià, zé huángdào-jírì mànmàn de fēixíng.

Jiéxuǎn zì Lǎo Shě 《Zhù de Mèng》

作品 59 号

我不由得停住了脚步。

从未见过开得这样盛的藤萝，只见一片辉煌的淡紫色，像一条瀑布，从空中垂下，不见其发端，也不见其终极，只是深深浅浅的紫，仿佛在流动，在欢笑，在不停地生长。紫色的大条幅上，泛着点点银光，就像迸溅的水花。仔细看时，才知那是每一朵紫花中的最浅淡的部分，在和阳光互相挑逗。

这里除了光彩，还有淡淡的芳香。香气似乎也是浅紫色的，梦幻一般轻轻地笼罩着我。忽然记起十多年前，家门外也曾有过一大株紫藤萝，它依傍一株枯槐爬得很高，但花朵从来都稀落，东一穗西一串伶仃地挂在树梢，好像在察颜观色，试探什么。后来索性连那稀零的花串也没有了。园中别的紫藤花架也都拆掉，改种了果树。那时的说法是，花和生活腐化有什么必然关系。我曾遗憾地想：这里再看不见藤萝花了。

过了这么多年，藤萝又开花了，而且开得这样盛，这样密，紫色的瀑布遮住了粗壮的盘虬卧龙般的枝干，不断地流着，流着，流向人的心底。

花和人都会遇到各种各样的不幸，但是生命的长河是无止境的。我抚摸了一下那小小的紫色的花舱，那里满装了生命的酒酿，它张满了帆，在这//闪光的花的河流上航行。它是万花中的一朵，也正是由每一个一朵，组成了万花灿烂的流动的瀑布。

在这浅紫色的光辉和浅紫色的芳香中，我不觉加快了脚步。

——节选自宗璞《紫藤萝瀑布》

Zuòpǐn 59 Hào

Wǒ bùyóude tíngzhùle jiǎobù.

Cóngwèi jiànguo kāide zhèyàng shèng de téngluó, zhǐ jiàn yī piàn huīhuáng de dàn zǐsè, xiàng yī tiáo pùbù, cóng kōngzhōng chuíxià, bù jiàn qí fāduān, yě bù jiàn qí zhōngjí, zhǐshì shēnshēn-qiǎnqiǎn de zǐ, fǎngfú zài liúdòng, zài huānxiào, zài bùtíng de shēngzhǎng. Zǐsè de dà tiáofú·shàng, fànzhe diǎndiǎn yínguāng, jiù xiàng bèngjiàn de shuǐhuā. Zǐxì kàn shí, cái zhī nà shì měi yī duǒ zǐhuā zhōng de zuì qiǎndàn de bùfen, zài hé yángguāng hùxiāng tiǎodòu.

Zhè·lǐ chúle guāngcǎi, háiyǒu dàndàn de fāngxiāng, xiāngqì sìhū yě shì qiǎn zǐsè de, mènghuàn yībān qīngqīng de lǒngzhàozhe wǒ. Hūrán jìqǐ shí duō nián qián, jiā mén wài yě céng yǒuguo yī dà zhū zǐténgluó, tā yǐbàng yī zhū kū huái pá de hěn gāo, dàn huāduǒ cónglái dōu xīluò, dōng yī suì xī yī chuàn língdīng de guà zài shùshāo, hǎoxiàng zài cháyán-guānsè, shìtàn shénme. Hòulái suǒxìng lián nà xīlíng de huāchuàn yě méi·yǒu le. Yuán zhōng biéde zǐténg huājià yě dōu chāidiào, gǎizhòngle guǒshù. Nàshí de shuōfǎ shì, huā hé shēnghuó fǔhuà yǒu shénme bìrán guānxi. Wǒ céng yíhàn de xiǎng: Zhè·lǐ zài kàn·bùjiàn téngluóhuā le.

Guòle zhème duō nián, téngluó yòu kāihuā le, érqiě kāi de zhèyàng shèng, zhèyàng mì, zǐsè de pùbù zhēzhùle cūzhuàng de pánqiú wòlóng bān de zhīgàn, bùduàn de liúzhe, liúzhe, liúxiàng rén de xīndǐ.

Huā hé rén dōu huì yùdào gèzhǒng-gèyàng de bùxìng, dànshì shēngmìng de chánghé shì wú zhǐjìng de. Wǒ fǔmōle yīxià nà xiǎoxiǎo de zǐsè de huācāng, nà·lǐ mǎn zhuāngle shēngmìng de jiǔniàng, tā zhàngmǎnle fān, zài zhè// shǎnguāng de huā de héliú·shàng hángxíng. Tā shì wàn huā zhōng de yī duǒ, yě zhèngshì yóu měi yī gè yī duǒ, zǔchéngle wàn huā cànlàn de liúdòng de pùbù.

Zài zhè qiǎn zǐsè de guānghuī hé qiǎn zǐsè de fāngxiāng zhōng, wǒ bùjué jiākuàile jiǎobù.

Jiéxuǎn zì Zōng pú《Zǐténgluó Pùbù》

233

作品 60 号

在一次名人访问中，被问及上个世纪最重要的发明是什么时，有人说是电脑，有人说是汽车，等等。但新加坡的一位知名人士却说是冷气机。他解释，如果没有冷气，热带地区如东南亚国家，就不可能有很高的生产力，就不可能达到今天的生活水准。他的回答实事求是，有理有据。

看了上述报道，我突发奇想：为什么没有记者问："二十世纪最糟糕的发明是什么?"其实二〇〇二年十月中旬，英国的一家报纸就评出了"人类最糟糕的发明"。获此"殊荣"的，就是人们每天大量使用的塑料袋。

诞生于上个世纪三十年代的塑料袋，其家族包括用塑料制成的快餐饭盒、包装纸、餐用杯盘、饮料瓶、酸奶杯、雪糕杯等等。这些废弃物形成的垃圾，数量多、体积大、重量轻、不降解，给治理工作带来很多技术难题和社会问题。

比如，散落在田间、路边及草丛中的塑料餐盒，一旦被牲畜吞食，就会危及健康甚至导致死亡。填埋废弃塑料袋、塑料餐盒的土地，不能生长庄稼和树木，造成土地板结。而焚烧处理这些塑料垃圾，则会释放出多种化学有毒气体，其中一种称为二恶英的化合物，毒性极大。

此外，在生产塑料袋、塑料餐盒的//过程中使用的氟利昂，对人体免疫系统和生态环境造成的破坏也极为严重。

——节选自林光如《最糟糕的发明》

Zuòpǐn 60 Hào

Zài yī cì míngrén fǎngwèn zhōng, bèi wèn jí shàng gè shìjì zuì zhòngyào de fāmíng shì shénme shí, yǒu rén shuō shì diànnǎo, yǒu rén shuō shì qìchē, děngděng. Dàn Xīnjiāpō de yī wèi zhīmíng rénshì què shuō shì lěngqìjī. Tā jiěshì, rúguǒ méi·yǒu lěngqì, rèdài dìqū rú Dōngnányà guójiā, jiù bù kěnéng yǒu hěn gāo de shēngchǎnlì, jiù bù kěnéng dádào jīntiān de shēnghuó shuǐzhǔn. Tā de huídá shíshì-qiúshì, yǒulǐ-yǒujù.

Kànle shàngshù bàodào, wǒ tūfā qí xiǎng: Wèi shénme méi·yǒu jìzhě wèn: "Èrshí shìjì zuì zāogāo de fāmíng shì shénme?" Qíshí èr líng líng èr nián shíyuè zhōngxún, Yīngguó de yī jiā bàozhǐ jiù píngchūle "rénlèi zuì zāogāo de fāmíng". Huò cǐ "shūróng"de, jiùshì rénmen měi tiān dàliàng shǐyòng de sùliàodài.

Dànshēng yú shàng gè shìjì sānshí niándài de sùliàodài, qí jiāzú bāokuò yòng sùliào zhìchéng de kuàicān fànhé, bāozhuāngzhǐ, cān yòng bēi pán, yǐnliàopíng, suānnǎibēi, xuěgāobēi děngděng. Zhèxiē fèiqìwù xíngchéng de lājī, shùliàng duō, tǐjī dà, zhòngliàng qīng, bù jiàngjiě, gěi zhìlǐ gōngzuò dàilái hěn duō jìshù nántí hé shèhuì wèntí.

Bǐrú, sànluò zài tiánjiān, lùbiān jí cǎocóng zhōng de sùliào cānhé, yīdàn bèi shēngchù tūnshí, jiù huì wēi jí jiànkāng shènzhì dǎozhì sǐwáng. Tiánmái fèiqì sùliàodài, sùliào cānhé de tǔdì, bùnéng shēngzhǎng zhuāngjia hé shùmù, zàochéng tǔdì bǎnjié. Er fénshāo chǔlǐ zhèxiē sùjiāo lājī, zé huì shìfàng chū duō zhǒng huàxué yǒudú qìtǐ, qízhōng yī zhǒng chēngwéi èr'èyīng de huàhéwù, dúxìng jí dà.

Cǐwài, zài shēngchǎn sùliàodài, sùliào cānhé de//guòchéng zhōng shǐyòng de fúlì'áng, duì réntǐ miǎnyì xìtǒng hé shēngtài huánjìng zàochéng de pòhuài yě jíwéi yánzhòng.

Jiéxuǎn zì Lín Guāngrú《Zuì Zāogāo de Fāmíng》

附录十　普通话水平测试命题说话题目

1. 我的愿望（或理想）

2. 我的学习生活

3. 我最尊敬的人

4. 我喜欢的动物（或植物）

5. 童年的记忆

6. 我喜欢的职业

7. 难忘的旅行

8. 我的朋友

9. 我喜爱的文学（或其他）艺术形式

10. 谈谈卫生与健康

11. 我的业余生活

12. 我喜欢的季节（或天气）

13. 学习普通话的体会

14. 谈谈服饰

15. 我的假日生活

16. 我的成长之路

17. 谈谈科技发展与社会生活

18. 我知道的风俗

19. 我和体育

20. 我的家乡（或熟悉的地方）

21. 谈谈美食

22. 我喜欢的节日

23. 我所在的集体（学校、机关、公司等）

24. 谈谈社会公德

25. 谈谈个人修养

26. 我喜欢的明星（或其他知名人士）

27. 我喜爱的书刊

28. 谈谈对环境保护的认识

29. 我向往的地方

30. 购物（消费）的感受

附录十一　广东省计算机辅助普通话水平测试
"命题说话"评分细则(试行)

一、本细则根据国家评委普通话培训测试中心制定的《计算机辅助普通话水平测试评分试行办法》,结合我省计算机辅助普通话水平测试实际制定本。

二、读单音节字词、读多音节词语、朗读短文三项由国家语言文字工作部门认定的计算机辅助普通话水平测试系统评定分数。

三、命题说话项由测试员评定分数。

(一)语音标准程度,共 25 分。分六档:

一档:语音标准,或极少有失误。扣 0 分、1 分、扣 2 分。

二档:语音错误在 10 次以下,有方音但不明显,扣 3 分、4 分。

三档:语音错误在 10 次以下,但方音比较明显,或语音错误在 10~15 次之间,有方音但不明显,扣 5 分、6 分。

四档:语音错误在 10~15 次之间,方音比较明显,扣 7 分、8 分。

五档:语音错误超过 10 次,方音明显,扣 9 分、10 分、11 分。

六档:语音错误多,方音重,扣 12 分、13 分、14 分。

(二)词汇、语法规范程度,共 10 分。分三档:

一档:词汇、语法规范。扣 0 分。

二档:词汇、语法偶有不规范的情况。扣 1 分、2 分。

三档:词汇、语法屡有不规范的情况。扣 3 分、4 分。

(三)自然流畅程度,共 5 分。分三档:

一档:语言自然流畅,扣 0 分。

二档:语言基本流畅,口语化较差,有背稿子的表现。扣 0.5 分、扣 1 分。

三档:语言不连贯,语调生硬。扣 2 分、3 分。

(四)说话时间不足 3 分钟,酌情扣分:

1. 缺时 1 分钟以内(含 1 分钟),扣 1 分、2 分、3 分;

2. 缺时 1 分钟以上,扣 4 分、5 分、6 分。

3. 说话不满 30 秒(含 30 秒),本测试项成绩记为 0 分;

4. 缺时可累计。停顿 5 秒以上(含 5 秒钟)扣分,说话出现两次以上超过 5 秒种停顿的情况,可累计扣分。5 秒种以下的停顿可按不流畅扣分。

(五)内容雷同,视程度扣 1~2 分、3~4 分、5~6 分。

1. 全篇有稿说话雷同(如个人背诵他人文稿、多人说话内容雷同等)、有稿朗读雷同(包括朗读、复述、改编他人文稿),扣 5~6 分。

2. 内容雷同在 1 分钟以上 2 分钟以内,扣 3~4 分;

3. 内容雷同在 1 分钟以内(含 1 分钟),扣 1~2 分。

(六)离题(包括硬套、嫁接命题、转换话题),视程度扣 1~2 分、3~4 分、5~

6 分。

  1. 围绕话题说话不足 1 分钟，扣 5～6 分；

  2. 围绕话题说话不足 2 分钟，扣 3～4 分；

  3. 离题 1 分钟以内(含 1 分钟)，扣 1～2 分；

  (七)无效话语，累计占时酌情扣分：

  1."无效话语"是指与话题无关的内容。包括：废话、读秒、求请、唱歌、念诗、数数、胡言乱语等，可视之为缺时来扣分；

  2. 无效话语累计占时 1 分钟以上，扣 4、5、6 分；

  3. 无效话语累计占时 1 分钟以内(含 1 分钟)，扣 1、2、3 分。

  4. 有效话语不满 30 秒(含 30 秒)，本测试项成绩记为 0 分。

  四、本细则(试行)由广东省语言文字培训测试工作办公室负责解释。

主要参考书目

1. 李明，石佩雯编著. 汉语普通话语音辨正. 北京：北京语言大学出版社，2003.

2. 王均，刘照雄审定. 普通话语音训练教程. 宋欣桥编著. 北京：商务印书馆，2004.

3. 王璐，吴洁茹编著. 新编播音员主持人语音发声. 北京：中国传媒大学出版社，2009.

4. 李德付编著. 主持人外部语言基础. 北京：中国广播电视出版社，2004.

5. 吕建国主编. 普通话与教师口语教程. 广州：广东旅游出版社，2003.

6. 茆海燕，罗立新编著. 教师言语表达学. 合肥：中国科学技术大学出版社，2006.

7. 赖华强，杨国强主编. 教师口才艺术. 广州：暨南大学出版社，2003.

8. 吴洁茹，王璐著. 播音员主持人语言发声教程. 北京：中国传媒大学出版社，2006.

9. 郭启明，赵林森主编. 教师语言艺术（修订本）. 北京：语文出版社，1998.

10. 程元培主编. 教师口语教程. 北京：高等教育出版社，2004.

11. 傅惠钧著. 教师口语艺术. 杭州：浙江教育出版社，2004.

12. 国家语言文字工作委员会普通话培训测试中心编制. 普通话水平测试实施大纲. 北京：商务印书馆，2004.

13. 罗培常，王均编著. 普通话语音学纲要. 北京：商务印书馆，1981.

14. 国家教委师范教育司组编. 教师口语. 北京：北京师范大学出版社，1999.

15. 李春秋，王引兰主编. 中小学教师职业道德修养. 北京：北京师范大学出版社，2012.

16. 袁兆春主编. 高等教育法与教师职业道德. 济南：山东大学出版社，2008.

17. 教育部师范司组织编写. 新世纪职业道德修养. 北京：教育科学出版社，2002.

18. 宦平主编. 教师职业道德. 北京：中国劳动社会保障出版社，2013.

19. 中小学教师通识培训教材编写组编写. 中小学教师职业道德研修读本. 北京：高等教育出版社，2012.

20. 黄明友主编. 教育法学与教师职业道德. 成都：西安交通大学出版社，2014.

后　记

　　《教师普通话口语技能训练教程》出版了，这是我们多年来上课心得的积累，我们倍感欣喜。2004 年，我校根据国家教委的文件，各专业师范生开设公共必修课《教师口语》，作为这门课程的主要任课老师，我和徐红梅老师分头备课，然后把各自的讲义合并，取长补短，制作成课件共同使用。在教学实践中，我们集各家所长，参考了很多在这方面有经验的前辈的论著和教材，根据地域特点和学生的实际情况，不断地对我们的讲义进行修订、补充和完善，经常在一起商讨怎么更好地上好这门课。随着这门课程师资队伍的扩大以及师范生训练的进一步需要，我们深切地感觉到，要把这本讲义正式出版，让更多的同行、学生共同学习和提高，基于这样的想法，2010 年我们编写了《普通话与教师口语技能》一书，2012 年出版了第二版。今年再次进行了修订。

　　在编写这本教材的过程中，我们注重结合广东地区学生的实际情况，特别是普通话训练部分。普通话是教师的职业语言，普通话表达不清根本就无口语艺术可言。普通话训练是教师口语课中最基本的部分，贯穿课程的始终。它分为语音、词汇、语法三部分，我们将之与广东三大方言——粤方言、客家方言以及潮汕话进行对比，特别突出说普通话时容易受三大方言影响的语音、词汇、语法等问题。这样更增加了教学针对性，对广东地区学生来说更有实用性。

　　在教师口语部分，针对教师口语课程时间有限的问题，为了让学生在课堂上能够进行实操训练，我们特别增加了试讲、说课等内容，使学生在课堂上的训练有参考的材料。近几年来，该课程的师资队伍不断扩大，不少任课教师在讲授过程中不断地进行校订，如尹世英老师与刘琼竹老师根据多年教学经验对教材的修改提供了很多宝贵意见，尤其是尹世英老师，将自己多年的心得融于原教材中，使教材更为贴近实际需求。同时，根据国家普通话水平培训与测试的需要，为使师范生一书二用，我们增补了普通话水平测试的相关内容。由于时间仓促、学识有限，本书一定还存在不少问题，恳请方家批评指正。

　　林伦伦教授对我们编写这本书非常支持，给了我们很大的支持和鼓励，并欣然为本书作序，在此表示衷心的感谢！非常感谢策划编辑周劲含老师对全书做了精心安排，责任编辑王蕊老师对文字和音符进行了认真的修改和校对。同时感谢揭阳职业技术学院的谢润姿老师，为本书提供了宝贵的意见和建议。

　　另外，我们在编写过程中参考了不少专家学者的专著和教材，由于篇幅有限未能一一注明出处，恳请见谅并在此对他们一并致以衷心的感谢。